Cinema for Spanish Conversation

Fourth Edition

Cinema for Spanish Conversation

Fourth Edition

Mary McVey Gill
Deana Smalley
María-Paz Haro

Focus Publishing
Newburyport

Cinema for Spanish Conversation Fourth Edition

© 2002, 2006, 2010, 2014 Mary McVey Gill, Deana Smalley, María-Paz Haro

First edition 2002. Second edition 2006. Third edition 2010. Fourth edition 2014.

Focus Publishing/R. Pullins Company
PO Box 369
Newburyport MA 01950
www.pullins.com

Cover: *El viaje de Carol*, Film Movement

ISBN 13: 978-1-58510-706-3

Library of Congress Cataloging-in-Publication Data

Gill, Mary McVey.

 Cinema for Spanish conversation Mary McVey Gill, Deana Smalley, Maria-Paz Haro. -- Fourth edition.

    pages cm

 Prefatory material in English; text in Spanish.

 ISBN 978-1-58510-706-3

1. Spanish language--Study and teaching. 2. Motion pictures in education. 3. Spanish language--Conversation and phrase books. I. Smalley, Deana M. II. Haro, Marma-Paz. III. Title.

 PC4121.G55 2014

 468.3'421--dc23

                2013051327

Printed in the United States of America

12 11 10 9 8 7 6 5 4 3 2 1

0114V

Contents

Preface vii

About the Films xiii

Vocabulario para hablar del cine xiv

1   La misma luna (México/Estados Unidos: Patricia Riggen) 1

2   Arráncame la vida (México: Roberto Sneider) 19

3   Como agua para chocolate (México: Alfonso Arau) 37

4   Presunto culpable (México: Roberto Hernández) 51

5   Hombres armados (Estados Unidos: John Sayles)* 67

6   El norte (Guatemala/México/Estados Unidos: Gregory Nava) 85

7   Guantanamera (Cuba: Tomás Gutiérrez Alea) 103

8   María llena eres de gracia (Colombia/Estados Unidos: Joshua Marston) 121

9   También la lluvia (España/México: Icíar Bollaín)** 137

10   Diarios de motocicleta (Argentina/Chile/Perú: Walter Salles) 157

11   No (Chile: Pablo Larraín) 177

12   El viaje de Carol (España: Imanol Uribe) 201

13   Flores de otro mundo (España: Icíar Bollaín) 219

14   Todo sobre mi madre (España: Pedro Almódovar) 235

15   Mar adentro (España: Alejandro Amenábar) 253

16   Volver (España: Pedro Almodóvar) 273

Appendix: Filmography 295

Credits 307

*   *Hombres armados* is set in an unspecified country in Latin America. See the **Nota cultural** for the chapter.

**   *También la lluvia* was filmed in Bolivia and is about the **Guerra del Agua** in Cochabamba.

Preface

Since the first edition of this book was published, there has been a dramatic change in the use of video in the classroom as the technology becomes more accessible. We are very grateful to Focus Publishing for their dedication to materials that promote the use of film to teach Spanish.

Why a Spanish Conversation Book Based on Cinema?

There are many reasons:

- Movies appeal to students of all ages.
- There have been numerous studies showing that authentic language is the best "comprehensible input." Cinema offers natural language in context.
- Movies provide a context in history and culture, as well as language, on which a course can build.
- Videos and DVDs are highly versatile teaching tools. Students can watch them in or out of class. Instructors can use film clips in class or include them on exams. DVDs can also be programmed.
- The sixteen movies in this book present a wide variety of themes, genres, and cultural experiences.

Students who watch the movies chosen for this book will learn not only about "Big C" culture (e.g., the Mexican Revolution in *Como agua para chocolate*, the Spanish Civil War in *El viaje de Carol*, life in Castro's Cuba in *Guantanamera*, or the Bolivian water war of 2000 in *También la lluvia*). They will also see daily-life culture in a wide variety of settings. How do people in the Hispanic world eat, cook, travel, play, get married, raise their children, spend their free time? What non-verbal communication do they use, how much distance is normal between people in different situations, how do they greet each other or express affection? It's impossible to watch these movies and *not* learn about culture through this engaging medium.

Changes in the Fourth Edition

- There are four new films: *Presunto culpable*, *También la lluvia*, *No*, and *El viaje de Carol*.
- To accompany the new films are four new readings with activities in the section **Más allá de la pantalla**.
- Introductory information about each film, its actors and its directors, has been updated.

- The exercises and activities have been re-assessed throughout and in some cases revised. In each section of film criticism, there are negative as well as positive comments for consideration; students are encouraged to be critical of the films as well as to appreciate them. The questions following the readings have been revised or expanded to include more opinion questions.

- A new appendix lists films that could be compared or contrasted to the films in the book, chapter by chapter.

Choice of Films

Choosing the films was extremely difficult, since there are so many wonderful movies in Spanish. The movies were chosen for quality, cultural and historical content, and appeal to students; however, the choice also depended heavily on availability. Many excellent films are simply too hard to get in the United States or Canada. We did not choose films primarily to have a balance in countries of origin. (Some countries have very highly developed cinematic industries with a long history of production and excellent distributing and marketing so that the films reach a global audience, but not all do.) Difficulty was another factor: some films are simply too complicated to be used successfully or the pronunciation is hard to understand. Another important criterion was that we did not want to expose students to excessive violence, and a large number of very high-quality films were excluded because of this factor. We did include some films that are R-rated for language and/or sex. See the chart following the preface for ratings and other information about each film. If R-rated movies are not appropriate for your students, these can simply be excluded.

Organization of the Book and Teaching Suggestions

The book requires students to have intermediate Spanish skills but can also be used at high intermediate or advanced levels. It can be a primary or secondary text for a course. Subtitles can provide flexibility—they should be used unless the students are advanced. As with any real-world experience, students will not understand every word—a certain tolerance for ambiguity must be cultivated—but they will be highly motivated to understand material that they know was created for native speakers of Spanish. While students will not all be able to spend time in a Spanish-speaking country, they can travel through the eyes of filmmakers to many parts of the Hispanic world. We expect that this highly motivating context will work well for students wherever the book is used, especially in classes where listening comprehension and conversation are emphasized.

Following are suggestions for each section of any chapter:

Preparación

Vocabulario preliminar

These sections are optional and can be done in class or assigned as homework. With some exceptions, the words on the lists occur at least twice in the film and often three or more times. Words that students may need to discuss the film but that were not actually used in the movie itself are glossed later on if necessary.

The first section of exercises was designed to give students key words and expressions they will need to understand and talk about the movie. The second section, which they will encounter after they have seen the film, features thematic vocabulary, including regionalisms, that are useful for further discussion. We did not include vulgar words or expressions, in general; you can explain these at your discretion.

Antes de ver la película

In most cases, these previewing exercises can be done in pairs or groups as well as with the whole class. The exercise called **Los personajes** should be read before the film is viewed but completed afterwards.

Investigación

These topics can be assigned to individuals or groups rather than to the whole class. Students can report back with just a few sentences or with a more in-depth answer, depending on their language level and the time available. Students using the Internet should be able to find information on the topics readily.

Exploración

Ideally, the students should read this section over before seeing the film to help them prepare for it. The exercises here are designed to get them to explore the basic content and plot of the movie.

Análisis y contraste cultural

Vocabulario

Again, these sections are optional and can be done in class or assigned as homework. See the information under **Vocabulario preliminar**.

Notas culturales

These notes are included to provide information that may be helpful in understanding the film. Students can read them on their own or you can discuss them in class.

Temas de conversación o de composición

As the title implies, these topics can be explored orally and/or assigned as short compositions. They can be done with the entire class or in groups or pairs. The questions in parentheses can be augmented or changed as the instructor chooses. These topics are optional and not all of them have to be covered.

Una escena memorable

Students can discuss or write about the scenes depicted, depending on the goals of the course.

Hablan los personajes

These can be covered quickly, with students giving short answers about who is quoted and in what context, or they can be explored in depth. Instructors may choose to ask further questions about the quotations and get students to elaborate on how they reflect the character in general or how they relate to the themes of the movie.

Hablando de la cultura

This section refers to a cultural point that is included in the film and it generally poses a question about cultural content or about how the movie would be different if it had been made in an English-speaking country. Instructors may want to elaborate on these points or ask students what other cultural differences they noticed in the film.

Hablan los críticos y los directores

These optional sections feature quotations from the directors of the films or from critics. Students can answer the questions included for them or they can simply comment on whether they agree or disagree with the quotations and why.

Más allá de la película

These readings can be assigned at home or covered in class. You may want to simply have students read them and do the activities for extra credit. You can also have students work together in pairs or groups to complete the tasks. In some cases, you might want to use only part of a reading (for instance, in Chapter 10, you could do only the selections from Alberto Granado's diary, which will have fewer new vocabulary items than Ernesto Guevara's). The readings can be skipped entirely if you are focussing on listening and speaking skills.

Ideas for Additional Activities

Here are some ideas for activities that can be done with the films (as a class or in pairs or groups), depending on the goals of your course:

- Students tell what the movie would be like if it had been made in Hollywood. What things would be different? Or, if there is a Hollywood film with a similar plot, ask students if they've seen it and have them make comparisons.
- Students invent an alternative ending. (If you show the film in class, you could also stop the film partway through and have students guess the ending, writing it down without telling anyone else. Then ask for alternatives after the film has been viewed.)
- Students tell what the characters would be doing five (ten, twenty) years later.
- They write an epitaph, eulogy, or obituary for one of the characters.
- They write a CV, personals ad, or want ad for one of the characters.
- They write a review of the film.
- They compare films with other movies in Spanish (for instance, by the same director or on the same theme). They can rent and view other films on their own for extra credit. They can also write summaries or reviews of these or make a short oral report to the class.
- Students create questions they would ask of a specific character.
- They decide on the best gift for a certain character and tell why.

- They write an ad promoting the film.
- They write a diary entry for one of the characters.
- A variation on **Hablan los personajes**: Write quotations from the movie on slips of paper in two parts. (For instance, **"El que inventó esto… no ha visto un plátano ni de lejos."**) Students circulate around the room and try to find their partner, the person who has the other half of the quotation. They stand together, read the quotation aloud, and tell who said it, to whom, and/or in what situation.
- They play Twenty Questions: someone pretends to be one of the characters and the others ask yes/no questions until they guess correctly (or until twenty questions have been asked).
- Students write a question about the film (that they can answer) on a piece of paper. They get up and find another student to talk to and ask their question. After answering, the other student asks his or her question. The first student answers. (They help each other if necessary.) Students trade slips of paper and repeat the process with the new questions and new partners. Tell them to continue for a certain period of time or until they have asked and answered at least six questions.

Here are some ideas for activities that can be done after students have seen several films:

- Students write about or discuss the riskiest situation, the happiest moment, the worst decision, the most ethical choice, etc.
- They create and give a prize to the best actor/actress, best film, best script, most interesting plot, best music, and so forth.
- Students compare specific characters. How are they similar and how are they different? Which character is the most admirable? Evil? Memorable?, etc. Which character would they most like to meet?
- Students choose a scene or situation from one of the films and a character from another film. How would the character react in this situation?
- If vocabulary is an important part of the course, students can review: give them a list of categories (e.g., things to eat, places, things to wear, feelings, etc.) Then give them words orally and have them put the words into the appropriate categories.
- Students compare language used in two or more films; for instance, the use of **tú** vs. **usted** or the level of formality of the language in general.

Instructor's Manual

The instructor's manual includes:

1. an answer key for all exercises except the open-ended activities
2. specific ideas for extra activities

Web Site

The Focus web site includes pages for this book. On the web pages are names and addresses of places to obtain the films and links to other sites of interest.
http://focusbookstore.com/cinemaforspanishconversationfourthedition.aspx

Acknowledgments

We would like to express sincere gratitude to the wonderful people at Focus Publishing:

Ron Pullins, publisher, for his creativity, advice, support, and flexibility
Allen Cooper for his editorial supervision and very helpful advice throughout the project
Cindy Zawalich for her assistance with the permissions and copyediting process
Jenny Putnam for her excellent work on the design and layout of the book and to Jenny Putnum and Katelyn Croteau for managing the typesetting process
David Horvath and Shannon Crowley for their insights on the marketing of the materials

It is truly a joy to work with the people at Focus!

Sincere appreciation to Naldo Lombardi, formerly of Mount Royal Academy, for his expert native reading of the manuscript and many creative suggestions. Finally, we owe a debt of gratitude to the following reviewers, whose comments (both positive and critical) helped us in the shaping of this project:

Ruth Owens (Arkansas State University), Asela R. Laguna (Rutgers University), Elisabeth Guerrero (Bucknell University), Lilian Baeza-Mendoza (American University), Kathleen Thompson-Casado (University of Toledo), and Clara Isaza-Bishop (Phillips Andover Academy).

A Final Word about these Sixteen Films

¡Diviértanse! *(Enjoy!)*

> M.M.G.
> D.S.
> M.-P.H.

About The Films

Spanish Title	English Title	Country	Date	Genre	Length	Rating
Arráncame la vida	*Tear This Heart Out*	Mexico	2008	drama/romance	107 min.	unrated
Como agua para chocolate	*Like Water for Chocolate*	Mexico	1992	drama/ romance	105 min.	R
Diarios de motocicleta	*Motorcycle Diaries*	Argentina/Chile/ Peru/US/ UK/France/ Germany	2004	adventure/ biography	128 min.	R
Flores de otro mundo	*Flowers from Another World*	Spain	1999	comedy/drama	108 min.	unrated
Guantanamera	no English title	Cuba/Germany/ Spain	1995	comedy	104 min.	unrated
Hombres armados	*Men with Guns*	US	1997	drama	128 min.	R
Mar adentro	*The Sea Inside*	Spain/France/Italy	2004	biography/ drama	125 min.	PG-13
María llena eres de gracia	*Maria Full of Grace*	US/Colombia	2004	drama/thriller	101 min.	R
La misma luna	*Under the Same Moon*	US/Mexico	2007	drama/romance	110 min.	PG-13
No	*No*	Chile	2012	drama/history	118 min.	R
El norte	no English title	UK/US	1983	drama	141 min.*	R
Presunto culpable	*Presumed Guilty*	Mexico	2008	documentary	87 min.	unrated
También la lluvia	*Even the Rain*	Spain/Mexico	2010	drama/history	103 min.	unrated
Todo sobre mi madre	*All about My Mother*	Spain/France	1999	comedy/drama	102 min.	R
El viaje de Carol	*Carol's Journey*	Spain	2002	drama	103 min.	PG-13
Volver	no English title	Spain	2007	comedy	121 min.	R

---

* Part I (50 min.), Part II (38 min.), Part III (53 min.)

Vocabulario para hablar del cine

Cognados

actuar, la actuación	la cinematografía	filmar, la filmación,	el/la protagonista
la cámara	la comedia musical	el filme	protagonizar
el cine erótico	el documental	el flashback	el punto de vista
el cine de guerra (war)	el/la director(a)	la imagen	la secuencia
o de violencia	los efectos especiales	improvisar	el suspense
el cine de humor	la escena	producir	el tema
el cine político	el/la espectador(a)	el/la productor(a)	los títulos de crédito
			el zoom

Otras palabras

el argumento	plot
el/la artista de cine	movie actor (actress)
el/la cineasta	filmmaker
la cinta	tape; film
el corte	cut
el cortometraje, el largometraje	short (film), feature or full-length film
dirigir	to direct
la distribuidora	distributor
doblar, el doblaje	to dub, dubbing
el elenco	cast
el encuadre	framing (of a shot)
el/la estrella de cine	movie star
estrenarse (una película)	to premiere
el guión, el/la guionista	script, scriptwriter
la iluminación	lighting
interpretar un papel, el/la intérprete	to play a role, person who plays a role
el lente	lens
la pantalla	screen
la película	film
los personajes secundarios	minor or less important characters
la puesta en escena	staging, production
el/la realizador(a)	director
el reparto	cast
rodar, el rodaje	to film, shoot (a film); filming
el sonido	sound
la toma	shot, take
la voz en off	voice-over

CAPÍTULO 1

La misma luna

Presentación de la película: Carlitos Reyes vive en México con su abuela, Benita. Su madre, Rosario, trabaja en Los Ángeles, California. Un día domingo a las diez en punto su madre lo llama desde un teléfono público…

• La directora, Patricia Riggen, nació en Guadalajara, México. *La misma luna* fue su primer largometraje. Ya había dirigido (y escrito) dos cortometrajes: *Family Portrait* (2004) y *La milpa* (2002). Ligiah Villalobos escribió el guión original. La película se rodó en México con excepción de las escenas exteriores en Los Ángeles.

• Adrián Alonso (Carlitos) nació en Ciudad de México en 1994. También actuó en *Al otro lado* (2004), *The Legend of Zorro* (2005) y *La leyenda del tesoro* (2011).

• Kate del Castillo (Rosario) ha actuado en varias telenovelas muy populares y en las películas *American Visa* (2006), *Julia* (2008) y *Colosio: El asesinato* (2012).

• Eugenio Derbez (Enrique) es uno de los comediantes más famosos de Latinoamérica, muy conocido por sus programas de televisión, como "Al Derecho y al Derbez", "Derbez en cuando" y "La familia P. Luche".

• América Ferrera (Marta) recibió un "Golden Globe" a la mejor actriz de 2007 por su trabajo en la serie de televisión "Ugly Betty". Interpretó a Carmen en *The Sisterhood of the Traveling Pants* (2005) y *The Sisterhood of the Traveling Pants 2* (2008) y a Helen Chávez en *Chávez* (2013). Jesse García (David, el hermano de Marta) también actuó en *Quinceañera* (2006) y *Mamitas* (2011).

PREPARACIÓN

Vocabulario preliminar

Note: All but a few of the following words occur at least twice in the film. In Mexico, the use of diminutives is common; there are many of these, especially those ending in -**ito** or -**ita**, in this film. Some examples you will hear: **ahorita, abuelita, grandecito, m'hijito, chiquito, perrito, solito, ratito, casita**. The diminutive **paisanito** comes from **paisano**, referring to someone from the same country as the speaker (in this case, Mexico). You will also hear **no más** meaning *only* and **camión** meaning *bus* instead of *truck*.

Cognados		
el contacto	el mural	el secreto
ilegal	la piñata	el teléfono (público)
el/la inmigrante	la pizzería	el tomate
legal	el/la policía	el walkman

La frontera (*Border*)	
el/la abogado(a)	*lawyer*
el aventón	*ride (colloquial, parts of Latin America)*
caminar	*to walk*
el camino	*road*
el camión	*truck (Mexico: bus)*
cruzar	*to cross*
extrañar	*to miss (a person or thing)*
el lado; al otro lado	*side; to the other side*
lejos	*far*
mandar (de regreso)	*to send (back)*
manejar	*to drive*
la "migra"	*short for* **inmigración**, *referring to U.S. immigration (now under the Department of Homeland Security, U.S., Mexico, C. America)*
nadar	*to swim*
los papeles	*papers (i.e., legal documents)*
pasar	*to pass; to spend; to happen*
regresar	*to go back, return*
la troca	*truck (U.S., Mexico, parts of Central America)*

Otras palabras	
casarse	*to get married*
el compadre (la comadre)	*close friend, often a godparent of one's child*
el dinero	*money*
la dirección	*address*
morir (ue)	*to die*
el padrino (la madrina)	*godfather (godmother)*
perdonar	*to forgive, pardon*
el regalo (de cumpleaños)	*(birthday) present*
trabajar	*to work*

A **Una inmigrante mexicana.** Escoja las palabras apropiadas para completar el párrafo.

Mi amiga Yolanda es mexicana pero vive aquí en Los Ángeles. (1) _____
(Cruzamos / Trabajamos) juntas en una oficina en el centro. A mí no me gusta (2) _____
(manejar/nadar) y por eso no tengo auto, así que a veces Yolanda me da un (3) _____
(aventón/camión) al trabajo. Ella cruzó la (4) _____ (frontera/migra) con una visa
de estudiante hace muchos años. El año pasado sacó sus papeles con la ayuda de un
(5) _____(abogado/inmigrante) y ahora es ciudadana *(citizen)*. (6) _____
(Extraña/Perdona) mucho a su madre y a sus padrinos en México. Es difícil mantener el
(7) _____ (contacto/secreto) cuando están tan (8) _____ (lejos/ricos),
pero les manda dinero cada mes. Se va a casar en diciembre y quiere (9) _____
(regresar/caminar) a México con su esposo a pasar las fiestas allí.

B **Asociaciones**. De la siguiente lista, escoja una palabra que se asocia con…

> *Modelo:*
>
> "La creación" de Miguel Ángel en la Capilla Sixtina
>
> **mural**

camino	mural	teléfono
camión, "troca"	pizzería	tomate
dinero	policía	walkman
dirección		

1. AT&T
2. pesos o dólares
3. Domino's o Round Table
4. Sony
5. Mack, Nissan King Cab, Toyota Tundra, Chevy Silverado
6. 522 Maple Street, Anytown, New York 10460
7. Heinz "ketchup"
8. el inspector Clouseau, Sherlock Holmes, Chief Wiggum
9. Route 66, Rodeo Drive, Pennsylvania Avenue

C **¡Es lógico!** Escoja la respuesta más lógica.

1. ¿Te gustó el regalo que tu madrina te mandó para tu cumpleaños?
   a. Sí, lo mandé de regreso.
   b. Fue una piñata.
   c. Sí, me mandó un vestido muy bonito.

2. ¿Tienes documentos legales para cruzar la frontera y trabajar?
   a. Sí, tengo una visa.
   b. No, pero tengo un pasaporte para ir al otro lado.
   c. Es ilegal pasar por la frontera.

3. ¿Qué te pasa? ¿Hay algún problema?
   a. No, es que se casaron mis abuelos.
   b. Sí, es que se murió el gato.
   c. Sí, es que mi compadre tiene mucho dinero.

Según la Oficina del Censo, el 63% de la población hispana de Estados Unidos (ciudadanos o residentes legales) es de ascendencia mexicana; el 9,2% puertorriqueña; el 3,5% cubana; el 3,3% salvadoreña; el 2,8% dominicana. La gran mayoría vive en el oeste (43,5%) o en el sur (32,8%) del país. Puerto Rico tiene unos 4 millones de residentes, ciudadanos de Estados Unidos que no se incluyen en los datos de la Oficina del Censo.

Antes de ver la película

Conteste las siguientes preguntas. Su profesor(a) puede pedirle que haga este ejercicio con un(a) compañero(a), utilizando la forma **tú** del verbo, y que den un informe oral a la clase.

Preguntas

1. ¿Ha perdido usted a alguien importante en su vida? ¿Ha estado separado(a) de alguien? ¿Un(a) abuelo(a) u otro(a) familiar? ¿Un(a) amigo? ¿Lo (La) extrañaba mucho? ¿Por qué estaban separados?

2. ¿Ha estado usted en una ciudad fronteriza como El Paso, Tucson o San Diego? Si es así, ¿cuál? ¿Qué le pareció esa ciudad?

3. ¿Ha cruzado una frontera internacional (entre Estados Unidos y México o entre otros países)? Si es así, ¿dónde? ¿Qué le preguntaron los oficiales? Describa la experiencia.

B **Los personajes.** Lea las descripciones y los nombres de los personajes. Después de ver la película, empareje cada personaje con su descripción.

a. Carlitos   b. Rosario   c. doña Carmen   d. Marta   e. Benita

f. Paco   g. Reyna   h. la señora McKenzie   i. Alicia   j. Enrique

_____ 1. la abuela de Carlitos

_____ 2. una joven mexicano-americana

_____ 3. una mujer para quien Rosario trabaja

_____ 4. la amiga de Rosario

_____ 5. un niño mexicano de nueve años que va a Los Ángeles

_____ 6. una mujer que salva *(saves)* a Carlitos de un drogadicto

_____ 7. un guardia de seguridad en Los Ángeles

_____ 8. una mujer para quien Carlitos trabaja

_____ 9. la madre de Carlitos

_____ 10. un señor que lleva a Carlitos a Los Ángeles en autobús

Investigación

Busque información sobre uno de los temas que siguen. Su profesor(a) puede pedirle que trabaje con un(a) compañero(a) o en un grupo pequeño para hacer la investigación y que den un informe oral a la clase.

1. los inmigrantes indocumentados de Estados Unidos/Canadá

2. los esfuerzos para reformar las leyes sobre la migración en Estados Unidos, incluso la ley "Dream" (acerca de los inmigrantes que llegaron indocumentados siendo menores de edad)

3. el muro *(wall)* en la frontera entre Estados Unidos y México

4. los envíos de dinero *(sending of money, remittances)* entre Estados Unidos y México

5. las lenguas indígenas de México

Note: Your instructor may ask you to read over the questions in the section **Exploración** before you see the film, in order to improve your understanding of it.

EXPLORACIÓN

A **¿México, Estados Unidos o los dos países?** ¿Con qué lugar se asocia cada uno de los siguientes personajes u objetos de la película?

> *Modelos:*
>
> un teléfono público   la señora McKenzie
>
> **los dos países**   **Estados Unidos**

1. Benita
2. un calendario
3. una fiesta de cumpleaños
4. un reloj
5. un examen de ciudadanía *(citizenship)*
6. un walkman

7. un abogado
8. un lugar con un teléfono público, una pizzería y un mural
9. doña Carmen
10. una estación de autobuses

B La historia

1. ¿Por qué hay una fiesta en casa de Carlitos? ¿Quién mandó el dinero para comprar la piñata?

2. ¿Quiénes llegan a la fiesta? ¿Por qué les dice Benita, la abuela de Carlitos, que se vayan? ¿Qué les interesa a estas dos personas?

3. ¿Qué quieren hacer los tres hombres que hablan con doña Carmen? ¿Por qué quieren hablar con ella los dos jóvenes mexicano-americanos?

4. Cuando doña Carmen le pregunta a Carlitos qué quiere para su cumpleaños, ¿qué le dice él?

5. ¿Qué le pasa a Benita? ¿Qué decide hacer Carlitos?

6. ¿Qué problema tiene Carlitos en la estación de autobuses? ¿Por qué no le venden un boleto *(ticket)* para Los Ángeles?

7. ¿Por qué no puede Carlitos pagar a la persona que lo ayuda, al drogadicto?

8. ¿Quién tiene el walkman de Carlitos? ¿Qué le cuenta esta persona a doña Carmen?

9. ¿Por qué no puede Rosario llamar a la policía cuando la señora McKenzie no le paga el dinero que le debe?

10. Carlitos va con algunos hombres a recoger tomates. ¿Qué les pasa a los hombres mientras están trabajando? ¿Quiénes llegan?

11. ¿Quiénes les dan un aventón a Carlitos y Enrique a Tucson?

12. ¿Por qué le dice Enrique a Carlitos que debe ir a la policía? ¿Quiere Carlitos hacer eso?

13. ¿Qué decide hacer Rosario? ¿Por qué? ¿Qué le dice Alicia?

14. ¿Quién vive en Tucson, la ciudad donde Enrique y Carlitos están trabajando? El papá de Carlitos

15. ¿Cree Carlitos que Rosario perdonará a Óscar? El sí cree que lo perdona

16. Cuando llegan a Los Ángeles, ¿qué problema tienen Carlitos y Enrique? ¿Qué deciden hacer?

17. El día de la boda *(wedding)*, ¿qué decide Rosario? Cambia de opinión y no se casa

18. ¿Qué le cuenta doña Carmen a Rosario? Que Carlitos se fue a buscar a su madre y Benita murió

19. ¿Quién acompaña a Rosario a la estación de autobuses? Óscar

20. Cuando Carlitos llega al teléfono desde donde su mamá lo llama, ¿quién lo espera allí? Su mamá

ANÁLISIS Y CONTRASTE CULTURAL

Vocabulario

Verbos	
agarrar	to catch; to hold onto
bailar	to dance
cambiar	to change
contar (ue)	to tell
correr	to run
dejar	to leave (behind); to allow, let
encargarse (de)	to take responsibility (for)
encontrar (ue)	to find
levantarse	to get up
llevar	to take; to carry (also, to wear)
viajar	to travel

Saludos y expresiones de cortesía	
A sus órdenes./Para servirle.	At your service (often said after introducing oneself).
Bienvenido(a).	Welcome.
Buenas (tardes).	Good afternoon.
Con permiso.	Excuse me (before walking in front of someone, turning one's back or leaving someone at a gathering, etc.).
Disculpe.	Excuse me (often, to attract someone's attention). Pardon me. (**usted** form)
¡Qui úbole!	Hi! (a greeting, like ¡**Hola!**, colloquial, most of Latin America)
Saludos a…	Give my best to…, Say hi to…

Otras palabras	
el/la abusador(a)	someone who takes advantage of others
la canción	song
el domicilio	residence
la lavandería	laundry
lavar la ropa	to wash one's clothing
la luna	moon
la parada (de autobuses)	(bus) stop
la razón: tener razón	reason: to be right
la tienda	shop, store

Expresiones regionales*	
abusado(a)	*sharp, careful*
¡Aguas!	*Look out!*
¡Ándale!	*That's it! Right! You got it!*
el/la chamaco(a)	*boy (girl)*
la chamba	*work*
¡Híjole!	*Wow! Jeeze!*
no más	*only*
Órale.	*All right. OK. That's it. (used mainly to encourage someone to do something or to accept an invitation)*
Ya mero.	*Almost.*

*These terms are not used exclusively in Mexico—some are heard elsewhere as well.
 All of them are colloquial.

A **Saludos y expresiones de cortesía.** Complete las conversaciones con palabras de la lista "Saludos y expresiones de cortesía".

1. Buenas tardes, don Mario.

   _____ .

   _____ a mi casa. Adelante, por favor, entre.

2. _____ , señora. ¿Sabe usted si hay un banco por aquí cerca?

   Sí, el Banco Central está allí en la Avenida Hidalgo.

3. ¿Cómo se llama usted, señor?

   Marcos García, _____ .

   (Hay dos respuestas posibles.)

   Mucho gusto, señor García.

4. ¡ _____ , Paco!

   ¡Hola! ¿Qué tal? ¿Cómo estás?

   Muy bien, ¿y tú?

   Bien, gracias.

   ¡Qué gusto de verte! ¡ _____ a la familia!

5. ¡Qué fiesta más animada!

   Sí, pero ya es tarde. Me tengo que ir. _____ .

   Adiós, pues.

   ¡Nos vemos!

B
En resumen (1). Complete las oraciones con verbos de la siguiente lista.

agarró	cuenta	llevan
bailar	dejas	se levantan
cambia	encargarse	viaja
corren	encuentra	

1. Rosario y Alicia _se levantan_ muy temprano para ir a trabajar.
2. Los trabajadores inmigrantes _corren_ cuando llega la "migra".
3. Enrique no quiere _encarg_ de Carlitos; dice que _viaja_ solo.
4. Los Tigres del Norte _llevan_ a Carlitos y Enrique a Tucson.
5. "Ya mero me _dejas_", dice Carlitos a Enrique cuando sube a la camioneta *(van)* de Los Tigres del Norte.
6. Carlitos les dice a los músicos que la "migra" casi los _agarró_.
7. La señora Snyder le _cuenta_ a Rosario que llegaron tarde porque fueron a un banquete: "You know how banquets are."
8. Rosario _cambia_ de opinión y decide no casarse con Paco.
9. Paco dice que no sabe _bailar_.
10. Doña Carmen _encuentra_ el número de teléfono de la señora Snyder en el álbum de Carlitos.

C
En resumen (2). Complete las oraciones con palabras de la lista "Otras palabras".
1. Rosario y Alicia van a la _lavandería_ para lavar la _ropa_.
2. Cerca del teléfono público desde donde Rosario siempre llama a Carlitos, hay una _____ de cosas para fiestas y una _____ de autobuses.
3. La dirección de Rosario que tienen Carlitos y Enrique no es de una casa, o _____.
4. La _____ "Yo no soy abusadora" es de la cantante Laura León.
5. Alicia dice que Rosario tiene _____, que debe regresar a México.
6. En el hotel de Tucson Carlos mira la _____ y piensa en su madre.

D **¿Y en México?** Para cada palabra subrayada, dé una palabra que se podría oír en México. (Consulte la sección "Expresiones regionales".)

> *Modelo:*
>
> <u>Muy bien</u>, pues. Así se baila.
>
> Ándale, pues. Así se baila.

1. <u>¡Cuidado!</u> Viene el jefe.
2. Yo no puedo encargarme de un <u>chico</u>.
3. Muy <u>listo</u> con las tarjetas que te di.
4. <u>Sólo</u> tienes que llamarme y llego en seguida.
5. <u>¡Caramba!</u> ¡Qué bonita foto!
6. No tengo <u>trabajo</u>.
7. Ve a hablar a tu papá. <u>Ya, hazlo</u>.
8. <u>Casi</u> es mi cumpleaños.

Notas culturales

- Ciudad Juárez (Chihuahua, México) está a tres kilómetros (dos millas) de El Paso, Tejas. Las dos ciudades están junto al río Bravo *(Rio Grande)*. La frontera entre Estados Unidos y México se extiende a lo largo de más de 3.000 kilómetros (casi 2.000 millas). Esta frontera se cruza legalmente más de 250 millones de veces por año. No se sabe cuántas veces se cruza ilegalmente, pero cada año mueren unas 350 personas tratando de cruzar la frontera sin papeles. En años recientes, el número de personas que cruzan la frontera ilegalmente ha bajado (en parte por la problemática economía de Estados Unidos), pero el número de muertes no ha bajado.

- Los tres hombres que querían cruzar la frontera hablaban un idioma indígena entre sí, y doña Carmen no lo entiende. En México se hablan sesenta y cinco idiomas indígenas, como el náhuatl y el maya.

- Jorge Hernández y algunos de sus hermanos y primos fundaron el conjunto musical (la banda) Los Tigres del Norte cuando eran adolescentes en San José, California. Ahora tienen fama internacional y han ganado varios Grammys por sus álbumes de música norteña. A Carlitos le cantan "Por amor". La canción "Yo no soy abusadora" es de la actriz y cantante mexicana Laura León.

Temas de conversación o composición

Discuta con sus compañeros los temas que siguen. Su profesor(a) puede asignarle como tarea que escriba un párrafo sobre alguno(s) de ellos.

1. la frontera y la "migra" (¿Cómo cruzan Rosario y Alicia la frontera? ¿Llegan al otro lado las otras personas que iban con ellas? ¿Cómo piensan cruzar los tres hombres que hablan con doña Carmen? ¿Qué les pasa a los jóvenes mexicano-americanos? ¿Por qué no quería trabajar con ellos doña Carmen? ¿Por qué no quiere pasar a Carlitos? ¿Tiene doña Carmen principios morales o no? ¿Qué responsabilidad tienen los hombres que contratan [hire] a las personas sin papeles, como el hombre estadounidense en el lugar donde cultivan tomates? ¿Qué pasaría si nadie contratara a la gente sin papeles?)

2. la vida de Chito, el niño que trabaja en la calle, en México, y la vida de Carlitos (¿Va a la escuela Chito? ¿Qué hace él? ¿Tiene ropa y zapatos nuevos como Carlitos? Según su opinión, ¿qué futuro tendrá?)

3. el trabajo (¿Quiénes buscan trabajo en esta película? ¿Qué clase de trabajos hacen? ¿Qué problemas tienen?)

4. la relación entre Carlitos, Rosario y Óscar (¿Cómo es Óscar? ¿Es una buena madre Rosario? ¿Hizo bien en ir a Los Ángeles para poder mandarles dinero a su madre y a su hijo? ¿Qué haría usted en esa situación?)

5. la música (¿Qué papel [role] tiene la música en esta película? ¿Los Tigres del Norte? ¿la canción "Superman es ilegal"? ¿Qué le pareció la escena en la que Enrique y Carlitos se cantan el uno al otro mientras lavan platos en el café? ¿Qué papel tiene la música en la fiesta de cumpleaños y en la fiesta de despedida [farewell] para Rosario?)

6. el título de la película (¿Qué le dijo Rosario a Carlitos que hiciera cuando la extrañara? ¿Cómo mantienen el contacto Rosario y Carlitos a pesar de la distancia que los separa? ¿Por qué son importantes las fotos en esta película? ¿las cartas?)

Una escena memorable

Describa la fiesta de cumpleaños de Carlitos. ¿Qué hace la gente? ¿Quiénes están en casa de Benita? ¿Qué le dice Manuel a Carlitos y cómo reacciona Benita?

Hablan los personajes

Analice las siguientes citas, explique de quién son y póngalas en contexto. (Para una lista de los personajes, ver "Antes de ver la película", ejercicio B. También están Los Tigres del Norte.)

1. "No llore. Carlitos, tú eres un Reyes y los Reyes somos fuertes".

2. "Paco es un gran tipo (*guy*). Tiene un buen trabajo y además le gustas. ¿Qué más quieres? Tu vida no tiene que detenerse (*come to a stop*) porque tu hijo no está aquí, ¿eh?"

3. "Se creen mejor que uno nada más porque nacieron del otro lado, ¿verdad?"

4. "Is it worth your tuition? You want to drop out of school or you want to get the money? It's your choice."

5. "Hay que ser bien valiente para hacer lo que estás haciendo, Rosario".

6. "No, I just decided I'd like to try someone new.... You'll find something else, 'cause you're young."

Tres generaciones de una familia hispana. El 88% de los hispanos nacidos en Estados Unidos habla muy bien inglés, y el 94% de la generación posterior habla inglés. Texas tiene el porcentaje más alto de personas mayores de cinco años que hablan español en casa (29,1%), seguido de Nuevo México (28,8%), California (28,4%), Arizona (21,9%), Nevada (19,3%) y Florida (18,7%). De estas personas, muchos son bilingües.

7. "Cantamos la historia de la gente, de sus vidas, de sus sueños… así como los tuyos".

8. "Y ¿qué tienen de maravilloso nuestras vidas, a ver? Todo el tiempo corriendo de la migra, viviendo en una cochera *(garage)* y, lo que es peor, queriendo siempre estar en otra parte".

9. "La gente cambia, Carlitos".

10. "Nadie escoge vivir así, Carlitos, nadie. A menos que tenga una buena razón. Y estoy seguro que para ella tú eres esa razón".

Hablando de la cultura…

El sistema de compadrazgo *(co-parenting)* existe en muchas regiones del mundo hispano, incluso México. El padrino de Carlitos asiste a su fiesta de cumpleaños (y probablemente a todas las ceremonias o celebraciones importantes de su vida). El padrino y la madrina tienen muchas responsabilidades, algunas financieras y otras sociales. El padrino de Carlitos es el compadre de Benita y ella es su comadre. Los padrinos son buenos amigos de la familia, aconsejan *(they give advice)* a los niños y ayudan a toda la familia en caso de emergencia. Carlitos le deja una carta a su padrino antes de irse de la casa y le dice a su abuela, ya muerta, "Mi padrino se va a encargar de ti". ¿Tiene usted padrinos? ¿Qué papel tienen los padrinos en Estados Unidos o Canadá?

Hablan los críticos y los directores

La misma luna pone "una capa *(layer)* de dulce encima de los mexicanos, en un desesperado intento de vendérselos a los gringos, quienes no toleran ver una cultura representada como realmente es, y que requieren un tratamiento McDonalds (o Taco Bell, en este caso) para poder procesar las culturas ajenas *(foreign)*.... Chantajista *(Extortionist)* como una telenovela de Thalía, esta película parece más un cuento de hadas *(fairy tale)* que una historia de migrantes...."

—*"Bajo la misma luna* es el equivalente en cine de Taco Bell",
La Vanguardia de México, 24 marzo 2008.

¿Está usted de acuerdo? ¿Necesita la gente anglosajona "una capa de dulce" para poder simpatizar con los inmigrantes?

"Riggen also has to make fresh and plausible another familiar element of the plot: the stranger who is initially indifferent to, and even annoyed by, the child's presence but who gradually experiences a change of heart. These are often the most interesting characters in quest narratives, because they do change. This role is filled by a hard-bitten young man, Enrique (Eugenio Derbez), also on the run from the INS. Derbez initially comes across as a jerk, but he manages to convey his change of heart and growing concern for Carlitos without projecting a single false note or evoking sentimentality. We can easily believe the unhappiness of del Castillo's Rosario. But it makes all the difference that we can also believe in Alonso's Carlitos and Derbez's Enrique, because they are pivotal to the action and, emotionally, they are the most unsettled of any of the characters. Their performances—and the movie's sideways glance at the culture of illegal immigrants, including a funny song about Superman ('He has no social security and no green card')—give the movie its nicely controlled vitality."

—Philip Marchand, "Under the Same Moon Shines Bright",
The Toronto Star, 4 de abril, 2008.

Para usted, ¿son realistas los personajes de la película? ¿Por qué sí o por qué no? ¿Qué escenas le parecen realistas? ¿Qué escenas no le parecen realistas?

MÁS ALLÁ DE LA PELÍCULA

Entrevista con Patricia Riggen

Jorge Caballero entrevista a la directora Patricia Riggen en su artículo "Patricia Riggen aborda[1] el tema de los migrantes por el desmembramiento[2] familiar".

...De visita en la ciudad de México, [Patricia] Riggen charló con *La Jornada*. Señaló[3] que su película, que habla sobre la migración de mexicanos hacia Estados Unidos, surgió[4] "con la intención de conmover[5]; mucha gente me cuestionó sobre hacer una cinta que tratara el tema de la migración, que era un tema muy manoseado[6]. Les respondí que es como el de la guerra[7] y que se podría abordar desde muchas perspectivas; yo lo abordé por el del desmembramiento que sufren las familias cuando la madre abandona a sus hijos para irse a trabajar a Estados Unidos".

La cineasta extiende su respuesta: "También me han preguntado si está basada en una historia real; existen en Estados Unidos cuatro millones de mexicanas migrantes que se han visto forzadas[8] a abandonar a sus hijos, o sea, *La misma luna* está basada en cuatro millones de historias reales. Esta cantidad es como si existiera una ciudad completa de madres sin hijos en Estados Unidos y otra de hijos sin madre en México, lo cual me parece una injusticia terrible".

La misma luna sigue la historia de un niño de nueve años educado[9] por su abuela en México, porque su mamá trabaja ilegalmente en Estados Unidos. Cuando la abuela muere, el pequeño emprende[10] un viaje para reencontrarse con su madre. El filme está protagonizado por Adrián Alonso, Kate del Castillo, Eugenio Derbez, América Ferrera y Los Tigres del Norte.

Patricia Riggen considera: "Mi punto de vista sobre el tema es diferente, porque es desde la mirada[11] de un niño; pero sobre todo la diferencia está en el tono en que está narrada la película. Estamos acostumbrados a ver cintas de migración que son muy oscuras[12] y deprimentes[13], que son crueles; esta película es muy luminosa[14], positiva y llena de esperanza. La hice para que le gustara a los migrantes no para agradar[15] a los que viven en la colonia Condesa[16], a los que observan desde la comodidad[17] de una sala de cine VIP... Quise hacer una película que les gustara a los migrantes, por lo tanto[18] son personajes bellos, solidarios[19], capaces de reírse de[20] su situación, son humanos. Además metí a los actores que les gustan y la música que escuchan, como Los Tigres del Norte.

"La película aún no se estrena[21], pero es muy importante que llegue a ese público, porque es su historia. Creo que habrá opiniones de que es muy comercial, pero no es ésa la intención, nunca pensé en hacerla, porque ya tenía

1. *broaches, approaches*
2. *split, break-up*
3. *She pointed out*
4. *came about*
5. *move, touch*
6. *overworked*
7. *war*
8. *se... who've been forced*
9. *brought up*
10. *undertakes*
11. *viewpoint*
12. *dark*
13. *depressing*
14. *luminous, bright*
15. *please*
16. *a wealthy area of Mexico City*
17. *comfort*
18. *por... therefore*
19. *supportive*
20. *capaces... capable of laughing about*
21. *aún... is still not being premiered*

un trato[22] con un estudio para que me financiaran la película, pero me querían hacer unos cambios en la parte creativa, de contenido[23] y en el casting, así que rechacé[24] el dinero y decidí el camino independiente".

Mover y conmover

La autora del documental *Retrato*[25] *de familia*, que aborda el tema de la pobreza[26] de los negros en Harlem, precisa[27]: "El guión de *La misma luna* cambió mucho de cómo lo recibí a cómo lo filmé, pero esencialmente trataba de la separación de una madre y su hijo por motivos económicos. Supe que había una buena historia para hacer lo que a mí me gusta: mover y conmover. No hay relación más fuerte que la de una madre con un hijo y, por lo tanto, no hay dolor[28] más fuerte que su separación… La película no es explícitamente política, me concentré[29] en el lado humano de un problema político. Quise convertir la estadística en algo con lo que uno se puede identificar…"

Patricia Riggen finalizó: "La película no critica explícitamente las políticas migratorias del gobierno[30] estadounidense, como la construcción del muro[31] fronterizo, a la cual me sumo[32]. Más bien[33] trata de llamar la atención sobre la idea de que el problema está en el gobierno de México, que tiene la responsabilidad de ver por sus ciudadanos; preguntarnos qué está haciendo mal, para que millones de trabajadores mexicanos emigren a Estados Unidos en condiciones adversas. Es una muestra[34] de inequidad, injusticia, desesperanza[35] … nadie deja lo más preciado[36] de su vida, como son los hijos, y México les niega[37] esa esperanza a todos esos millones de mexicanos migrantes.

"Qué estamos haciendo mal en nuestro país que tiene al millonario número uno del mundo y otros tantos en el top 100; además México es el segundo país en comprar autos de superlujo[38], de esos que valen más de 500 mil dólares, en la ciudad de México hay tres tiendas de diamantes[39] Tiffany's cuando en Nueva York hay una… para mí eso es indignante[40]. Hay que comenzar a responsabilizarnos de lo que estamos haciendo como gobierno y sociedad".

—Jorge Caballero, "**Patricia Riggen aborda el tema de los migrantes por el desmembramiento familiar**", *La Jornada*, el 12 de septiembre de 2007. http://www.jornada.unam.mx/2007/09/12/index .php?section=espectaculos&article=a11n1esp

22. *agreement*
23. *content*
24. *I refused*
25. *Portrait*
26. *poverty*
27. *gets more specific*
28. *pain*
29. *me… I concentrated*
30. *government*
31. *wall*
32. *a… to which I add myself (as a critic)*
33. *Más… Instead*
34. *sign*
35. *hopelessness*
36. *precious*
37. *denies*
38. *superluxury*
39. *diamonds*
40. *outrageous*

Preguntas y opiniones

1. Según Riggen, ¿está basada *La misma luna* en una historia real?

2. Aunque muchas películas tratan el tema de la migración, ¿por qué es diferente el punto de vista de este filme, según la directora?

3. Riggen dice que tenía un trato con un estudio pero que decidió hacer la película independientemente. ¿Por qué tomó esa decisión?

4. ¿Quería Riggen hacer una película política?

5. ¿Está a favor la directora de la construcción del muro fronterizo?

6. ¿Qué pregunta se debe hacer sobre el gobierno de México, según la directora?

7. ¿Qué ejemplos da Riggen de la riqueza de México? (NB: El mexicano Carlos Slim, entre 2010 y 2013, era el hombre más rico del mundo.)

¿Qué otras películas tratan el tema de la inmigración? ¿Cómo presentan a los inmigrantes hispanos, en general? Dé ejemplos.

¿A usted le gusta la música de Los Tigres del Norte? ¿Conoce a otros grupos o cantantes mexicano-americanos; por ejemplo, Selena (muerta en 1995), Carlos Santana, Dave Navarro? Si es así, ¿a cuáles? ¿Qué opina de su música? Comente.

Entrevista

Entreviste a un(a) inmigrante hispano(a) acerca de sus experiencias en este país y antes de venir aquí. Puede ir al departamento de inglés como lengua extranjera o al centro de la comunidad local—o su profesor(a) le puede ayudar a encontrar un ciberamigo(a) por Internet. Algunas preguntas posibles:

1. ¿Cómo era su vida antes de llegar aquí? ¿Dónde vivía? ¿Tenía trabajo? ¿Estudiaba?

2. ¿Cómo cambió su vida al llegar a este país?

3. ¿Qué extraña de su país? ¿La gente? ¿el clima? ¿alguna comida? ¿un día de fiesta especial?

4. ¿Piensa usted regresar a su país de origen algún día?

¿Tiene mucho en común la persona que usted entrevistó con los personajes de *La misma luna*? ¿En qué se parecen? ¿En qué se diferencian?

CAPÍTULO 2

Arráncame la vida

Presentación de la película: Catalina Guzmán es una adolescente guapa e inteligente de clase media que vive en la ciudad de Puebla, México durante la década de 1930. A los dieciséis años se casa con uno de los líderes de la Revolución Mexicana, el general Andrés Ascencio. Ascencio tiene más de treinta años de edad y es candidato a gobernador del Estado de Puebla. Los padres de Catalina aceptan este matrimonio a pesar de los rumores que circulan sobre el general…

• El director, productor y guionista mexicano Roberto Sneider nació en la Ciudad de México en 1962. Se especializó en cine en la Universidad Iberoamericana. Su primer largometraje, *Dos crímenes* (1995), basado en la novela del mismo título de Jorge Ibargüengoitia, fue premiado en muchos festivales.

• *Arráncame la vida* recibió cuatro premios Ariel y el premio a la mejor película en el festival "Latin Beat" de Tokio. Con un presupuesto de 6,5 millones de dólares,

es una de las películas más caras de la historia del cine mexicano y uno de sus mayores éxitos de taquilla (*box office*).

• Ángeles Mastretta, autora de la famosa novela del mismo título en que se basa la película, colaboró con Roberto Sneider en el guión.

• Daniel Giménez Cacho hace el papel del general Andrés Ascencio. Ha protagonizado *Sólo con tu pareja* (Alfonso Cuarón, 1991), *Midaq Alley* (Jorge Fons,

1991), *La mala educación* (Pedro Almodóvar, 2004) y *Blancanieves* (Pablo Berger, 2012). Obtuvo fama internacional por su participación en *Cronos* (Guillermo del Toro, 1993).

• María Claudia Talancón hace el papel de Catalina. Es más conocida en Estados Unidos como Coco, la inmigrante indocumentada de *Fast Food Nation*

(Richard Linklater, 2006). También protagonizó *El crimen del padre Amaro* junto a Gael García Bernal (Carlos Carrera, 2002) y *La venta del paraíso* (Emilio Ruiz Barrachina, 2012).

• La cantante Eugenia León, una de las más grandes voces de México, interpreta el papel de Toña la Negra, la famosa cantante mexicana.

PREPARACIÓN

Vocabulario preliminar

Note: All but a few of the following words occur at least twice in the film.

Cognados		
divorciado(a) la flor	el/la líder la política	el/la sucesor(a)

Las relaciones personales	
el/la amante	*lover*
la comadre	*very close friend; godmother of one's child or mother of one's godchild*
el compadre	*very close friend; godfather of one's child or father of one's godchild*
el/la cómplice	*accomplice*
el/la viudo(a) (quedarse viudo[a])	*widow(er) (to be widowed)*

Las profesiones	
el/la director(a) de orquesta	orchestra conductor
el/la licenciado(a)	lawyer
el/la periodista	journalist, reporter
el/la político	politician
el/la trabajador(a)	worker

Otras palabras	
arrancar	to tear out
el asesinato	murder
las bellas artes	fine arts
la beneficencia pública	public assistance
el/la dueño(a)	owner
el edificio	building
embarazada (quedar embarazada)	pregnant (to get pregnant)
el ensayo	rehearsal
entrevistar (la entrevista)	to interview (interview)
la hierba	herb
el hospicio	orphanage
el jugo	juice
loco(a) (el/la loco[a])	mad, insane (madman [madwoman])
oler (ue) a (e.g., Huele a flores.)	to smell of or like (e.g., It smells of flowers.)
la presa	dam
sacar (a alguien) de	to remove (somebody) from
sentir(se) (ie)	to feel
la tumba	grave

Hablando de política. Complete las oraciones con palabras de la lista que sigue.

beneficencia	compadres	divorciado	entrevistar	sucesor
hospicio	líder	periodista	político	trabajadores

1. El presidente Plazas y Luis Ramírez son muy buenos amigos. Son _____.

2. Dicen que el presidente Plazas va a nombrar a Ramírez como
    su _____.

3. Ha llegado una _____ de *La nación* para _____al
    presidente.

4. El candidato Jorge Pérez no tiene posibilidades porque está _____.

5. La presidenta de la _____ pública pidió dinero para los niños
    del _____.

6. Diego Laínez es el _____ de los _____ y nadie lo
    intimida (*intimidates*).

7. Laínez es un _____ muy astuto.

B **Un crimen.** Escoja las palabras apropiadas para completar las oraciones.

1. El (director / líder) de la Orquesta Nacional fue víctima de (una presa / un asesinato).

2. El crimen tuvo lugar durante un (jugo / ensayo) en el Palacio (de Gobierno / de Bellas
    Artes).

3. La policía llegó y (sacó / arrancó) a la gente del (hospicio / edificio).

4. Se dice que la (cómplice / orquesta) del asesino es su (dueña / amante), Luisa Bermúdez.

5. No me extraña. Esa mujer está (embarazada / loca).

6. El (licenciado / político) Gutiérrez va a defender a los acusados en el juicio (*trial*).

7. La (viuda / periodista) del director llevó muchísimas (hierbas / flores) al cementerio.

8. Ahora la (tumba / política) de su esposo (siente / huele) a flores.

Antes de ver la película

 Relaciones personales. Conteste las siguientes preguntas.   Su profesor(a) puede pedirle que haga
este ejercicio con un(a) compañero(a), utilizando la forma **tú** del verbo, y que den un informe oral
a la clase.

1. ¿Ha estado usted en una relación en que no quería estar? ¿Por qué se quedaba con la
    otra persona? ¿La dejó usted por fin? ¿Cómo terminó la relación?

2. ¿Ha sido usted alguna vez cómplice de otra persona en algo que estaba en contra de
    (*against*) sus principios? ¿Por qué participó en esta complicidad?

B **Los personajes**. Lea las descripciones y los nombres de los personajes. Después de ver la película, empareje cada personaje con su descripción.

a. Catalina Guzmán   b. Andrés Ascensio   c. Carlos Vives   d. don Marcos   e. Lilia
(Cati)

f. Martín   g. Juan   h. Rodolfo Campos   i. Rafael Cordera   j. Pablo
Cienfuegos   (Fito, el Gordo)

_____ 1. político de Puebla, candidato a gobernador y
            aspirante a presidente de la República

_____ 2. hija de familia de clase media de Puebla

_____ 3. director de orquesta de ideas progresistas, amigo
            de la familia de Andrés

_____ 4. hija de Andrés y una amante

_____ 5. padre de Catalina

_____ 6. rival de Andrés para la presidencia y amigo de Carlos

_____ 7. líder de los trabajadores, enemigo político de
            Andrés y amigo de Carlos

_____ 8. político de Puebla, compadre de Andrés

_____ 9. compañero del colegio de Catalina

_____10. chofer de Andrés

Investigación

Busque información sobre uno de los temas que siguen. Su profesor(a) puede pedirle que trabaje con un(a) compañero(a), o en un grupo pequeño, para hacer la investigación y que den un informe oral a la clase.

1. la ciudad de Puebla
2. el bolero (género musical) y las canciones "Arráncame la vida" y "Cenizas"
3. la canción "Cielito lindo"
4. Toña La Negra (cantante de Veracruz)
5. los orígenes del PRI (Partido Revolucionario Institucional)
6. la Guerra Cristera (1926–1929)

Note: Your instructor may ask you to read over the exercises in the section **Exploración** before you see the film, in order to improve your understanding of it.

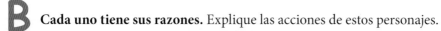

EXPLORACIÓN

A **Algunas víctimas del general Ascencio.** ¿Qué les pasa a los siguientes personajes? ¿Cuál es el motivo de Andrés en cada caso?

1. los habitantes del valle donde se va a construir una presa
2. la señora González
3. el licenciado Maynes
4. el editor (*publisher*) del *Avante*
5. Carlos Vives

B **Cada uno tiene sus razones.** Explique las acciones de estos personajes.

1. Los padres de Catalina no protestan cuando Andrés lleva a su hija a Tecolutla "a conocer el mar".
2. Catalina va a consultar a una gitana (*gypsy*).
3. Las compañeras de la clase de cocina le hacen el vacío (*give the cold shoulder*) a Catalina.
4. Catalina tiene una aventura amorosa con Pablo, un amigo del colegio.

5. Catalina le pide a Andrés que saque a su papá de sus negocios.

6. Los militantes del partido de Rodolfo se roban las urnas (*ballot boxes*) durante las elecciones.

7. La familia de Andrés va a vivir a la Ciudad de México.

8. Andrés insiste en que Lilia se case con Guillermo (Memo).

9. Andrés lleva a su familia a Puebla para pasar el puente (*long weekend*).

10. Catalina va a visitar a la gitana por segunda vez.

 Asociaciones. Explique quiénes se asocian con los elementos de la lista que sigue y por qué se asocian con ellos.

1. la canción "Cielito lindo"

2. unas locas, unos niños y un hospital

3. unas flores anaranjadas ("flores de muerto")

4. las canciones "Cenizas" (*Ashes*) y "Arráncame la vida"

5. unas hierbas

Cholula, la ciudad donde Carlos Vives dirige un concierto de música de Silvestre Revueltas, con el volcán Popocatépetl al fondo.

ANÁLISIS Y CONTRASTE CULTURAL

Vocabulario

Expresiones	
darse cuenta	to realize
dársele la gana	to feel like (doing something)
echar a perder	to ruin
estar bueno(a)	to be a hunk (a dish), good-looking
ir a los toros	to go to a bullfight
tenerle ganas a alguien	to have the hots for somebody
tener tedio	to be bored
y no pedazos: Ésa es hembra y no pedazos.	true, real: Now that's a real woman.

Expresiones regionales*	
la bola	a (whole) bunch
el/la chamaco(a)	kid, youngster
el/la charro(a)	horseman (horsewoman), cowboy (cowgirl)
chulo(a)	sweetheart
el/la escuincle(a)	kid
la feria	small change; small donation
¡Órale!	Come on!
la pendejada	stupid thing to say or do (slightly vulgar)
pendejo (el/la pendejo[a])	idiot (stupid jerk) (slightly vulgar)
la vieja	girl, woman

*   These terms are not used exclusively in Mexico—some are heard elsewhere as well. All of
    them are colloquial.

Otras palabras	
dirigir	to conduct (an orchestra); to lead
faltar (Me falta[n]…)	to lack, lack for (I need…)
la ley	law
mandar	to order about, tell (someone) what to do
mandarse	to be one's own boss
el marido	husband
el/la militar	soldier, military man (woman)
los negocios	business

A **Un triángulo amoroso.** Complete las oraciones con palabras de las listas "Otras palabras" y "Expresiones".

1. Andrés es uno de los _____ que ganaron la Revolución Mexicana.

2. Andrés le tiene _____ a Catalina. Le dice, "¡Qué _____ estás!"

3. Andrés siempre hace lo que se le da _____.

4. Andrés y sus asociados hacen las _____ que necesitan.

5. Andrés no le quiere hablar a Catalina de los _____ que tiene con Mike Heiss.

6. Poco a poco Catalina _____ de qué tipo de persona es
   su _____.

7. Carlos _____ una orquesta en el Palacio de Bellas Artes.

8. Carlos comenta: "¡Qué país, Catalina! El que no tiene miedo
   tiene _____".

9. A Catalina no le _____ dinero, pero quiere ser libre;
   quiere _____.

10. Catalina le dice a Carlos que no provoque a Andrés porque va a echar
    todo _____.

11. La mañana después del concierto, Catalina no quiere ir a _____ con Andrés.

12. Lilia no se deja intimidar por Guillermo. Por eso Andrés dice: "Ésa es hembra y
    no _____".

B **¿Y en México?** Para cada palabra subrayada, busque una palabra que se podría oír en México. (Consulte la sección "Expresiones regionales".)

> *Modelo:*
>
> No seas tan severa con ella. Es sólo <u>una niña</u>.
>
> **No seas tan severa con ella. Es sólo una chamaca.**

1. Los amigos de mi hermano son <u>un montón</u> de locos.

2. Prometí llevar a los <u>niños</u> al parque.

3. <u>Vamos</u>, tómate el té.

4. Mi hijo me pidió un poco de <u>dinero suelto</u>.

5. Ese <u>vaquero</u> monta un caballo blanco.

6. ¿Qué te pasa, <u>mi amor</u>?

7. El novio de mi hermana es un <u>estúpido</u>.

8. Vamos, no digas <u>tonterías</u>.

9. Hace tiempo que Antonio sale con una <u>mujer</u> muy guapa.

Notas culturales

"Los portales" son los arcos (*arches*) del zócalo o plaza principal de Puebla.

Andrés le dice a Catalina, "Te va a gustar México, ya verás". En algunas ocasiones "México" se refiere a la Ciudad de México (Distrito Federal), la capital del país.

El edificio que Andrés le compra a Catalina es La Casa de los Azulejos (*tiles*) en la Ciudad de México. Este palacio de la época colonial está cubierto con azulejos hechos en Puebla. Un restaurante Sanborns ocupa este edificio desde 1917. La cadena (*chain*) de restaurantes Sanborns fue fundada por dos hermanos estadounidenses.

La Casa de los Azulejos en la Ciudad de México

Andrés le dice a Catalina que si quiere vivir en Los Pinos (*pine trees*), debe contarle lo que se dijeron Vives y Cordera. La Residencia Oficial de Los Pinos en la Ciudad de México es donde viven el presidente de México y su familia.

Carlos Vives dirige un concierto de música del gran compositor mexicano Silvestre Revueltas (1899-1940), de afiliación izquierdista, en la ciudad de Cholula, cerca de Puebla.

Catalina dice que Andrés tuvo "un buen puesto a las órdenes de Victoriano Huerta, el traidor de la revolución". Victoriano Huerta organizó el golpe (*coup*) en que murió asesinado Francisco Madero, elegido presidente después del triunfo de la Revolución Mexicana de 1910.

Andrés dice que Aguirre nacionalizó el petróleo. El presidente Aguirre es invención de Ángeles Mastretta. El presidente Lázaro Cárdenas nacionalizó el petróleo en 1938.

Una de las invitadas de Andrés y Catalina siente nostalgia por los tiempos de "don Porfirio". Porfirio Díaz fue el dictador derrocado (*ousted*) por la Revolución Mexicana de 1910.

La guerra a la que se refiere Carlos Vives y que figura en los titulares (*headlines*) del periódico es la Segunda Guerra Mundial. México entró en la guerra en 1942.

Temas de conversación o composición

Discuta con sus compañeros los temas que siguen. Su profesor(a) puede asignarle como tarea que escriba un párrafo sobre alguno(s) de ellos.

1. el título de la película (¿Por qué se llama *Arráncame la vida*? ¿Le gusta este título o sería mejor otro?)

2. el tema o mensaje de la película (¿Cuál es? ¿Qué nos quiere comunicar el director? ¿Qué posible relación tiene con el México de hoy?)

3. el crecimiento personal de Catalina (¿De qué se da cuenta Catalina poco a poco? ¿Cuáles son algunos de sus momentos de comprensión, de rebeldía y de autoafirmación? ¿Cuál es su dilema? ¿Qué la motiva finalmente a buscar una solución? ¿Está usted de acuerdo con esta solución?)

4. el machismo (la marginación de la mujer, la mujer como propiedad del hombre, el doble estándar respecto a la infidelidad)

5. la corrupción y el abuso del poder (¿Qué evidencias existen de la corrupción y el abuso del poder por parte de Andrés y de sus asociados?)

6. las relaciones entre los personajes (¿Cómo cambia la relación entre Catalina y Andrés durante la película? ¿En cuál se muestra la complicidad? ¿la mentira? ¿la traición?)

7. la música (¿Cuál es la función de las canciones que se oyen en la película?)

8. el humor (¿Con qué personaje se asocia principalmente el humor? ¿Cuál es la función del humor en la película?)

9. el final (¿Qué le parece el final de la película? ¿Es triste o feliz? ¿Lógico o ilógico? ¿Inevitable o no? Proponga otro final.)

Una escena memorable

¿Qué pasa en esta escena? ¿Cuál es la relación entre la letra (*lyrics*) de "Cenizas" y "Arráncame la vida" y los sentimientos de Catalina?

Hablan los personajes

Analice las siguientes citas, explique de quién son y póngalas en contexto. (Para una lista de los personajes, ver "Antes de ver la película", ejercicio B.)

1. "Tráigale su jugo a la niña, por favor".
2. "¿Y a usted qué le falta?"
3. "¿Te puedo decir (llamar) mamá?"
4. "Así tiene que ser. Sacarlos".
5. "Políticamente es una situación difícil".
6. "No te creo. Y tampoco te creo lo de la presa".
7. "Hay presidentes viudos, pero no divorciados".
8. "Ésos son puros cuentos (*lies*). Lo vamos a arreglar".
9. "Pero no te importa mientras tengas todo lo que quieres, ¿no?"
10. "Están dispuestos a lo que sea (*They'll stop at nothing*)... hacen política para hacer negocios. Se inventan las leyes que necesitan. Lo tienen todo".
11. "Ya se acabó el tiempo de militares y caciques (*local political bosses*) como tú. Ya se acabó la revolución, que ya hicieron lo que tenían que hacer".
12. "No pudo haber escogido mejor mi compadre".

Hablando de la cultura...

Durante la celebración del Día de los Muertos, en todo México se decoran las tumbas y los altares dedicados a los difuntos (*dead*) con flores de cempasúchil (*marigolds*), también llamadas "flores de muerto". Desde tiempos prehispánicos existe la creencia de que su color brillante ilumina el camino de las almas (*souls*) que visitan a los vivos (*the living*) el día primero y dos de noviembre. La palabra *cempasúchil* deriva de las palabras náhuatl *cempoalli*, veinte, y *xóchitl*, flor. La flor de cempasúchil no es una sola flor, sino un grupo de flores individuales que forman una flor compuesta (*compound*) en forma de pompón. No es costumbre regalar flores de cempasúchil porque se relacionan con la muerte.

Hablan los críticos y los directores

"La protagonista de *Arráncame la vida...* es una de esas cómplices que a veces van de víctimas *(who are sometimes victims)*, una de esas víctimas que a veces van de cómplices. Una Carmela Soprano del México de los años treinta... el retrato (*portrayal*) de la mujer del jefe... resulta una pizca más complaciente (*a bit more indulgent*) de lo que debiera, como una suerte (*kind*) de feminismo mal entendido...".

—"**La chica del gánster**", Javier Ocaña, 24 de julio, 2009
http://www.elpais.com/articulo/cine/chica/ganster/elpepuculcin/20090724elpepicin_9/Tes

¿Está usted de acuerdo en que Catalina se parece a Carmela Soprano de la serie de televisión "Los Soprano"? ¿Le parece que el retrato de Catalina es demasiado favorable? Explique.

El crítico de criticscinema.com opina que "...*Arráncame la vida* tiene los ingredientes necesarios para ser una gran película... pero la historia se queda corta (*falls short*). Centrada en el personaje femenino principal, la película sólo da pinceladas (*hints*) de lo que está ocurriendo a más de un palmo (*a few inches*) de ella... Lamentablemente, la película... pierde la posibilidad de enlazar (*connect*) de mejor forma la vida de su protagonista con la historia del país. *Arráncame la vida* se queda en (*ends up as*) una película muy bien hecha y que narra con estilo y calidad una historia particular que podría haber sido mucho más".

—"Crítica de 'Arráncame la vida' de Roberto Sneider"
http://www.criticscinema.com/criticas/peliculas/Arrancame_la_vida.shtml

Por contraste, según Fernanda Solórzano, "Si bien (*Although*) la novela de Mastretta hace una radiografía (*X-ray*) política del México de mediados del siglo XX, es gracias a Andrés Ascencio, a su esposa Catalina Guzmán y a su amante Carlos Vives que el autoritarismo, la corrupción y los modos de perpetuarse del partido oficial dejan de ser (*are no longer*) abstracciones. De haberse minimizado la historia del triángulo amoroso para... hacer un análisis más a fondo (*deeper*) del panorama político, la cinta se habría panfletizado (*become like a political brochure*) innecesariamente. No debe subestimarse al público en su capacidad de trazar (*draw*) paralelos entre el México de entonces y el de hoy...".

—*Arráncame la vida*, Fernanda Solórzano, octubre de 2008
http://www.letraslibres.com/index.php?art=13286

¿Con cuál de las críticas está usted más de acuerdo? ¿Opina usted que la historia pone demasiado énfasis en la historia de Catalina? ¿Cree que su historia ayuda a hacer más concretos los conceptos abstractos? ¿Le parece que un análisis más a fondo del panorama político habría convertido a la película en un folleto (*pamphlet*) político?

MÁS ALLÁ DE LA PELÍCULA

Entrevista con Roberto Sneider

...¿Qué le llamó más la atención[1] del libro de Mastretta para querer hacer de él una película?

1. le... *struck you most*
2. *captivated*
3. se... *I had an urge to see*
4. *attracted*
5. *prevails*
6. *ways*

Desde que la leí por primera vez me cautivaron[2] sus personajes, y me sumergió en un mundo lleno de imágenes y sensaciones que se me antojó ver[3] en la pantalla grande. Además me atrajo[4] mucho la manera en que explora paralelamente el crecimiento de una mujer, y la formación del sistema político que impera[5] en México en muchos sentidos[6] hasta hoy en día.

Algo que me interesó es la manera tan cándida y sincera en que nos cuenta como vive las cosas Catalina. La novela no permite que las necesidades narrativas o cuestiones moralistas se interpongan[7] a contarnos cómo siente las cosas este personaje que es al mismo tiempo reconocible y sorprendente.

Explora además los roles en la relación de pareja. Un tema que me interesa muchísimo desde siempre. Y lo hace en una época muy particular en la cual el machismo estaba desbordado[8]. Acababa de terminar la revolución y la imagen del macho mexicano que peleó[9] en la guerra era dominante. Esos hombres estaban en el poder, y eran tan queridos y admirados como temidos[10].

Entonces Ángeles pone a Catalina, una chica muy joven de clase media, a enfrentarse con[11] un poderoso macho de la época. Pero crea personajes complejos e interesantes. Andrés es un macho en todos los sentidos, pero también es encantador[12], seductor, generoso, con un gran sentido del humor.

Y nos damos cuenta de que en su época difícilmente hubiera logrado[13] todo lo que logra sin esa actitud avasallante[14]. Por otro lado[15] crea a una Catalina que no tiene experiencia, ni posición social, y ni siquiera educación.

Pero es inteligente, vital, bella y fuerte. Un ser ético pero no moralista. Repudia[16] la forma de operar de su marido, pero ama los beneficios que le trae el poder que sustenta[17]. Está llena de contradicciones, como todos nosotros.

Y al explorar esa confrontación, primero nos muestra de qué forma Catalina es seducida por esa fuerza que es Andrés, para luego mostrarnos las consecuencias de ligar[18] su vida con la de él. Y a nosotros como lectores[19] nos enamora y nos engancha[20]—como a Catalina—antes de revelar su lado más oscuro. Y al hacerlo de esa forma nos identificamos, nos reconocemos en esos personajes y terminamos por descubrir de qué forma somos cómplices de que ese tipo de relaciones exista hasta nuestros días, tanto en el terreno amoroso como el político.

Me interesó el dilema que tiene Catalina. Se quiere liberar de la opresión machista de su época pero su obstáculo más importante es la fascinación por la fuerza viril y primitiva que Andrés representa, … los beneficios de hacerse cómplice. Tiene que vencer[21] sobre todo obstáculos dentro de sí misma para liberarse. Y eso es lo que me interesó. Es un relato que explora un personaje complejo en una situación que no permite respuestas fáciles. Una exploración que admite nuestra naturaleza animal y humana, pero que no por ello olvida el análisis racional de sus consecuencias. Siempre busco ese tipo de relatos…

¿Qué temas le interesan a la hora de ponerse al frente[22] de un proyecto cinematográfico? ¿Qué valor da a la música en sus producciones?

Lo que más me interesa siempre son los personajes, sus dilemas morales. El humor me parece indispensable.

La música es algo que realmente disfruto[23] mucho y una carrera a la que en un momento contemplé[24] dedicarme. Su relación con el cine es muy

7. *intervene*
8. *out of control*
9. *fought*
10. *feared*
11. enfrentarse… *confront*
12. *charming*
13. *achieved*
14. *domineering*
15. Por… *On the other hand*
16. *She rejects*
17. *he holds*
18. *binding*
19. *readers*
20. *hooks*
21. *overcome*
22. a… *when it comes to taking charge*
23. *I enjoy*
24. *I considered*

compleja, siempre fascinante. Me gusta mucho cómo puede llegar a la emoción sin aspavientos[25], discretamente, o tomar un papel central. Cómo puede servir de contrapunto o acompañar. Y siempre busco la música incidental, que es parte de nuestros mundos y que ayuda a crear atmósferas. Además siempre disfruto mucho trabajar con creativos talentosos[26], ya sean actores o músicos, diseñadores de producción, editores o fotógrafos.

¿Qué virtudes y defectos encuentra en el cine latinoamericano que se hace en la actualidad? ¿Hacia dónde debería dirigirse?

Por lo menos en México, que es el cine que más conozco, se hace más cine que hace unos años. Y se están haciendo películas de distintos tamaños[27] y estilos, lo cual me parece importante y refrescante[28].

No tenemos por qué hacer todas las películas iguales o con un solo propósito o esquema[29]. Es importante que se haga cine más comercial y más experimental, que se hagan dramas y comedias, cine chico[30] y en cierta medida[31] cine grande. Nuestra realidad es compleja y diversa, y creo que tenemos que explorar y reflejar esa realidad de distintas formas.

Si de algo hemos pecado es de un cine tremendista[32], muy reforzado[33], creo yo, por los premios europeos. Parece que al existir un lado de nuestra realidad que es muy duro[34], solo debiéramos hablar de eso, como si en otras partes todo fuera color de rosa. Existe una Latinoamérica bellísima y divertida, compleja, y me encantaría ver eso reflejado en nuestro cine.

De lo que podríamos tener un poco menos es de ese cine que mal imita al cine de fórmula de los Estados Unidos.

—**Ada Aparicio Ortuñez, 29 de abril de 2008 Madrid**
[**http://www.casamerica.es/txt/casa-de-america-virtual/
cine/articulos-y-noticias/deberiamos-hacer-menos
-cine-de-ese-que-imita-mal-la-formula-de-ee-uu**]

25. *fuss*
26. creativos… *talented, creative people*
27. *sizes*
28. *refreshing*
29. propósito… *purpose or mind-set*
30. *small*
31. en… *to a certain extent*
32. Si… *If anything our cinema is too raw*
33. *reinforced*
34. *harsh*

Preguntas y opiniones

1. ¿Qué explora el libro de Mastretta?
2. ¿Quiénes estaban en el poder después de la revolución? ¿Cuál era la actitud de la gente hacia ellos?
3. ¿Cómo es Catalina, según Sneider?
4. ¿Cómo es Andrés, según Sneider?
5. ¿Qué descubrimos al reconocernos en los personajes de Catalina y Andrés, según Sneider?
6. ¿Cuál es el dilema de Catalina? ¿Cuál es su obstáculo más importante?

7. ¿Qué temas le interesan a Sneider a la hora de ponerse al frente de un proyecto cinematográfico?

8. ¿Qué cualidades de la música le gustan mucho a Sneider?

9. ¿Qué tipos de películas se están haciendo en México?

10. ¿Qué le gustaría a Sneider ver reflejado en el cine latinoamericano?

¿A usted le gusta el cine de fórmula: es decir, las películas de trama (*plot*) previsible porque casi todas usan la misma "formula", como las comedias románticas o las películas de desastres o de horror? ¿Por qué sí o no? ¿Ha visto una película de fórmula latinoamericana? ¿Le parece, o no, una mala imitación de las películas de fórmula de Estados Unidos? Explique.

Después de cinco años

¿Qué estará haciendo Catalina de su vida dentro de cinco años? ¿Dónde estará y cuáles serán sus actividades, sus amigos y sus amores? Use su imaginación y escriba un párrafo de entre cinco y diez oraciones.

CAPÍTULO 3

Como agua para chocolate

Presentación de la película: Tita y Pedro se aman, pero Mamá Elena le prohíbe a Tita que se case con Pedro por ser la hija más pequeña. Según una vieja tradición familiar, la hija menor no puede casarse ni tener hijos porque tiene que cuidar a su madre hasta su muerte. Para estar cerca de Tita, Pedro acepta casarse con Rosaura, otra hija de Mamá Elena…

• En México se prepara el chocolate *(hot chocolate)* con agua caliente. La expresión "como agua para chocolate" se refiere a un estado de agitación intensa o excitación sexual.

• La película *Como agua para chocolate,* del actor y director Alfonso Arau, es una adaptación de la famosísima novela de su (entonces) esposa Laura Esquivel, autora del guión. La película recibió trece premios internacionales. En 1993 fue seleccionada para el Golden Globe en la categoría Mejor Película Extranjera. Otras películas del director son *A Walk in the Cloud*s (1995, Keanu Reeves, Aitana Sánchez-Gijón), *Picking Up the Pieces* (2000, Woody Allen, Sharon Stone, Cheech Marin, Lou Diamond Phillips), *Zapata, el sueño del héroe* (2004, Alejandro Fernández) y *The Trick in the Sheet* (2010, Geraldine Chaplin).

PREPARACIÓN

Vocabulario preliminar

Note: All but a few of the following words occur at least twice in the film.

Cognados		
aceptar	el/la mulato(a)	el rancho
decente	la necesidad	la rosa
el/la esposo(a)	permitir	el/la sargento(a)
el/la general(a)	preparar	la tradición
	prohibir	la visita

La Comida	
el caldo de res	*beef broth*
la codorniz	*quail*
la masa	*dough*
el pastel	*cake*
la receta	*recipe*
las torrejas de nata	*cream fritters*

Otras palabras	
el aliento	*breath*
amar (el amor)	*to love (love)*
el baño	*bathroom*
la boda	*wedding*
casarse	*to marry*
el cerillo	*match*
la cocina (el libro de cocina)	*kitchen (cookbook)*
cocinar	*to cook*
el/la cocinero(a)	*cook*
la colcha	*bedspread*
cuidar	*to take care of*
dejar	*to allow*
huir (la huida)	*to flee, run away (flight, escape)*
el/la invitado(a)	*guest*
la lágrima	*tear*

llorar	to cry
morir(se) (la muerte)	to die (death)
nacer (el nacimiento)	to be born (birth)
sentir(se)	to feel
tejer	to knit
el tepezcohuitle	medicinal bark
la verdad	truth
la vida	life
volverse loco(a)	to go crazy

 Una boda. Escoja las palabras apropiadas para completar las oraciones.

1. En el rancho la (muerte / vida) es difícil porque hay mucho trabajo.

2. Cuando se casó mi hermana, asistió mucha gente a la (boda / lágrima).

3. Fue una lástima que el general le (cocinara / prohibiera) venir al sargento Gutiérrez.

4. Encontré una (receta / masa) para pastel de bodas en el libro de cocina de la abuela.

5. Tejí una (cocina / colcha) para regalársela a los novios.

6. Mamá (lloró / dejó) en la iglesia, pero se puso contenta en el banquete.

7. Celebramos mucho cuando (nació / murió) su primer hijo.

B **Terminaciones.** Indique con un círculo la letra de la palabra o frase apropiada para terminar la oración.

1. Me sentía muy mal, pero ya estoy mejor porque Tita me curó con…
   a. tepezcohuitle.
   b. codornices.
   c. torrejas de nata.

2. Para la cena Chencha va a preparar…
   a. gases.
   b. caldo de res.
   c. cerillo.

3. No comprendo. ¿Por qué acepta casarse Pedro sin…
   a. baño?
   b. verdad?
   c. amor?

4. Tita está tan triste que creo que va a…
   a. volverse loca.
   b. cuidar.
   c. permitir.

5. Vino la famila Lobo a hacernos una…
   a. tradición.
   b. visita.
   c. necesidad.

6. Todos huyen de esa mujer porque tiene…
   a. mal aliento.
   b. un rancho grande.
   c. un esposo decente.

7. Voy al jardín *(garden)* para cuidar…

    a. las torrejas.
    b. los gases.
    c. las rosas.

8. Chencha, sírveles pastel a…

    a. la boda.
    b. los invitados.
    c. la cocina.

9. Su padre es blanco y su madre es negra. Es…

    a. pastel.
    b. cerillo.
    c. mulato.

Antes de ver la película

A **Prohibiciones.** Conteste las siguientes preguntas. Su profesor(a) puede pedirle que haga este ejercicio con un(a) compañero(a), utilizando la forma **tú** del verbo, y que den un informe oral a la clase.

1. ¿Alguna vez le prohibieron asociarse con alguien o hacer algo que le importaba *(mattered)* mucho? Describa la situación. ¿Qué hizo usted?

2. En los tiempos de sus padres, de sus abuelos o de sus bisabuelos, ¿hubo alguna tradición injusta? ¿Cómo y cuándo se acabó esa tradición?

B **Los personajes.** Lea la descripciones y los nombres de los personajes. Despúes de ver la película, empareje cada personaje con su descripción.

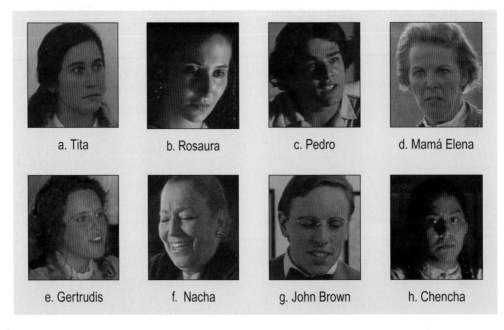

a. Tita   b. Rosaura   c. Pedro   d. Mamá Elena

e. Gertrudis   f. Nacha   g. John Brown   h. Chencha

_____ 1. segunda de las tres hijas de Mamá Elena y generala en la revolución

_____ 2. hija menor de Mamá Elena

_____ 3. sirvienta en la casa de Mamá Elena

_____ 4. esposo de Rosaura

_____ 5. madre de Tita, Gertrudis y Rosaura

_____ 6. hija mayor de Mamá Elena que tiene graves problemas digestivos

_____ 7. cocinera que le enseña a cocinar a Tita

_____ 8. médico de la familia de Mamá Elena que se enamora de Tita

Investigación

Busque información sobre uno de los temas que siguen. Su profesor(a) puede pedirle que trabaje con un(a) compañero(a) o en un grupo pequeño para hacer la investigación y que den un informe oral a la clase.

Los generales Pancho Villa y Emiliano Zapata, importantes líderes de la Revolución Mexicana, entran en la Ciudad de México el 6 de diciembre de 1914

1. las soldaderas *(women soldiers)* en la Revolución mexicana de 1910

2. Pancho Villa o Emiliano Zapata

3. el realismo mágico (una técnica literaria y cinematográfica que se usa en la película)

4. Laura Esquivel

Note: Your instructor may ask you to read over the exercises in the section **Exploración** before you see the film, in order to improve your understanding of it.

EXPLORACIÓN

A **Las circunstancias.** Ponga en orden cronológico los siguientes eventos. Después explique las circunstancias de cada uno.

_____ a.   el viaje a Eagle Pass (Texas) de Chencha

_____ b.   la boda de Alex y Esperanza

_____ c.   la muerte de Roberto

_____ d.   el viaje a San Antonio (Texas) de Pedro, Rosaura y Roberto

_____ e.   el viaje a Eagle Pass de Tita y John

_____ f.   la muerte de Rosaura

_____ g.   la huida de Gertrudis del rancho

_____ h.   la muerte de Mamá Elena

_____ i.   el regreso de Gertrudis al rancho

_____ j.   la boda de Pedro y Rosaura

B **¿Por qué?** Explique por qué pasan estas cosas.

1.   ¿Por qué lloran y vomitan los invitados en la boda de Pedro y Rosaura?

2.   ¿Por qué corre Gertrudis al baño después de comer las codornices?

3.   ¿Por qué se vuelve loca Tita?

4.   ¿Por qué llora Tita cuando se muere Mamá Elena?

5.   ¿Por qué dice Rosaura que Esperanza no se casará?

6.   ¿Por qué cree usted que Tita no se casa con John?

7.   ¿Por qué hay conflicto entre Tita y Rosaura con respecto al futuro de Esperanza?

ANÁLISIS Y CONTRASTE CULTURAL

Vocabulario

La Comida	
la cebolla	*onion*
el chile (en nogada)	*chile (in walnut sauce)*
el olor	*fragrance*
partir	*to cut*
la rosca de Reyes	*large ring-shaped sweet bread baked for Epiphany*

Otras palabras	
acercarse	*to approach, get near*
aconsejar (el consejo)	*to advise (advice)*
adivinar	*to guess*
agarrar	*to grab, hold*
la caja	*box*
conveniente	*advisable, a good idea*
la criatura	*child*
el embarazo (embarazada)	*pregnancy (pregnant)*
enamorado(a)	*in love*
encender (ie)	*to light*
extrañar	*to miss*
el fantasma	*ghost*
mero(a)	*mere, simple; nearly, almost*
parecer	*to seem*
el pecho	*breast*
la pena	*sorrow*
soltar (ue)	*to let go of; to allow (tears) to flow*
la tía (tía abuela)	*aunt (great-aunt)*
la vela	*candle*

A La comida. Complete las frases con palabras de la lista.

cebolla	olor	penas
chiles	partir	rosca
extraña	pechos	tía abuela

1. La narradora de la película y Tita, su _____ , son muy sensibles
    (*sensitive*) a la _____ .

2. Tita está muy triste y no tiene apetito. Nacha le ofrece algo de comer, diciéndole
    "Las _____ con pan son menos".

3. Los _____ vírgenes de Tita producen leche para el niño Roberto.

4. Juan encuentra a Gertrudis fácilmente, atraído (*attracted*) por el _____
    de las rosas.

5. Gertrudis regresa al rancho a _____ la _____ de Reyes
    y para tomarse una taza de chocolate.

6. Gertrudis _____ la comida de su casa, sobre todo las torrejas de nata.

7. En la boda de Alex y Esperanza los invitados comen _____ en nogada y
    de repente sienten intensos deseos amorosos.

Los fantasmas. Complete las frases con palabras de la lista.

aconsejan	encender	suéltenme
agarran	fantasmas	velas
caja		

1. Luz del Amanecer decía que todos nacemos con una _____ de cerillos
    en nuestro interior y que no los podemos _____ nosotros solos.

2. Los hombres que llegan al rancho _____ a Mamá Elena y ella les grita,
    "¡ _____ !"

3. Los _____ de Nacha y Luz del Amanecer le _____ a
    Tita que cure a Pedro con tepezcohuitle.

4. Al final de la película Tita y Pedro entran en un cuarto donde hay muchas _____
    encendidas por el fantasma de Nacha.

B Las tres hermanas. Complete las frases con palabras de la lista.

adivina	embarazada	mera
consejos	embarazo	parece
conveniente	enamorados	se acerca
criatura		

1. Rosaura le pide _____ a Tita porque Pedro ya no _____ a ella.

2. Tita cree que está _____ y Doña Paquita _____ su secreto.

3. A Gertrudis le _____ mal que Rosaura se haya casado con Pedro sin importarle que Tita y Pedro están muy _____ .

4. Gertrudis le dice a Tita, "La _____ verdad es que la verdad no existe".

5. Según Gertrudis, es _____ que Tita hable con Pedro de su _____.

6. Tita no quiere que le pongan (den) su nombre a la _____ de Rosaura y Pedro.

Nota cultural

- La novela *Como agua para chocolate*, en la que se basa la película, pertenece al género literario llamado "realismo mágico". Se trata de una técnica literaria caracterizada por la inclusión de elementos fantásticos en una narrativa realista. Si bien tiene antecedentes muy antiguos, han sido muchos los escritores latinoamericanos que la utilizaron en la segunda mitad del siglo XX.

Temas de conversación o composición

Discuta con sus compañeros los temas que siguen. Su profesor(a) puede asignarle como tarea que escriba un párrafo sobre alguno(s) de ellos.

1. la tradición y el cambio (¿Quiénes imponen [*impose*] la tradición? ¿Quiénes son víctimas de la tradición? ¿Quiénes se rebelan? ¿Cómo lo hacen? El mismo personaje que impone la tradición ¿también puede ser víctima de la opresión y los convencionalismos?)

2. la comida (¿Cree usted que el estado emocional de la persona que prepara la comida puede comunicarse a las personas que la comen? ¿que la comida puede curar enfermedades físicas y mentales? ¿Cómo interpreta usted la incapacidad [*inability*] de Mamá Elena y Rosaura de alimentar [*feed*] a sus hijos? ¿La indigestión de Rosaura?)

3. el "realismo mágico" (¿Qué elementos fantásticos hay en la película? ¿Cómo se emplea la hipérbole [la exageración]? ¿Cómo se combinan lo fantástico y lo real? ¿Cómo se relacionan los vivos y los muertos?)

4. el humor (Para usted, ¿cuál es el momento más cómico de la película? ¿Cómo se emplea el humor? ¿Ayuda el humor a comunicar el "mensaje" de la película?)

5. las relaciones familiares (¿Cómo se relacionan la madre y las hijas? ¿Las hermanas entre sí? ¿Los hombres y las mujeres? ¿Los amos [*masters*] y los sirvientes?)

6. la frontera (¿Parece fácil o difícil cruzar de Texas a México? ¿Cómo se relacionan los personajes que viven a ambos lados de la frontera? ¿Cómo ha cambiado esta situación desde principios del siglo pasado?)

7. el final (¿Qué le parece el final de la película? ¿Es triste o feliz? ¿Lógico o ilógico? ¿Inevitable o no? Proponga otro final.)

8. el "mensaje" o tema central de la película (¿Qué nos quieren comunicar los cineastas [*filmmakers*]? ¿Lo consiguen o no? Explique.)

Una escena memorable

¿Quién es este personaje? ¿Dónde está? ¿Qué pasa en esta escena?

Hablan los personajes

Analice las siguientes citas, explique de quién son y póngalas en contexto. (Para una lista de los personajes, ver el ejercicio B en la sección "Antes de ver la película".)

1. "Uno no puede cambiar unos tacos por unas enchiladas así como así".
2. "Sí, suelta tus lágrimas, mi niña, porque mañana no quiero que naide (nadie) te vea llorar, y mucho menos Rosaura".
3. "El secreto está en que cuando lo cocine, lo haga con mucho amor".
4. "Además, los hombres no son tan importantes para vivir, padre, ni la revolución es tan peligrosa como la pintan. Peor es chile y el agua lejos".
5. "Hay muchas maneras de poner a secar una caja de cerillos húmeda *(damp)*. Puede estar segura de que sí tiene remedio".
6. "Las revoluciones no serían tan malas si uno pudiera comer a diario con su familia".
7. "No te preocupes, chiquita. La tradición morirá en mí. Nadie te hará daño".
8. "No me importa lo que piensen ni mi hija ni nadie más. Hemos pasado muchos años cuidándonos (preocupándonos) del quédirán (lo que dirá la gente)".

Hablando de la cultura...

El Día de los Reyes Magos *(Day of the Three Kings)* o la Epifanía es un día festivo muy importante en los países hispanos. Según la leyenda *(legend)*, el día seis de enero los tres Reyes Magos *(magi)* llegan montados en sus camellos con regalos para todos los niños. Los niños dejan comida para los camellos; los Reyes dejan regalos en los zapatos de los niños buenos y carbón *(coals)* en los de los niños malos. La rosca de Reyes se prepara sólo en esta época del año y contiene una moneda *(coin)* o una figurita de porcelana que trae

la buena suerte a la persona que la encuentra en su trozo *(piece)* de rosca.

En su familia ¿se celebra el Día de los Reyes Magos? ¿hay comidas que se comen sólo en determinadas épocas del año? Compare la tradición de los Reyes con la de Santa Claus.

Hablan los críticos y los directores

Según la opinión de Rita Kempley, *"Like Water for Chocolate* is a Mexican revolutionary-era *Heartburn,* an overly rich fable on the mysterious link between sex and food. It aims to portray the onset of Mexican feminism in 1910, but it's really just another hearth-set Cinderella story, one that connects cooking to sorcery and servitude … an overwrought potboiler that punishes Tita for her sexual freedom."

—*Washington Post*, **March 6, 1993.**

Soldaderas de la Revolución Mexicana

Ilan Stavans afirma que "the intellectual and spiritual weight of Esquivel's six protagonists—Tita, Mama Elena, Nacha, Rosaura, Gertrudis and Chencha— authoritarian well-to-do matrons, opinionated young girls, *soldaderas* and maids, serves to map the trajectory of feminist history in Mexican society; machismo is the book's hidden object of ridicule."

—**Review of** *Like Water for Chocolate*, *The Nation*, **June 14, 1993, p. 846.**

¿Está usted de acuerdo con uno de los dos críticos? ¿Tiene una opinión diferente? Explique.

MÁS ALLÁ DE LA PELÍCULA

En la siguiente selección de la novela Como agua para chocolate *de Laura Esquivel, Mámá Elena ha muerto. Tita, al vestirla para el velorio[1],ha encontrado un dije[2] en forma de corazón y dentro del dije una pequeña llave.*

De inmediato relacionó la llave con la cerradura indicada[3]. De niña, un día jugando a las escondidillas[4] se había metido en el ropero[5] de Mamá Elena. Entre las sábanas[6] había descubierto un pequeño cofre[7]. Mientras Tita esperaba que la fueran a buscar trató inútilmente[8] de abrirlo, pues estaba bajo llave[9]. Mamá Elena a pesar de[10] no estar jugando a las escondidas fue quien la encontró al abrir el ropero. Había ido por una sábana o algo así y la cogió con las manos en la masa[11]…

Tita abrió el cofre con morbosa curiosidad. Contenía un paquete de cartas de un tal José Treviño y un diario. Las cartas estaban dirigidas a Mamá Elena. Tita las ordenó por fechas y se enteró de[12] la verdadera historia de amor de su madre. José había sido el amor de su vida. No le habían permitido casarse con él pues tenía en sus venas sangre negra. Una colonia de negros, huyendo[13] de la guerra civil en U.S.A. y del peligro que corrían[14] de ser linchados, había llegado a instalarse cerca del pueblo. José era el producto de los amores ilícitos entre José Treviño padre y una guapa negra. Cuando los padres de Mamá Elena habían descubierto el amor que existía entre su hija y este mulato, horrorizados la obligaron[15] inmediatamente a casarse con Juan De la Garza, su padre.

Esta acción no logró impedir[16] que aun estando casada siguiera manteniendo correspondencia secreta con José, y tal parecía que no se habían conformado[17] solamente con este tipo de comunicación, pues según estas cartas, Gertrudis era hija de José y no de su padre.

Mamá Elena había intentado[18] huir con José al enterarse de su embarazo, pero la noche en que lo esperaba escondida[19] tras los oscuros del balcón presenció[20] cómo un hombre desconocido, sin motivo aparente, protegiéndose entre las sombras[21] de la noche atacaba a José eliminándolo de este mundo. Después de grandes sufrimientos Mamá Elena se resignó entonces a vivir al lado de su legítimo marido. Juan De la Garza por muchos años ignoró[22] toda esta historia, pero se enteró de ella precisamente cuando Tita nació. Había ido a la cantina a festejar[23] con unos amigos el nacimiento de su nueva hija y ahí alguna lengua venenosa[24] le había soltado[25] la información. La terrible noticia le provocó un infarto[26]. Eso era todo.

1. *wake*
2. *charm*
3. cerradura… *correct lock*
4. *hide-and-seek*
5. se… *she had gotten into the armoire*
6. *sheets*
7. *chest*
8. *unsuccessfully*
9. bajo… *locked*
10. a… *despite*
11. cogió… *caught her red-handed*
12. se… *found out about*
13. *fleeing*
14. peligro… *danger they were in*
15. *forced*
16. no… *did not manage to prevent*
17. no… *had not been satisfied*
18. *tried*
19. *hidden*
20. *she saw*
21. *shadows*
22. *was unaware of*
23. *celebrate*
24. *poisonous*
25. *let slip*
26. *heart attack*

27. culpable... *guilty for having taken part in*
28. *She put away*
29. *funeral*
30. *repressed*
31. *thwarted*

Tita se sentía culpable de haber participado de[27] este secreto. No sabía qué hacer con estas cartas. ... Guardó[28] todo tal como lo había encontrado y lo puso en su lugar.

Durante el entierro[29] Tita realmente lloró por su madre. Pero no por la mujer castrante que la había reprimido[30] toda la vida, sino por ese ser que había vivido un amor frustrado[31].

Preguntas y opiniones

1. ¿Por qué relaciona Tita la pequeña llave con un cofre que está en el ropero de su madre?

2. ¿Qué contiene el cofre?

3. ¿Por qué no le permitieron a Mamá Elena casarse con José Treviño, el amor de su vida?

4. ¿Qué hicieron los padres de Mamá Elena al descubrir el amor que existía entre su hija y José Treviño?

5. Según las cartas, ¿quién era el padre de Gertrudis?

6. ¿Qué pasó la noche que Mamá Elena intentó huir con José?

7. ¿Cómo se enteró De la Garza de toda la historia? ¿Qué pasó después?

8. ¿Por qué llora Tita durante el entierro?

¿Ha notado usted alguna diferencia entre la versión de la novela y la de la película? ¿Por qué cree usted que se hizo este cambio al llevar la novela al cine?

Después de leer el extracto, ¿a usted le gustaría leer la novela? ¿Ya la había leído? ¿Ha leído otra novela de Laura Esquivel, como *La ley del amor, Tan veloz como el deseo* o *Malinche* (en inglés o en español)? ¿Si es así, ¿cuál? ¿Le gustó? ¿Por qué sí o por qué no? ¿Qué clase de novelas prefiere, en general (e.g., romance, ciencia ficción, histórica, detectivesca)? ¿Prefiere la literatura de no ficción? ¿Por qué?

Entrada de diario

Escriba una entrada de diario en la que Tita describe su reacción al saber la verdadera identidad del padre de Gertrudis y al enterarse del amor frustrado que vivió Mamá Elena.

Chile en nogada

CAPÍTULO 4

Presunto culpable

Presentación de la película: El 12 de diciembre de 2005, Antonio Zúñiga (Toño) fue detenido (*arrested*) en una calle de Iztapalapa (México, DF) por un crimen que no cometió. Ahora se encuentra en el Reclusorio (*Prison*) Oriente, condenado a veinte años de prisión. Su novia pide la ayuda de los jóvenes abogados mexicanos Layda Negrete y Roberto Hernández para obtener su libertad.

• Layda Negrete y su esposo Roberto Hernández obtuvieron un juicio *(trial)* nuevo para Antonio Zúñiga. Además obtuvieron autorización para filmar dentro del reclusorio y en el juzgado *(courtroom)*. Hernández y el documentalista británico Geoffrey Smith editaron más de 300 horas de filmación. El resultado es *Presunto culpable (Presumed Guilty)*. Antes, en 2006, Negrete y Hernández habían hecho el cortometraje documental *El túnel,* que denunciaba irregularidades *(denounced improprieties)* del sistema judicial mexicano y que resultó en la liberación de una persona inocente.

Como consecuencia del apoyo *(support)* recibido por *El túnel,* en 2008 el Congreso mexicano aprobó una modificación de su Constitución que requiere las debidas garantías procesales *(due process rights)* y la presunción de inocencia.

• Antonio Zúñiga es el protagonista de *Presunto culpable.* Las canciones que se oyen en el documental son composiciones suyas.

• *Presunto culpable* es el documental mexicano más exitoso en la historia, con 72 millones de pesos en taquilla *(at the box office).* Ganó los premios por mejor documental en el Festival Internacional de Cine de Morelia (2009), el Festival Internacional de Cine de Guadalajara (2010), el East End Film Festival de Londres (2010) y otros 13 premios internacionales. Se transmitió en Estados Unidos dentro de la serie *Point of View* del canal PBS en julio de 2010.

PREPARACIÓN

Vocabulario preliminar

Note: All but a few of the following words occur at least twice in the film.

Cognados		
acusar	cuestionar	el homicidio
la autorización	el doctorado	el/la magistrado(a)
el caso	filmar	

Las pruebas (*evidence*)	
la declaración	*statement*
declarar	*to testify*
la prueba de la pólvora (prueba de Harrison)	*gunpowder test*
el retrato hablado	*police sketch, composite sketch*

Los abogados	
el/la abogado defensor(a)	*defense attorney*
el/la agente del Ministerio Público (abogada acusadora)	*prosecutor*
la cédula profesional	*license (to practice law)*

Los policías	
el/la comandante	*chief detective*
detener	*to arrest*
el/la (policía) judicial	*detective*

El delito (*crime*)	
el/la culpable (culpable)	*culprit; guilty*
disparar	*to fire (a gun)*
falsificar	*to forge*

El juicio (*trial*)	
el/la acusado(a)	*defendant*
la apelación	*appeal*
el careo	*face-off, cross-examination*
la condena	*sentence*
condenar	*to convict, find guilty, sentence*
la duda razonada	*reasonable doubt*
el expediente	*file*
interrogar	*to cross-examine*
el/la juez	*judge*
el juzgado	*courtroom*
juzgar	*to judge*
el juicio nuevo	*retrial*
la sala de audiencias	*courtroom*
la sentencia	*verdict*
el/la testigo (acusador[a])	*(prosecution) witness*

Otras palabras	
el bebé	*baby*
la cárcel	*jail; prison*
casarse	*to get married*
la celda	*cell*
entrenar	*to train*
nacer	*to be born*
parecerse a	*to look like, resemble*
presunto(a)	*presumed*
el puesto	*(market) stand*

A **¡Es lógico!** Escoja la palabra más lógica.

1. La prueba de la pólvora indica que el acusado no _____ (a. disparó / b. juzgó / c. condenó) una pistola.

2. (a. La cédula / b. La sentencia / c. El retrato hablado) _____ no se parece al acusado.

3. Los abogados quieren filmar las _____ (a. autorizaciones / b. declaraciones / c. apelaciones) de los testigos.

4. El acusado y su novia van a _____ (a. nacer / b. casarse / c. falsificar) en la cárcel.

5. Los días de visita llegan a la cárcel mujeres jóvenes con sus _____ (a. celdas / b. puestos / c. bebés).

6. El presunto culpable del homicidio recibió una _____ (a. condena / b. prueba / c. autorización) de cincuenta años de prisión.

7. El acusado no es culpable si existe una _____(a. cárcel / b. celda / c. duda) razonada de su participación.

B **Fuera de lugar.** Para cada oración, indique cuál de las palabras está fuera de lugar y no tendría sentido en el contexto.

> *Modelo:*
>
> El juez leyó _____ (a. la sentencia / b. el expediente / c. el puesto).
> **c. el puesto**

1. Los abogados quieren hablar con _____ de la corte de apelación (a. los careos / b. los magistrados / c. los jueces).

2. El presunto asesino fue detenido por un _____ (a. caso / b. comandante / c. judicial).

3. Hay demasiadas personas en _____ (a. esta celda / b. este homicidio / c. esta cárcel).

4. Se acusa al señor Medina de haber falsificado su _____ (a. juicio / b. doctorado / c. cédula profesional).

5. Las _____ indican que el acusado es inocente (a. autorizaciones / b. declaraciones / c. pruebas).

6. El abogado va a _____ al testigo (a. interrogar / b. cuestionar / c. entrenar).

7. Los careos tienen lugar en _____ (a. la sala de audiencias / b. el juzgado / c. el delito).

Antes de ver la película

 Los juicios. Conteste las siguientes preguntas. Su profesor(a) puede pedirle que haga este ejercicio con un(a) compañero(a), utilizando la forma **tú** del verbo, y que den un informe oral a la clase.

1. ¿Ha observado o participado usted en un juicio alguna vez? ¿Cómo se compara ese juicio con los juicios que ha visto en la televisión?

2. ¿Conoce usted a una persona que haya pasado tiempo en la cárcel o en arresto domiciliario *(house)*? ¿Cree que esta persona recibió un juicio imparcial (*fair*)? Explique.

3. ¿Recuerda usted algún juicio famoso con cuya sentencia no esté de acuerdo? ¿con cuya condena no esté de acuerdo? Explique.

B **Los protagonistas.** Lea las descripciones y los nombres de las personas que aparecen en el documental. Después de ver el documental, empareje cada persona con su descripción.

a. Eva Gutiérrez

b. Maricela Guzmán

c. Roberto Hernández

d. Layda Negrete

e. José Manuel Ortega Saavedra

f. Héctor Palomares

g. Rafael Ramírez Heredia

h. Víctor Daniel Reyes

i. Antonio Zúñiga

_____ 1. persona condenada por homicidio

_____ 2. novia de Toño

_____ 3. abogado que representa a Toño en el juicio nuevo

_____ 4. abogado/cineasta, esposo de Layda Negrete

_____ 5. abogada/cineasta, esposa de Roberto Hernández

_____ 6. juez

_____ 7. agente del Ministerio Público (abogada acusadora)

_____ 8. primo de la víctima y testigo acusador

_____ 9. comandante

Investigación

Busque información sobre uno de los temas que siguen. Su profesor(a) puede asignarle que trabaje con un(a) compañero(a) o en un grupo pequeño para hacer la investigación y que den un informe oral a la clase.

1. el Reclusorio Oriente

2. Rafael Heredia, el abogado que defendió a Antonio Zúñiga

3. el breakdance y la música rap en México

4. la Virgen de Guadalupe

Note: Your instructor may ask you to read over the exercises in the section **Exploración** before you see the film, in order to improve your understanding of it.

EXPLORACIÓN

A **¿Cierto o falso?** Indique **C** (cierto) o **F** (falso). Corrija las oraciones falsas.

_____ 1. Toño hizo un video en el que una persona es detenida por unos policías.

_____ 2. Toño le pidió a Dios que lo sacara de la cárcel.

_____ 3. Eva llamó a Roberto y a Layda para pedirles que ayudaran a Toño.

_____ 4. Layda y Roberto fueron a Berkeley a trabajar.

_____ 5. Toño compartía su celda con diecinueve personas.

_____ 6. Eva trabajaba porque Toño necesitaba dinero en el reclusorio.

_____ 7. Toño obtuvo un juicio nuevo porque un testigo había cambiado su declaración.

_____ 8. Heredia representó a Toño en el juicio nuevo.

_____ 9. Toño y Eva se casaron en una iglesia.

_____10. El juez Palomares declaró culpable a Toño por segunda vez.

B Los eventos

1. ¿Qué descubrieron Layda y Roberto al estudiar el expediente de Toño?
2. ¿Cuál es la buena noticia que Roberto le da a Toño por teléfono? ¿Cuál es la noticia "super mala"?
3. ¿Quiénes son Luis, Crucito y Ojitos? ¿Por qué no declararon?
4. ¿Por qué no declaró nadie en favor de Toño?
5. ¿Qué pruebas ofrece Heredia para demostrar la inocencia de Toño en el juicio nuevo?
6. Según los tres testigos filmados, ¿dónde estaba Toño en el momento del homicidio?
7. ¿Cómo contestan el comandante y los dos judiciales a las preguntas que les hace Heredia?
8. ¿Qué responde Víctor cuando Toño le pregunta si lo vio matar a su primo?
9. Según Heredia, ¿qué falta en el expediente del juicio nuevo?
10. ¿Cómo termina el documental?

ANÁLISIS Y CONTRASTE CULTURAL

Vocabulario

La detención	
la delegación	*precinct*
el derecho	*right; law*
la orden de aprehensión	*arrest warrant*
revisar	*to search*
la revisión	*search*

La cárcel	
el/la custodio(a)	*guard*
el/la preso(a)	*prisoner*

Las pruebas	
las huellas	*fingerprints*
el lugar de los hechos	*crime scene*

El juicio	
las rejillas	bars (of a cell)
el/la responsable (responsable)	guilty party (guilty)
la sentencia condenatoria (absolutoria)	conviction (acquittal)

Otras palabras	
alimentar	to feed
la chamba	job (colloquial, Mexico, Central America, Colombia, Venezuela, Ecuador, Peru)
las estadísticas	statistics
exigir	to demand
intimidar	to intimidate, scare
ponerse en cuclillas	to squat, crouch

A **Estadísticas.** Para cada frase a la derecha, busque una frase a la izquierda que podría completarla para formar una oración.

_____ 1. El 78 por ciento de los presos son…   a. se basan en evidencia física.

_____ 2. El 93 por ciento de los acusados nunca…   b. son condenatorias.

_____ 3. El 93 por ciento de los presos nunca vieron…   c. una orden de aprehensión.

_____ 4. En el D.F., el 95 por ciento de las sentencias… d. ven al juez.

_____ 5. El 92 por ciento de las condenas no…   e. alimentados por su familia.

B **La detención, el juicio y la vida en el reclusorio.** Complete las oraciones con palabras de la lista.

chamba	custodias	delegación	en cuclillas
exigir	hechos	huellas	intimidaron
rejillas	revisión		

1. Eva lloró cuando dijo que algunas de las _____ la tocaban al revisarla.

2. El puesto de Toño estaba lejos del lugar de los _____.

3. La _____ de Toño era vender videojuegos y reparar computadoras.

4. El comandante admitió que no tenía _____ de Toño.

5. Los judiciales sacaron a Víctor de la _____ para ver si podía reconocer a alguien.

6. ¿_____ los judiciales a Víctor para que dijera mentiras?

7. En los juicios mexicanos el acusado está en una celda detrás de unas _____.

8. Toño dijo que acabó en la cárcel por no _____ sus derechos.

9. Toño dijo que los judiciales no le hicieron una _____.

10. En un momento del juicio Heredia le dijo a Toño que se pusiera _____.

Notas culturales

- En el reclusorio se ve un altar a la Virgen de Guadalupe, la santa patrona de México.

- Eva borda (*embroiders*) trajes de charro. El charro es el vaquero o *cowboy* mexicano. En los subtítulos, trajes de charro se traduce como *mariachi suits* porque los mariachis visten traje de charro.

- La rejilla de prácticas es una celda en el juzgado desde donde los presos declaran ante el juez o interrogan a testigos.

- En Estados Unidos y otros países anglosajones el sistema legal se basa en el derecho común, que tiene sus orígenes en el Reino Unido, mientras que en México y Europa se basa en el derecho civil, que tiene sus orígenes en el derecho romano y el Código Napoleónico. En México no hay juicios por jurado (*jury*).

Imagen de Nuestra Señora de Guadalupe, Basílica de Nuestra Señora de Guadalupe, Ciudad de México

Los testigos van uno por uno a la oficina del secretario de la corte para hacer sus declaraciones. A veces, si dos testigos no están de acuerdo, se enfrentan en un careo. El juez decide el caso basándose en las declaraciones escritas que forman parte del expediente. No existen la negociación de penas (*plea bargaining*), la pena de muerte (*death penalty*) ni las sentencias de cadena perpetua (*life imprisonment*) sin posibilidad de libertad provisional (*parole*).

- El Mercado de la Polvorilla, donde estaba el puesto de Toño, es un **tianguis** o mercado

informal. La palabra **tianguis** viene de la palabra náhuatl (azteca) *tianquiztli* (mercado).

Temas de conversación o composición

Discuta con sus compañeros los temas que siguen. Su profesor(a) puede asignarle como tarea que escriba un párrafo sobre alguno(s) de ellos.

1. los documentales (¿A usted le gustan los documentales? ¿Prefiere las películas de ficción? ¿Ha visto *Fahrenheit 9/11*? *¿Supersize Me*? *¿Woodstock*? ¿Qué documentales ha visto recientemente?)

2. las películas de juicios y abogados (*To Kill a Mockingbird* es una película muy famosa de este género. ¿La ha visto usted? ¿Le gustan las películas de este género? ¿Qué otras películas de este género ha visto?)

3. la corrupción, la incompetencia y la obsolescencia (¿Cómo se manifiesta la corrupción en el documental? ¿Cómo se manifiesta la incompetencia? ¿Qué aspectos del sistema de justicia penal mexicano le parecen a usted anticuados [*out of date*]?)

4. las cámaras en los juzgados (¿Por qué decidieron Roberto y Layda meter una cámara en un juzgado penal? ¿Cuál es el efecto de la presencia de la cámara? ¿Cuáles son algunos argumentos a favor de filmar los juicios? ¿Cuáles son algunos argumentos en contra?)

5. la vida en el reclusorio (¿Cuáles son las condiciones de las celdas? ¿y del patio? ¿Qué actividades realizan los presos? ¿Cómo se llevan los presos entre sí? ¿Hay algo que le sorprendió?)

6. la boda comunitaria (¿En qué se parece y en qué se diferencia esta boda de una boda "normal"? ¿Por qué cree usted que las autoridades facilitan las bodas y las visitas íntimas en las prisiones? ¿Por qué cree que se casaron tantos presos? Por lo general, ¿le parece buena la idea de casarse con un preso?)

7. el amor y la amistad (¿Cómo demuestran las amigas de Toño su solidaridad? ¿Le gustaría tener amigas como las de Toño? ¿Cómo demuestran su amor la madre y la novia de Toño? ¿Puede decirse que *Presunto culpable* es una historia de amor?)

8. el video rap (¿Qué impresión le causó a usted el video que hizo Toño antes de ser detenido? ¿Cree que Toño tiene los mismos valores [*values*] que el personaje que interpreta en su video? ¿Por qué cree usted que los directores decidieron incluir el video en el documental?)

9. las canciones (¿Qué le parecen las canciones de Toño? ¿Por qué cree que los directores decidieron usarlas en el documental? ¿Conoce a otros raperos o conjuntos de rap mexicanos; por ejemplo, Control Machete, Molotov, Cartel de Santa o Kinto Sol? Si es así, ¿cuáles? ¿Qué opina de su música? Comente.)

10. el breakdance (¿Por qué baila Toño en el reclusorio? ¿Qué comparación hace él entre el baile y los obstáculos que encuentra en su camino? ¿Qué comparación hace entre el salto mortal hacia atrás [*backflip*] y la decisión del juez?)

11. las emociones (¿Qué emociones sintió usted viendo el documental? ¿Le parece que los directores apelan a las emociones del espectador? ¿que el documental es melodramático? Explique.)

Una escena memorable

¿Dónde está Toño? ¿Qué está haciendo? ¿Por qué tiene que hacerlo él en lugar de su abogado? ¿Cómo se preparó para este momento?

Hablan los personajes

Analice las siguientes citas, explique de quién son y póngalas en contexto. (Para una lista de los personajes, ver "Antes de ver la película", ejercicio B.)

1. "Y yo, bueno, ni lo podía creer porque estábamos ahí y hasta me reí porque dije '¿Sí? ¿Me estás diciendo en serio?' … y le dije que sí. Me sentí muy feliz".

2. "Pues… es mi chamba".

3. "Al final del día, quien termina defendiendo a Antonio Zúñiga es Antonio Zúñiga".

4. "Estamos expuestos a un gran riesgo (*risk*)".

5. "Si usted fue detenido… y se encuentra usted tras de esas rejillas es porque usted es responsable. Por algo está usted aquí".

6. "Ponte en cuclillas… en cuclillas".

7. "Tú bien sabes que estuvistes [sic] y en ningún momento a mí los policías me intimidaron para decir mentiras".

8. "Creo que lo que me tiene aquí es el miedo. Miedo a exigir mis derechos, miedo a preguntar qué hacía mi abogado. Entonces esta vez no quiero decidir a partir del (*based on*) miedo".

Hablando de la cultura...

Aunque las condiciones dentro de las prisiones mexicanas son duras, los presos tienen más libertad que en la mayoría de las prisiones de Estados Unidos. En las prisiones mexicanas hay más contacto entre los presos y su familia. Los familiares de los presos caminan por la prisión con relativa libertad y, con cierta regularidad, los esposos pasan la noche juntos. Esto produce un estado de calma relativa y refuerza los lazos (*ties*) familiares. Por influencia de la Iglesia Católica, en México la pena de muerte (*death penalty*) no existe.

Hablan los críticos y los directores

...*Presunto culpable* es un gran documental. La cinta... funciona también como una muy buena película del género de juicios y abogados: es emocionante (*exciting*), se da espacio para el humor... y en todo momento te mantiene ante el vilo (*suspense*) del ¿qué pasará? ... Inteligente, emotiva (*moving*), contundente (*forceful*), nunca panfletaria (*demagogic*), este documental no se queda en (*doesn't limit itself to*) la simple exhibición de nuestras miserias nacionales sino que llama a la acción; hacer caso omiso (*to ignore it*) sería condenarnos a ser cómplices y, con el tiempo, los condenados seremos todos".

—Alejandro Alemán, Las mejores películas de 2001.
http://blogs.eluniversal.com.mx/weblogs_detalle15416.html

¿Está usted de acuerdo en que *Presunto culpable* es un gran documental? ¿Está de acuerdo en que funciona como una buena película de juicios y abogados? ¿Opina que no es panfletaria? Para usted, ¿cuál es el momento más emocionante? ¿el más cómico? ¿el de mayor suspense? ¿el más emotivo? ¿En qué consiste su llamado a la acción?

"Alguien en el equipo de realizadores tiene un sentido muy desarrollado (*highly developed sense*) de la puesta en imagen (captación y articulación de imágenes), que exalta el poder del punto de vista de la cámara sobre todas las cosas, y consigue que ésta se [nos] instale en el interior de la rejilla de prácticas (*courtroom cell*), asumiendo el punto de vista del acusado o siga en *big close up* los gestos (*facial expressions*) insolentes con que los judiciales escurren (*shirk*) su responsabilidad ("No recuerdo"), porque ahí está el verdadero nudo (*heart*) sentimental de la película, no en la personalidad de José Antonio, con quien cuesta trabajo identificarse si asume que su encierro (*imprisonment*) es un castigo (*punishment*) divino".

—Gustavo García, "Dosier: Ante las puertas de la ley",
Nexos en línea, 1 de marzo de 2011.
http://www.nexos.com.mx/?P=leerarticulov2print&Article=2099190

¿A usted le llamó la atención el punto de vista de la cámara en algún momento del documental? ¿Está de acuerdo en que el verdadero corazón sentimental de *Presunto culpable* está en el punto de vista de la cámara? ¿Está de acuerdo en que es difícil identificarse con Toño?

"Todo documental tiene sesgos (*bias*). Éstos responden al guionista, al director, al editor, a los patrocinadores (*sponsors*) y a otros muchos factores que se me escapan. Un amigo muy apreciado criticó recientemente la edición (*editing*) de que fue objeto *Presunto culpable* porque se seleccionaron las partes (de la larga grabación [filmación] de un juicio) que convenían a (*suited*) sus intereses. Todo documental, como toda película, e incluso la mayor parte de las entrevistas, y hasta (*even*) las noticias, es editado, y en general, con sesgos".

—Octavio Rodríguez Araujo, "*Presunto culpable*", *La Jornada*, 17 de marzo de 2011.
http://www.jornada.unam.mx/2011/03/17/opinion/024a2pol

¿Con quién está usted de acuerdo? ¿Opina usted que todos los documentales tienen sesgos? ¿Opina que los documentales deben ser objetivos? Apoye su opinión con argumentos y ejemplos.

MÁS ALLÁ DE LA PELÍCULA

Habla Antonio Zúñiga

… La primera vez que voy al juzgado, mis compañeros me advierten[1]: "Quítate todo, no lleves nada de valor[2]. ¿Sabes que ahí en los túneles te pueden hasta[3] matar por robarte los zapatos?" La cárcel es un terror. Todo se va uniendo[4]: camino a los juzgados y traigo el pelo cortado de una manera que hasta a mí mismo me doy miedo, con una cara de que no he podido comer, de que no he podido dormir, de que me muero de miedo. Me pongo unos zapatos rotos[5], que son de otro [otro preso], me pongo la peor ropa, porque es una regla[6] que al pasar por el túnel alguien va a tratar de hacerte algo. Les dices: "Señoría[7], aquí traigo mi boleta[8]". Te contestan: "Sí, espérese ahí". Te citan a las diez de la mañana y sales a las siete de la noche. Y eso sólo para poner una firma[9]. Nadie te dice qué va a pasar, qué está pasando. En la rejilla de prácticas hay otros tres o cuatro presos. No te enteras[10] si esto es una audiencia[11] o qué otra cosa es. Se acerca un abogado de oficio[12]: "Tú no vas a decir nada, tú no vas a ampliar[13] tu declaración. Nomás[14] me firmas esta hoja[15] y luego nos vemos". Le digo: "Pero necesitamos hablar. Quiero que usted me escuche para que me pueda ayudar". "Sí, pero ahorita nada más firma la hoja. Tú no vas a ampliar nada. Ya lo que dijiste, ya". Insisto: "Pero yo tengo un abogado particular[16], no sé por qué no ha llegado". El abogado contesta: "Por eso, por eso, cuando llegue que firme y yo me voy, o sea, no hay ningún problema. Fírmale y ya".

Firmo una hoja, no sé qué contiene. De ese modo termina mi primera audiencia. Luego me entero de que en esta audiencia he rendido mi declaración preparatoria[17]. …

… Aquí nadie entiende, nadie escucha. A lo largo[18] del juicio sólo una vez he podido hablar con el juez. Estoy en una audiencia, no me abren la ventana de la reja de prácticas y no alcanzo a escuchar[19] una sola palabra de lo que dicen los que me están juzgando. A mi lado, un tipo[20] que trae doscientos años y cuatro procesos por homicidio, platica[21] con una secretaria. "¡Ay, doscientos años!", dice ella. "Sí, puros[22] homicidios, es que agarrábamos[23] a los jefes y a mí me tocaba[24] matarlos", contesta él. "Oiga, ¿y además le abrieron otros cuatro procesos allá adentro?" "Sí. Ya sabe que aquí pasan muchos accidentes. Total[25], lo único que va a pasar es que me van a poner más ceros". Como no me deja oír nada, le pido al tipo ese que por favor baje la voz. Es como si le diera una

1. *warn*
2. *value*
3. *even*
4. *se… is coming together*
5. *torn*
6. *rule*
7. *Your Honor*
8. *form*
9. *poner… sign something*
10. *No… You can't figure out*
11. *hearing*
12. *abogado… court-appointed lawyer*
13. *add to*
14. *Just*
15. *form*
16. *private*
17. *rendido… submitted my pretrial statement*
18. *A… Throughout*
19. *no… I can't make out*
20. *guy*
21. *is chatting*
22. *all*
23. *we captured*
24. *a… I was the one who had to*
25. *And so*

patada[26]. "¡Cómo te atreves a hablarme así en mi cárcel!", grita. Le digo que no quería molestar[27], "pero es que no alcanzo a escuchar nada". El tipo trae una pluma en la mano, la agarra como un puñal[28], comienza a voltear[29] para todos lados y empieza a decir: "Te vas a morir. Ahora sí te vas a morir". Yo estoy con una oreja pegada en[30] la rejilla y con los ojos puestos en la pluma que este loco trae en la mano. En eso me dicen "ya te puedes ir", me pasan la papeleta, la firmo y salgo corriendo.

Sucede[31] que a la siguiente semana lo vuelvo a encontrar en la rejilla de prácticas. Digo: "No vuelvo a vivir esta tortura". Me sigo de largo[32] hasta el otro juzgado y le digo a alguien: "Oye, ¿le puedes hablar al juez?" Es que los jueces tienen dos rejillas de prácticas y así pueden atender dos audiencias simultáneas. Le agradezco a ese juez con todo el corazón, porque viene a ver qué se me ofrece[33]. Le digo: "Perdóneme, Señoría, ha de estar usted muy ocupado, pero es que allá hay un tipo que ya van varias veces que dice que me va a matar". "¡Ah!", dice el juez con fastidio[34]. "Es otra vez él. No te preocupes, ahora hablo con él". Manda llamar al preso y le grita: "Oye, ya quedamos que te ibas a tranquilizar[35] y siempre haces lo mismo". Entonces los custodios se lo llevan. No estoy cien por ciento seguro, pero creo que aquella fue la única vez que crucé palabra[36] con el juez. Las audiencias las llevaba[37] siempre un secretario, otras veces un mecanógrafo[38]. Ellos siempre me decían: "Ah, sí, entonces los policías están mintiendo y tú estás diciendo la verdad, ¿no?" De hecho, fue el secretario el que me dictó sentencia. Era día de visita, estaba con mi novia, me mandaron llamar. Me hicieron esperar, no sé, dos o tres horas. De pronto[39], el secretario se acerca, saca la papeleta. A mí me vuelven a temblar[40] las piernas. "¡Oye, te fue re bien[41]!", dice, "¡Nomás te dieron veinte años!"

—Extracto de **Héctor de Mauleón**, "*Presunto culpable*: Las jaulas de la justicia", *Nexos en línea*, 1 de marzo de 2011.
http://www.nexos.com.mx/?P=leerarticulo&Article=2099188

26. le... *kicked him*
27. *bother him*
28. *knife*
29. *turn*
30. pegada... *pressed against*
31. *It happens*
32. Me... *I keep going*
33. qué... *what I want*
34. *annoyance*
35. quedamos... *we agreed you were going to calm down*
36. crucé... *I spoke*
37. *presided over*
38. *typist*
39. De... *Suddenly*
40. *tremble*
41. re... *really well*

Preguntas y opiniones

1. ¿Con qué ropa se presentó Toño en el juzgado? ¿Por qué se vistió así? ¿Cómo tenía el pelo? ¿Con qué cara se presentó?

2. ¿Cuántas horas tuvo que esperar para firmar una hoja?

3. ¿Qué quería hacer Toño cuando llegó el abogado de oficio? ¿Qué quería el abogado de oficio que hiciera Toño?

4. ¿Cómo terminó la primera audiencia de Toño? ¿De qué se enteró luego?

5. ¿Por qué no alcanzaba a escuchar a las personas que lo estaban juzgando en otra audiencia?

6. ¿De qué platicaban el otro preso y la secretaria?

7. ¿Por qué pidió Toño hablar con el juez?

8. ¿Quiénes llevaban las audiencias? ¿Quién le dictó sentencia a Toño?

Toño indica que otros presos representaban un peligro para él, pero los otros presos que aparecen en el documental lo apoyan y se alegran por él cuando sale del reclusorio. ¿Por qué cree usted que los documentalistas omiten el aspecto negativo de las relaciones entre los presos? ¿Le parece una decisión acertada (*wise*)?

Una carta

Imagine que usted es la madre o el padre de la víctima del homicidio, Juan Carlos Reyes Pacheco, o de su primo, el testigo acusador Víctor Daniel Reyes. ¿Cuál sería su reacción al ver *Presunto culpable*? Escríbale una carta a Roberto y a Layda en la que describe el impacto que el documental ha tenido en su familia.

CAPÍTULO 5

Hombres armados

Presentación de la película: El doctor Humberto Fuentes es un hombre mayor que vive y trabaja en una ciudad grande. Dice que su "legado" *(legacy)* al mundo es el trabajo que ha hecho para la Alianza para el Progreso; hace años entrenó a un grupo de estudiantes de medicina del programa de la Alianza. Sus estudiantes fueron al campo a trabajar entre la gente más pobre del país. El doctor no conoce mucho el mundo, fuera del círculo de gente que trata en la capital. Cuando muere su esposa, decide empezar una búsqueda de sus estudiantes y de su "legado".

• John Sayles, el director, guionista y editor de la película, es un estadounidense de Schenectady, Nueva York. Es autor de novelas, cuentos, obras teatrales y guiones cinematográficos. Después de escribir varios guiones, en 1978 pudo hacer su primera película, *Return of the Secaucus Seven*, con solamente $60.000.

• Sayles aprendió español en 1991 cuando escribía su novela *Los Gusanos*, que trata de los cubanos de Miami. Hizo borradores *(drafts)* del guión para *Hombres armados (Men with Guns)* en español y después creó un borrador final en inglés; un traductor mexicano usó las dos versiones (español e inglés) para crear la versión final del guión. Sayles se comunicó en español con los actores de habla hispana durante la filmación de la película. Decidió filmar la película en español. Dice: "I've acted in a foreign language, and I found that 80 percent of your energy goes into the language and only 20 percent into being the character you want to be. It made no sense for me to have the actors struggling with their English, or doing their scenes phonetically, rather than concentrating on their acting."

• Otras películas de Sayles son: *Lianna, The Brother from Another Planet, Matewan, Eight Men Out, The Secret of Roan Inish, Lone Star, Sunshine State, Silver City, Honeydripper, The Spiderwick Chronicles*

y *Amigo*. Trabaja en forma independiente para poder controlar el contenido de sus películas.

• El gran actor argentino Federico Luppi, un admirador de Sayles que leyó el guión y quiso participar en el proyecto, interpreta el papel de Humberto Fuentes. Mandy Patinkin y su esposa Kathryn Grody interpretan los papeles de los turistas Andrew y Harriet. Muchos de los otros actores se contrataron en México durante la filmación de la película.

PREPARACIÓN

Vocabulario preliminar

Note: All but a few of the following words occur at least twice in the film.

Cognados		
atacar	curar	el helicóptero
la batalla	el/la desertor(a)	la medicina
el/la comandante	la guerrilla	el rumor

La guerra	
armado(a)	*armed, with weapons*
la bala (el balazo)	*bullet (shot with a bullet)*
disparar	*to shoot*
el ejército	*army*
el enemigo	*enemy*
el fusil	*gun*
matar	*to kill*
el/la soldado	*soldier*

Otras palabras	
asesinar	*to murder, assassinate*
avisar (el aviso)	*to warn (warning)*
callar(se)	*to (be) quiet*
el chofer	*driver*
ciego(a)	*blind*
entrenar (el entrenamiento)	*to train (training)*
el fantasma	*ghost*
el legado	*legacy*
la llanta	*tire*
prevenir (ie)	*to warn*
proteger	*to protect*
tener miedo	*to be afraid*

 Fuera de lugar. Para cada oración, indique cuál de las palabras está fuera de lugar y no tendría sentido en el contexto.

> *Modelo:*
>
> Según la radio, pasará un huracán por este pueblo. Hay que _____ (a. prevenir / b. callar / c. avisar) a los habitantes.   **b. callar**

1. El pueblo fue atacado por _____ (a. la guerrilla / b. el ejército / c. el legado).

2. El soldado recogió su _____ (a. fusil / b. pistola / c. fantasma) y se fue.

3. En la farmacia venden _____ (a. medicinas / b. llantas / c. aspirinas).

4. "Está muerta", dijo el detective. "¿Por qué la _____ (a. mataron / b. curaron / c. asesinaron)?"

5. Siempre hay problemas en el pueblo cuando vienen hombres _____ (a. ciegos / b. armados / c. militares).

6. Su esposo se murió en la _____ (a. batalla / b. guerra / c. bala).

B **El soldado.** Complete el párrafo con palabras de la siguiente lista.

atacó	desertor	entrenamiento	miedo
chofer	disparar	helicóptero	proteger
comandante	enemigo	llantas	rumores

El joven empezó un programa de ___entrenamiento___ para hacerse soldado. Después de unas

semanas, tuvo la oportunidad de subir a un (1) _____ para ver la zona desde el

aire. También aprendió a manejar el jeep y sirvió de (2) _____ al comandante.

Aprendió a reparar el jeep, a cambiar las (3) _____ , etcétera. El (4) _____

le dijo que la guerrilla es el (5) _____ del estado y de la paz. Siempre había

muchos (6) _____ de que la guerrilla iba a atacar al ejército. Todos sabemos que

el ejército debe (7) _____ a la gente, pero a veces no lo hace. Un día la guerrilla

(8) _____ al ejército. El joven soldado tenía una pistola pero no la pudo

(9) _____ porque no tenía balas. Tuvo (10) _____ y corrió. Ahora

es un (11) _____ y no puede volver a su regimiento.

Antes de ver la película

 La falta de comunicación. Conteste las siguientes preguntas. Su profesor(a) puede pedirle que haga
este ejercicio con un(a) compañero(a), utilizando la forma **tú** del verbo, y que den un informe oral a
la clase.

1. ¿Ha viajado usted a otro país u otro lugar donde no entendía la lengua? ¿Qué lengua se
   hablaba allí? ¿Tuvo problemas en comunicarse? Dé un ejemplo.

2. ¿Ha tenido algún problema de comunicación con una persona extranjera aquí en este
   país? ¿Qué pasó?

3. ¿Cuáles son algunas maneras de expresar una falta de comunicación en español, o sea
   decirle a alguien que no lo (la) entiende?

4. ¿Qué piensa de las leyes "English only" de algunas regiones de Estados Unidos? ¿Es
   bueno prohibir el uso de las lenguas extranjeras? ¿Por qué podría ser bueno o malo?

B **Los personajes.** Lea las descripciones y los nombres de los personajes. Después de ver la película, empareje cada personaje con su descripción.

a. Humberto   b. Conejo   c. el padre
Fuentes   Portillo

d. Domingo   e. Graciela   f. Bravo

_____ 1.   estudiante del doctor

_____ 2.   niño que el doctor conoce en Tierra Quemada

_____ 3.   joven mujer que no habla

_____ 4.   médico que sale en busca de su "legado"

_____ 5.   desertor del ejército

_____ 6.   sacerdote que trabajó en un pueblo pequeño

Investigación

Busque información sobre uno de los temas que siguen. Su profesor(a) puede pedirle que trabaje con un(a) compañero(a) o en un grupo pequeño para hacer la investigación y que den un informe oral a la clase.

1.   la Alianza para el Progreso

2.   Hernán Cortés y la conquista de México (que el doctor menciona en una conferencia)

3.   el imperio de los aztecas

4.   el imperio de los mayas

5.   la teología de la liberación

Note: Your instructor may ask you to read over the exercises in the section **Exploración** before you see the film, in order to improve your understanding of it.

EXPLORACIÓN

 La historia

1. ¿Quiénes son la mujer y la niña que se ven al principio de la película? ¿Qué hacen ellas?

2. El general habla de los "rumores" que los "rojillos" (quiere decir, comunistas) crean. Pero después, cuando el doctor Fuentes dice que va a ir a las montañas en vez de a la playa, ¿qué dice el general de sus "Tigres" en las montañas? ¿A quiénes están persiguiendo (*pursuing*)?

3. ¿Qué piensa Raúl, el novio de Ángela, de la Alianza para el Progreso? ¿Qué opina de los indios?

4. ¿A quién ve el doctor en el mercado? ¿Qué hace en Los Perdidos? ¿Qué dice de Cienfuegos, un estudiante del doctor, y del programa?

5. ¿Quiénes son Harriet y Andrew? ¿Qué buscan? Cuando preguntan sobre "los atrocidados" (es decir, las atrocidades) que han leído en los periódicos de Nueva York, ¿cómo reacciona el doctor?

6. Según la anciana ciega en Río Seco, ¿qué le pasó a Cienfuegos? ¿Por qué tiene ella el valor de hablar al doctor cuando los otros no le quieren hablar?

7. ¿Por qué va el doctor a la policía? ¿Qué le aconsejan allí? ¿Qué ironía hay en esta escena?

8. Cuando el doctor llega a Tierra Quemada, nadie le quiere hablar salvo una mujer con un bebé. ¿Por qué le habla? ¿Qué le aconseja el doctor?

9. ¿Quién es Conejo? Según él, ¿por qué llevaron al doctor Arenas a la escuela? En Tierra Quemada, ¿qué quería decir "educación"? ¿"operación"? ¿"graduarse"? ¿Qué quiere decir Conejo cuando dice "Nunca los mandaban a su pueblo"?

10. ¿Quién le roba la cartera al doctor? ¿Qué piensa Conejo de esta persona?

11. ¿Puede Domingo leer la etiqueta (*label*) de la medicina que el doctor Fuentes le da? ¿Por qué le inyecta a Conejo la medicina primero? ¿Sabe Conejo leer?

12. ¿De qué se da cuenta el doctor cuando examina la pistola de Domingo? ¿De qué se entera (*find out*) cuando va a la oficina del doctor de Soto (convertida en peluquería)? ¿Qué consigue Domingo en ese pueblo ("el Padre, el Hijo y el Espíritu Santo")?

13. ¿Dónde vemos al padre Portillo por primera vez? ¿Por qué se llama a sí mismo "el fantasma"?

14. ¿Qué le confiesa Domingo al padre Portillo?

15. ¿Por qué dice el doctor Fuentes que no tiene nada para Graciela, la mujer que no habla?

16. ¿Por qué quiere ir a Cerca del Cielo el doctor? ¿y Graciela? ¿y Domingo? ¿De dónde le vino al doctor la idea de la descripción de ese lugar ("un lugar donde alas de paz recogen las penas de tus hombros")? ¿Por qué dice Domingo que ese lugar no existe?

17. En las ruinas, Conejo dice que los indios van a la selva "para escapar de los blancos". En ese momento, ¿a quiénes ve allí?

18. ¿Quiénes traen a Domingo, amarrado *(tied)* de las manos, a las ruinas? ¿Qué dicen ellos de Cerca del Cielo? ¿De qué hablan dos de ellos ("chocolate con mango")?

19. ¿Cómo es Cerca del Cielo? ¿Qué hay allí? ¿Qué no hay allí?

20. ¿Cómo termina la película?

B

Descripciones. Complete las oraciones con sus propias palabras.

1. Conejo, el niño, es muy _____ para su edad.

2. A Conejo le importa(n) _____.

3. El pueblo de Tierra Quemada, donde el doctor conoce a Conejo, es un lugar _____.

4. El padre Portillo es un hombre _____.

5. El pueblo que se llama El Modelo, donde el doctor y Domingo conocen a Graciela, es _____.

6. Domingo es una persona _____.

7. La gente de los pueblos pequeños no quiere hablar con el doctor Fuentes porque él (no) es _____.

ANÁLISIS Y CONTRASTE CULTURAL

Vocabulario

La medicina	
el consultorio	office (usually, medical)
doler (el dolor)	to hurt, ache (ache, pain)
enfermo(a) (la enfermedad)	sick (illness)
herido(a)	wounded
herir (la herida)	to wound (wound)
mejorar(se)	to improve, get better
la pastilla	pill
la pena	pain, ache, sorrow
salvar	to save (e.g., a life)

La religión	
el alma	(f.) soul
el cielo	heaven; sky
dar la absolución (absolver)	to absolve (e.g., of sin)
la fe	faith
el infierno	hell
la parroquia	parish, church
pecar (el pecado)	to sin (sin)
predicar el Evangelio	to preach the gospel
el sacerdote	priest

La selva	
abrir un claro	to open up a clearing (e.g., in a forest)
el/la chiclero(a)	person who gathers **chicle**, or gum, from trees
esconder(se) (escondido)	to hide (hidden)
el monte	brush, woods; mountain
picar	to bite, sting
la selva	jungle, forest
la víbora	snake

Otras palabras	
confiar (en)	*to trust*
detener (ie)	*to stop, detain*
embarazar	*to get (someone) pregnant*
la esperanza	*hope*
el/la refugiado(a)	*refugee*
secuestrar	*to kidnap*

Para llamar la atención	
Disculpe. Disculpa.	*Excuse me.*
¡Oiga! ¡Oye!	*Hey! Listen!*
Perdone. Perdona.	*Forgive me. Excuse me.*

 En resumen. Complete las oraciones con palabras de la siguiente lista.

almas	embarazó	parroquia	secuestró
claro	infierno	penas	víbora
duele	mejorarse	se esconden	

> *Modelo:*
>
> El policía dice que la guerrilla ___secuestró___ a Cienfuegos.

1. El padre Portillo dice que no cree en el cielo, pero que conoce bien el _____ .

2. Alguien le pregunta si _____ a una muchacha del pueblo, y él dice que no.

3. Tampoco robó a la _____.

4. Quería salvar _____ .

5. El doctor quería salvar vidas, o por lo menos aliviar (*relieve*) _____ .

6. Domingo, el desertor, tiene una herida que le _____ mucho.

7. El doctor le dice que si quiere _____ , tiene que descansar.

8. Si los soldados preguntan, Domingo quiere que el doctor les diga que le picó una

   _____ .

9. Los indígenas abrieron un _____ en el monte para sembrar maíz.

10. Ellos _____ en la selva porque no quieren que los hombres armados los encuentren.

B **En otras palabras….** Para cada oración a la izquierda, busque un equivalente a la derecha.

____ 1. ¿Confías en los doctores?

____ 2. El padre le dio la absolución.

____ 3. Predicaba el Evangelio allí.

____ 4. Detuvieron el automóvil.

____ 5. Perdone, ¿tiene unas pastillas para la gripe?

____ 6. ¿Crees en el cielo?

a. Enseñaba la palabra de Dios allí.

b. Disculpe, ¿hay alguna medicina para la gripe?

c. ¿Existirá el Paraíso?

d. ¿Tienes fe en los médicos?

e. Pararon el coche.

f. El sacerdote lo absolvió.

C **Familias de palabras.** Para cada infinitivo, busque un sustantivo relacionado. Después, use el sustantivo en una de las oraciones que están abajo o invente su propia oración.

> *Modelo:*
> refugiar
> **el refugiado (la refugiada)**
> Estaba en un campamento para _refugiados_ .

Infinitivo   Sustantivo

1. pecar   _____

2. enfermar   _____

3. consultar   _____

4. herir   _____

5. esperar   _____

6. doler   _____

a. Ya no tiene ninguna _____ de que se mejore.

b. El _____ del doctor está en la calle Quinta.

c. Tengo _____ de estómago.

d. La tuberculosis es una _____ muy grave.

e. Tenía una _____ en la pierna.

f. Según algunas personas religiosas, el ser humano nace con el _____ original.

D **"Somos salineros, gente de sal".** Forme una palabra que termine en **-eros** para cada uno de los siguientes sustantivos.*

Modelo:

jardín **jardineros**

1. chicle _____
2. leche _____
3. carta _____

4. joya _____
5. zapato _____

Nota cultural

Aunque esta película fue filmada en México, tiene elementos de muchos países. La ropa de las indígenas de Cerca del Cielo parece centroamericana o sudamericana. La música es de México, América Central, el Caribe, Colombia y otros lugares. Entre las lenguas indígenas que se hablan están el náhuatl, el tzotzil, el maya y el kuna. (Algunos de los actores hablaban solamente una lengua indígena y nunca habían visto una película.) En cada lugar, la gente trata de ganarse la vida como puede: con la sal, el chicle, el maíz, los plátanos, el café. Los nombres de los pueblos podrían ser de cualquier país hispano, como Río Seco, Los Mártires o Pico de Águila. El paisaje varía mucho y parece que la película no se sitúa en ningún lugar específico.

Temas de conversación o composición

Discuta con sus compañeros los temas que siguen. Su profesor(a) puede asignarle como tarea que escriba un párrafo sobre alguno(s) de ellos.

1. el hecho de que la película no se sitúa en ningún lugar específico (¿Podría tener lugar en otro continente? ¿en otra época histórica?)

2. la pistola que Domingo tiene cuando regresa con las llantas (¿Qué otras personas la tienen después? ¿Qué simboliza, para usted? ¿Qué tiene que ver con el título de la película?)

3. la inocencia *versus* la falta de conciencia (¿Quiere el doctor Fuentes saber la verdad sobre su país? ¿Por qué le pregunta al padre Portillo sobre los pecados por omisión? ¿Qué le contesta el padre? Si el doctor Fuentes no hubiera muerto, ¿habría podido regresar a su rutina diaria en la ciudad?)

---

* Hint: Drop a final **-a** or **-o** and add **-eros**. If the final vowel is **-e**, just add **-ros**. If the final letter is a consonant, just add **-eros**.

4. la compañía Kokal (Varias veces durante la película, se ven o se oyen anuncios para "Kokal", y el camión de la compañía se ve por todas partes. ¿Qué representa "Kokal", en su opinión?)

5. los turistas Andrew y Harriet (¿Por qué están allí de visita? ¿Qué estudian? ¿Les interesa la situación actual de los indígenas? ¿Les interesa lo que le está pasando al doctor Fuentes? ¿Qué les interesa?)

6. la lengua (¿Representa una barrera entre la gente? ¿Quiénes son bilingües? ¿Quiénes tienen problemas de comunicación? ¿Es humorística a veces la falta de comunicación? ¿Hay una ley en Estados Unidos según la cual todos los indígenas tienen que aprender inglés? ¿Entiende inglés el doctor Fuentes? ¿Entiende las lenguas indígenas? ¿Por qué es importante el idioma en esta película?)

7. el padre Portillo (¿Qué hacía en el pueblo? ¿Qué pasó allí? ¿Por qué le dice a Domingo "Yo lo absuelvo" cuando le había dicho antes que no lo podía absolver, que no era sacerdote? ¿Por qué se va con el soldado que detiene el auto del doctor cerca de El Modelo? Cuando le salva la vida a Domingo, ¿él se lo agradece?)

8. el legado del doctor Fuentes ("Cada hombre debe dejar un legado, algo que construyó, dejarle algo al mundo, pasarle el conocimiento a otro alguien que será su continuación". ¿Deja algo a alguien, al final? ¿Por qué sonríe Graciela al final de la película?)

Una escena memorable

¿Dónde están Graciela y Domingo? ¿Qué pasa en esta escena? ¿Qué pasará después?

Hablan los personajes

Analice las siguientes citas, explique de quién son y póngalas en contexto. (Para una lista de los personajes, ver "Antes de ver la película", ejercicio B. También están el policía, la mujer ciega y el general, paciente en la clínica de Fuentes.)

1. "Eres como un chiquillo, Humberto. El mundo es un lugar salvaje".

2. "Cortés conquistó todo un imperio con unos cuantos hombres, pero tenía caballos y armas, cosas que sus contrincantes *(adversaries)* no. Ustedes van allí a lugares donde sus principales enemigos serán las bacterias y la ignorancia".

3. "Doctor Fuentes, usted es el hombre más preparado que he conocido. Pero también el más ignorante".

4. "Cuando un indio se pone el uniforme, se vuelve blanco".

5. "Aquí no. A lo mejor en México. Los aztecas…. No era nuestra gente. Eran otras tribus, que atacaban por el norte".

6. "Hemos tenido algunos problemas con los periodistas allí arriba. Suben a tomar fotografías y después desaparecen. Y a mí me echan la culpa *(blame)*".

7. "Los ricos usan el ejército pa' que saque a los indios de las tierras buenas y se mueran de hambre. Entonces pos (pues) los indios tienen que regresar a la pizca *(harvest)* del café. Ya luego vuelven con su paga miserable y estas sanguijuelas *(leeches)* los dejan secos".

8. "Un padre sin fe es como un soldado sin fusil".

9. "Yo quería salvar almas, pero más bien salvé una vida. Yo soñé su vida y usted la mía. … Quizá la inocencia es un pecado".

10. "Es obvio que no creo en el cielo, doctor. Pero en el infierno… podría darle un paseo por el infierno".

11. "Un pendejo *(idiot,* vulgar*)* o un cobarde. Pero si Dios no les permitiera la entrada al cielo a estas gentes, se quedaría muy solo".

12. Y ahora para los "expertos": Tres personajes dicen lo siguiente: "A la gente (común) le gusta/encanta el drama". ¿Quiénes son estos personajes?

Hablando de la cultura

El papel de la Iglesia Católica en un pueblo pequeño en Latinoamérica puede ser muy importante. ¿Cuál es el papel del padre Portillo en el pueblo donde predica el Evangelio? ¿Qué clase de ritos o ceremonias hace? ¿Cómo enseña el Evangelio? ¿Por qué no se fue del pueblo cuando empezaron los problemas? ¿Quería la gente que se fuera? ¿Por qué se fue cuando le "hicieron la prueba", y por qué se quedaron los demás? ¿Por qué no mandaron a alguien que lo trajera de nuevo al pueblo? ¿Conoce bien a la gente de su parroquia?

Hablan los críticos y los directores

"Men with Guns asks us to weigh the price between not knowing and knowing, between silence and acknowledging, between lies and truth, between 'innocence' and self-knowledge. During the mythological journey narrated in this film, all the central characters finally confront those choices, and we do so with them. Just as the doctor, the priest and the soldier in the movie realize how the personal—that which affects only them—also affects their country, we, watching the movie, make a similar journey. In that private, inner-space of our own where art is experienced, where anything is possible, where the imagination reminds us that we are alone and never alone in our common humanity, we feel what is at stake in this movie. I suppose we choose every day, in countless ways, between denial and self-knowledge: societies as a whole face such choices too.... I think a movie like John Sayles' *Men with Guns* tells us why it is always better to know, by showing us that not knowing makes us less fully human."

— Francisco Goldman
http://www.sonyclassics.com/menwithguns/reflections.html

¿Está usted de acuerdo? ¿Somos menos humanos si negamos la realidad e ignoramos lo que pasa a nuestro alrededor? ¿Escogemos todos los días entre la negación *(denial)* y el conocimiento de nosotros mismos *(self-knowledge)*?

"Probably the idea came during the Vietnam war. I wrote a short story in which I tried to get rid of the Western concept of free will. I was thinking about the fact that in wars, often there are more casualties who are civilians than combatants… As I was writing it *(Hombres armados),* I made sure that almost all of the incidents are based on events that have happened somewhere else, almost to the exact detail. A lot of the dialogue in the beginning when Fuentes is being defensive, 'Oh this doesn't happen in our country,' and his son-in-law says, 'Our family has lived with these people for centuries,' that's pretty much verbatim what I heard as a kid in the American South when I went down there. 'They're our Negroes, we've lived with these people and it's only these outside agitators who've blown it out of proportion.' … There are things in this movie that come from Bosnia, from the former Soviet Union, from Africa, where a larger concept of government, whether it's colonialism or socialism, is blown away and old tribalisms reappear. But the common factor is that there are people who are just stuck in the middle."

— John Sayles, in an interview with Ray Pride 3/30/98,
http://desert.net/filmvault/chicago/m/menwithguns1.html

¿Tiene la película algo que ver con la historia de Estados Unidos? ¿Qué cree usted?

MÁS ALLÁ DE LA PELÍCULA

Entrevista con Federico Luppi: "Otra vez en la frontera"

¿Cuánto no sabía porque me mintieron y cuánto no sabía porque yo tenía una cómoda[1] mentira y no quería saber?, escuchó Federico Luppi, y la cuestión sobre el saber[2] retumbó[3] en su cabeza por esa frase que pronunció el director norteamericano John Sayles, antes de comenzar en Chiapas el rodaje de la película *Hombres armados.*

El director de *El secreto de Roan Inish, Eight Men Out, Escrito en el agua* y *Lone Star,* entre otras, hizo hablar a la conciencia del doctor Fuentes,[4] personaje que interpretó Luppi en esta película.

Si bien se filmó en cuarenta locaciones de México—con actores y extras nativos que continuaban sus personajes cuando las luces de la filmación se iban para otro lado—la historia de *Hombres armados* transcurre[5] en un país no específico de América Latina.

Allí, un prestigioso médico que nunca había prestado[6] demasiada atención a las realidades políticas de su país se lanza[7] a buscar a un grupo de alumnos que formó para trabajar en zonas pobres. Ése es todo su legado y su orgullo.

Pero al salir de su consultorio médico en la ciudad manejando una lustrosa[8] 4x4 se encuentra con toda la endemia[9] típica de América: las revoluciones, las contrarrevoluciones, la guerrilla, el ejército represor, la traición,[10] la miseria, la muerte. Un lugar donde los jóvenes pueden ser asesinados simplemente por

1. *comfortable*
2. *knowing*
3. *resounded*
4. *hizo… made the conscience of Dr. Fuentes speak*
5. *occurs*
6. *paid*
7. *se… sets out*
8. *shiny*
9. *endemic problems*
10. *betrayal*

brindar[11] cuidados médicos. Algo que, por cierto, no figuraba en ningún libro de medicina.

Cables a ninguna parte

De enero a febrero del '97, Federico Luppi recorrió cada una de las locaciones con el equipo de filmación de *Hombres armados*. Con ritmo de merengues, cumbias, percusiones africanas y sonidos[12] de marimbas, el desplazamiento[13] del doctor Fuentes se fue haciendo cada vez más[14] duro. Y el personaje de Fuentes todo el tiempo cuestionó a Luppi, el actor. "Es que debo reconocer que si bien soy una persona informada e interesada en todas estas cuestiones, al viajar a México sentí que me desayunaba de[15] muchas cosas", dijo a *La Nación* instalado en su austero escritorio del barrio de Belgrano [Buenos Aires]. Dice que quedó helado[16] en las famosas ruinas de Palenque, cuando unas chiquitas de no más de catorce años lo querían llevar a la cama a cambio de una cerveza. También se cruzó con muchos militares que constantemente "peinaban"[17] la zona cercana a Chiapas. Vio cómo mujeres indígenas escalaban[18] la selva con bebés cargados de sus espaldas y sobre sus pechos.[19] Habló con peones de cafetales[20] que ganan un equivalente a 18 dólares al mes. Llegó a un caserío[21] que estaba cruzado por cables y antenas de televisión, y deslizó,[22] ingenuamente, como lo haría después su personaje: "Ah, tienen televisor". Y el americano Sayles, que ya había recorrido la zona, dijo: "No, ponen antenas y cables que no van a ningún lado".

"Es que yo también fui un poco doctor Fuentes. Charlando con un hombre en un bananal le dije: 'Bueno, pero qué suerte que tienen ustedes con esos bananales, debe ser una banana muy sabrosa...'" El hombre lo miró extrañado[23] y le contestó: "No, pues, usted sabe señor que estamos atosigados[24] de comer plátano frito, plátano en puré, con frijoles. Es lo único que comemos".

"Lo interesante de la película es cómo el saber en el mundo occidental está determinado por la utilidad que pretende conseguir[25] un médico, un ingeniero, un abogado. Un saber que reditúa[26] y que está en función de una clasificación del mundo basada en que el tiempo es oro. Y de pronto, hay gente que descubre: "Ah, ¿todo esto ocurría? ¿Cómo no me enteré?"[27] El doctor Fuentes tampoco quiere saberlo, no por una natural malignidad. Ignora, vive en un código cotidiano[28] donde todo aquello es de otros.[29] O porque da mucho terror o porque lo queremos ignorar. Y el doctor Fuentes lo único que puede vislumbrar[30] ya en determinado momento es un lugar cerca del cielo donde cierta paz le permita morir. Recuerdo ese personaje de Borges que dice: "Hay un momento en la vida de un hombre que sabe para siempre quién es". Y eso le pasa a mi personaje. A mí, desgraciadamente, todavía no", dice Luppi.

Para el actor que conoció el exilio (del '77 al '78, en España), y que sobrevivió en la Argentina a otro tipo de hombres armados, la película de Sayles es, de algún modo, una alegoría de la guerra. "¿Cuál es la diferencia entre un

11. *offering*
12. *sounds*
13. *displacement*
14. se... *became more and more*
15. me... *I was getting fresh news about*
16. quedó... *he was stunned*
17. *were combing*
18. *climbed up into*
19. cargados... *carried on their backs and chests*
20. *coffee fields*
21. *country house*
22. *he let slip*
23. *surprised*
24. *obliged*
25. pretende... *pretends to acquire*
26. *produces (e.g., income)*
27. ¿Cómo... *How is it that I didn't find out?*
28. código... *daily code (e.g., of ethics)*
29. de... *someone else's (problem)*
30. *glimpse*

guerrillero hondureño, guatemalteco? ¿O qué pasó durante la guerra sucia en la Argentina? Tampoco hay diferencia entre quienes en nombre de un motivo matan y quienes en nombre de otros reprimen.[31] No tenemos que ir a México para verlo", se pregunta.

Durante la filmación, el protagonista de *La Patagonia rebelde, Tiempo de revancha, Ultimos días de la víctima, Un lugar en el mundo, La ley de la frontera* y *Martín (Hache)* recordó muchas veces aquel libro de Eduardo Galeano, *Las venas abiertas de América Latina*. "Yo pensaba en eso de que haremos uno, dos, tres Vietnam de América Latina. Y me di cuenta de[32] que no existe. Respeto muchísimo a Galeano, pero esa idea es crear un buzón[33] más grande que la realidad. Y lo dice una persona que ha comprado muchos buzones: el socialismo, la izquierda, el futuro de la organización soviética, la indeclinable magnificencia de la China de Mao. Los compré, ayudé a venderlos, firmé, jetoneé.[34] Ojo,[35] que eso no me hace suponer[36] que sirvo para algo más que para actuar… Hace quince años tenía la pretensión irritante y soberbia[37] de suponer que tenía respuesta para todo. Ahora aprendí a preguntarme más. Y creo que América Latina te coloca en el borde mismo de la inutilidad[38] del discurso".

Turistas armados

La película también muestra a otro tipo de "Fuentes", una pareja de turistas (interpretada por los americanos Mandy Patinkin y su mujer en la vida real, Kathryn Grody) que están tan interesados en conocer las historias sobre aquéllos a quienes les cortaron las manos y desconocen[39] lo que le está pasando a ese doctor al que saludan. "Es el turismo que no tiene real deseo de conocer, sino de excitarse", agregó Federico.

Haber conocido a John Sayles fue parte de la experiencia enriquecedora[40] de Luppi: "Es un tipo que conoce mucho y bien el mundo latinoamericano. No es paternalista ni condescendiente. Durante el rodaje también hablamos de Bosnia-Herzegovina, y hasta de la búsqueda de los restos[41] del Che [Ernesto "Che" Guevara] en Bolivia. Demostró que no es un tipo que sabe porque lee el *Times dominical*.[42] Y creo que en sus películas reveló una muy seria honestidad consigo mismo.[43] Es muy difícil que no te entusiasme[44] su forma de ver el mundo y todo lo que filma".

— **Lorena García,** *La Nación de Buenos Aires*, **21 de abril de 1998**

31. *repress*
32. me… *I realized*
33. *mailbox (here, paradigm)*
34. *I mouthed off, boasted*
35. *Don't get me wrong*
36. *suppose*
37. *proud*
38. te… *puts you on the very edge of the uselessness*
39. *don't know*
40. *enriching*
41. *remains*
42. *Sunday*
43. consigo… *with himself*
44. que… *not to let…excite you*

Preguntas y opiniones

1. ¿Quién es Federico Luppi? ¿Qué pregunta de John Sayles lo hizo pensar mucho?

2. ¿Adónde fue Luppi durante el rodaje de *Hombres armados*?

3. ¿Dónde entrevistaron a Luppi… o sea, ¿dónde vive?

4. ¿Por qué dice que es "un poco doctor Fuentes"?

5. ¿Por qué quedó helado en las ruinas de Palenque? ¿Qué otras cosas lo sorprendieron?

6. Según Luppi, ¿qué palabras del escritor argentino Jorge Luis Borges describen a Fuentes? ¿Lo describen a él?

7. ¿Dónde estaba Luppi en 1977 y 1978? ¿Por qué? ¿Qué sobrevivió?

8   ¿Qué "buzones" (paradigmas, maneras de mirar el mundo) había "comprado" Luppi en el pasado?

9. Según Luppi, ¿cómo es el turismo de los norteamericanos (Harriet y Andrew)?

10. ¿Qué opina Luppi de Sayles? ¿Qué quiere decir cuando dice que "no es un tipo que sabe porque lee el *Times dominical*"?

¿Lee usted algún periódico (como el *Times Dominical*)? Si es así, ¿cuál? ¿Lo lee por Internet? ¿Mira las noticias por televisión? ¿Cómo se entera de lo que pasa en el mundo?

Según Luppi, ¿cómo es el saber en el mundo occidental? ¿En qué idea se basa? ¿Está usted de acuerdo? Comente.

Usted y la lengua española

Según Federico Luppi, los turistas Harriet y Andrew son ejemplos del "turismo que no tiene real deseo de conocer, sino de excitarse". ¿Hay muchas personas como Harriet y Andrew, que aprenden español pero no lo utilizan para comunicarse, para aprender algo sobre la cultura de las personas de habla hispana? ¿Por qué estudia usted el español? ¿Cómo lo utiliza? ¿Qué hace para mejorar su conocimiento de la lengua castellana y de la cultura hispana?

Con un(a) compañero(a), haga una lista de los motivos para aprender la lengua española y otra lista de técnicas que podrían emplear para practicarla y mejorarla. Comparta las listas con la clase.

CAPÍTULO 6

El norte

Presentación de la película: Rosa y Enrique huyen *(flee)* de su remoto pueblo maya después de la muerte de sus padres a manos de las tropas del ejército, y salen para "el norte" (Estados Unidos) en busca de una vida mejor y más segura.

• Durante la década de los ochenta en Guatemala se cometieron atrocidades militares contra las comunidades indígenas y se practicó una política de "tierra quemada" *(scorched)*. El ejército mató u obligó a exiliarse a miles de habitantes rurales y destruyó más de cuatrocientos pueblos indígenas. También hubo conflictos en Nicaragua y El Salvador que produjeron miles de muertes y refugiados políticos.

• *El norte* es el primer largometraje de Gregory Nava, nacido en San Diego, de ascendencia mexicana y vasca *(Basque)*, y conocido como director de *My Family/Mi familia* (1995, Jimmy Smits, Jennifer López), *Selena* (1997, Jennifer López) *Why Do Fools Fall in Love* (1998, Halle Berry), de la serie televisiva *American Family* (2002-2004, Edward James Olmos, Raquel Welch) y *Bordertown* (2006, Jennifer López, Antonio Banderas). El guión, escrito por el director y su esposa, Anna Thomas, fue seleccionado *(nominated)* en 1985 para el Oscar y el Writers Guild of America Screen Award al mejor guión original. Nava fue premiado con el Gran Prix des Amériques del Festival Mundial de Cine de Montréal en 1984 por esta película. En 1995, *El norte* entró al prestigioso National Film Registry y ha sido designado *American Classic* por la Biblioteca del Congreso estadounidense. *El norte* se volvió a estrenar *(was re-released)* en 2001 y en 2009.

PREPARACIÓN

Vocabulario preliminar

Pirámide del centro ceremonial de Tikal en Guatemala, uno de los sitios más importantes de la civilización maya

Note: All but a few of the following words occur at least twice in the film. In Guatemala many people use **vos** instead of **tú**, so expect to hear some verbs in the present tense with the emphasis on a different syllable than you are used to hearing and perhaps other modifications as well: **¿Y por qué salís, pues?** Some imperative forms also have a different accented syllable: **Sentate, dormite, acordate.** The **vos** form of the verb **ser** is **sos: Y si alguien te pregunta de dónde sos, decí que de Oaxaca.** In Guatemala the diminutive is used extensively (**bastantito, cuidadito, mismito**) and the intensifier **re-** is common (**rebueno** for **muy bueno**, **reduro** for **muy duro**).

Cognados		
el carro	grave (adj.)	el/la mexicano(a)
el dólar	el hospital	el norte
la familia	inmediatamente	la virgen

La gente	
el/la ahijado(a)	godson (goddaughter)
la comadre	very close friend; godmother of one's child or mother of one's godchild
el compadre	very close friend; godfather of one's child or father of one's godchild; pl. godparents
el coyote	person who helps illegal immigrants enter the United States
la gente	people
la madrina	godmother
el/la mano(a)	pal, dear; short form of hermano(a) used in direct address (Mexico, Central America, parts of the Caribbean)
el/la novio(a)	sweetheart
el padrino	godfather
el/la soldado	soldier

Otras palabras	
acordarse (ue)	*to remember*
ayudar	*to help*
componerse	*to get better, improve*
conseguir (i)	*to get, obtain*
difícil	*hard, difficult, tricky*
el drenaje	*sewer*
fuerte	*strong*
la lana	*money (colloquial, Mexico, parts of Central America)*
limpiar	*to clean*
la máquina	*machine*
parecer	*to seem; to look like*
pinche	*damn, lousy, rotten (colloquial, Mexico, Guatemala)*
el pisto	*money (colloquial, parts of Central America)*
la suerte	*luck*
volverse (ue) loco(a)	*to go crazy*

Los compadres. Escoja la palabra apropiada para terminar la frase.

1. Doña Teresa es mi comadre. Es la (madrina / mana / novia) de mi hija mayor.

2. Los compadres son como miembros de la (ahijada / virgen / familia).

3. Mi hija María tiene miedo de que vuelvan los (soldados / novios / ahijados).

4. Necesita pisto para el viaje a Estados Unidos y su padrino la va a (acordarse / ayudar / parecer).

5. Él conoce a un buen (coyote / soldado / pisto) que va a ayudar a María a entrar en Estados Unidos.

6. Los mexicanos no dicen pisto como aquí en Guatemala, sino (gente / lana / drenaje).

Mercado de Chichicastenango, Guatemala

B **Problemas.** Berta, una inmigrante reciente, habla de sus problemas. Complete los párrafos con las palabras de la lista.

carro	lana	norte
difícil	limpiando	pinches
dólares	máquinas	

Mi hermana y yo necesitamos (1) _____ para comprar un (2) _____ ,

pero aquí en el (3) _____ sólo ganamos cinco (4) _____ por hora

(5) _____ casas. Aquí se usan (6) _____ muy complicadas para

lavar los platos y la ropa y es (7) _____ operarlas. (8) ¡ _____

máquinas!

conseguir	hospital	suerte
fuerte	inmediatamente	volverme loca
grave	se componen	

Si aprendemos inglés quizás podamos (1) _____ un trabajo mejor. Lo peor

es que ayer supimos por carta que Mamá está enferma. Se puso (2) _____ y la

llevaron (3) _____ al (4) _____ en Guadalajara. Mi hermana es

más optimista que yo y dice que vamos a tener (5) _____ . Soy una persona

bastante (6) _____ , pero si las cosas no (7) _____ pronto creo

que voy a (8) _____ .

Antes de ver la película

 Los inmigrantes. Conteste las siguientes preguntas. Su profesor(a) puede pedirle que haga este ejercicio con un(a) compañero(a), utilizando la forma **tú** del verbo, y que den un informe oral a la clase.

1. ¿De dónde inmigraron sus antepasados (*ancestors*)? ¿Por qué vinieron a este país?

2. ¿Conoce usted a algún inmigrante reciente? ¿Por qué vino a este país?

3. ¿Qué problemas cree usted que enfrentan (*face*) los inmigrantes indocumentados en este país?

B **Los personajes.** Lea los nombres de los siguientes personajes. Después de ver la película, empareje cada personaje con su descripción.

a. Arturo   b. Enrique   c. Rosa   d. Josefita   e. don Ramón

f. Raimundo   g. Monty   h. Nacha   i. Jorge

_____ 1. amigo de la familia de Arturo que conoce el norte

_____ 2. amiga mexicana de Rosa

_____ 3. amigo mexicano de Enrique

_____ 4. coyote amigo de don Ramón

_____ 5. dueño de un motel e intermediario entre inmigrantes
            y empleadores *(employers)*

_____ 6. hijo de Arturo

_____ 7. hija de Arturo

_____ 8. madrina de Rosa y Enrique

_____ 9. padre de Enrique y Rosa

Investigación

Busque información sobre uno de los temas que siguen. Su profesor(a) puede pedirle que trabaje con un(a) compañero(a) o en un grupo pequeño para hacer la investigación y que den un informe oral a la clase.

1. los refugiados políticos centroamericanos en la década de 1980
2. los inmigrantes indocumentados en Estados Unidos
3. las películas *My Family/Mi familia* y/o *Selena*, de Gregory Nava
4. el realismo mágico (una técnica literaria y cinematográfica usada en *El norte*)

Note: Your instructor may ask you to read over the exercises in the section **Exploración** before you see the film, in order to improve your understanding of it.

EXPLORACIÓN

¿Cierto o falso? Lea las siguientes oraciones. Indique **C** (cierto) o **F** (falso). Corrija las oraciones falsas.

____ 1. La familia Xuncax es una familia indígena.

____ 2. Josefita sabe por experiencia propia cómo es la vida en "el norte".

____ 3. Rosa y Enrique abandonan su pueblo porque tienen miedo.

____ 4. Rosa y Enrique creen que en "el norte" la vida será igual que en Guatemala.

____ 5. Enrique abandona a Rosa para aceptar un trabajo en Chicago.

B La historia

Primera parte: Arturo Xuncax

1. ¿Por qué se reúnen en secreto los campesinos?
2. ¿Qué pasa durante la reunión?
3. ¿Qué hacen los soldados en el pueblo?
4. ¿Por qué están en peligro Enrique y Rosa?
5. ¿Qué piensan hacer Enrique y Rosa? ¿Cómo los ayudan don Ramón y Josefita?
6. ¿Qué esperanzas tienen Enrique y Rosa con respecto a la vida en "el norte"?

Segunda parte: El coyote

1. ¿Cómo llegan a Tijuana Rosa y Enrique? ¿Por qué tratan de pasar por *(pass for)* mexicanos?

2. ¿Qué les pasa con Jaime y, luego, con la policía de la inmigración?

3. ¿Cómo entran en California los dos hermanos? ¿Quién los ayuda? ¿A qué ciudad los lleva esta persona?

Tercera parte: El norte

1. ¿Qué trabajo consigue Rosa? ¿Cómo lo pierde? ¿En qué trabaja ella después?

2. ¿Qué trabajo consigue Enrique?

3. ¿Qué oportunidad se le ofrece a Enrique? ¿Por qué no quiere aceptarla?

4. ¿Cómo pierde Enrique su trabajo? ¿Qué decide hacer entonces?

5. ¿Por qué tiene miedo Rosa de ir al hospital? ¿Cómo se enfermó?

6. ¿Cómo termina la película?

ANÁLISIS Y CONTRASTE CULTURAL

Vocabulario

La injusticia social y el exilio	
el abuso	abuse
el/la campesino(a)	country person (with connotations of poverty)
el ejército	army
escaparse (de)	to escape (from)
el/la indio(a)	Indian
irse	to leave, go away
luchar	to fight
matar	to kill
morir(se) (ue, u)	to die
peligroso(a)	dangerous
el/la pobre	poor person
quedarse	to stay
el/la rico(a)	rich person
seguro(a)	safe
sentir (ie, i)	to feel (emotion)
tener miedo	to be afraid
la tierra	land
la vida	life

Los inmigrantes	
agarrar	*to catch; to take*
cruzar	*to cross*
extrañar	*to miss (one's home, family, country)*
la frontera	*border*
la guerra	*war*
el hogar	*home*
libre	*free*
el lugar	*place*
la migra	*short for* inmigración, *referring to U.S. immigration officials (Mexico, Central America)*
el/la pocho(a)	*Mexican-American, often referring to someone who has lost his or her Mexican culture*
regresar	*to return, come/go back; to send back*

 Rosa y Enrique. Escoja la respuesta apropiada.

_____ 1. ¿Por qué se reunieron los hombres en la vieja hacienda?

_____ 2. ¿Qué no entienden los ricos?

_____ 3. ¿Por qué se van para el norte Rosa y Enrique?

_____ 4. ¿Podrán pasar por mexicanos?

_____ 5. ¿Es peligroso cruzar la frontera?

_____ 6. ¿Quién los va a ayudar a cruzar la frontera?

_____ 7. ¿Es pocho el coyote?

_____ 8. ¿Van a pasar por las montañas?

_____ 9. ¿Qué les pasará si los agarra la migra?

_____ 10. ¿Estarán contentos en el norte?

a. Espero que sí. La vida será más fácil, pero van a extrañar su hogar.

b. Van a necesitar un buen coyote.

c. No, es mexicano.

d. Sí, don Ramón dice que es como la guerra.

e. Los regresarán a Guatemala y se morirán a manos de los soldados.

f. No, es muy peligroso. Van a ir por otro lugar.

g. Aquí no están seguros ni libres. Los quieren matar.

h. Se reunieron para hablar de la situación; van a luchar por su tierra.

i. Claro que sí. Mucha gente ignorante piensa que todos los indios son iguales.

B **Así comienza.** Complete este resumen del principio de *El norte* con las palabras de la lista.

abusos	irse	peligroso
campesinos	matan	quedarse
ejército	miedo	se escapan

Lupe no quiere que su esposo vaya a la reunión secreta porque ella tiene (1) _____ . Los soldados atacan a los (2) _____ y los (3)_____ a todos; al día siguiente entran al pueblo y se llevan a sus esposas y a otros parientes. Enrique y Rosa (4)_____ del (5) _____ porque no están en casa cuando llegan los soldados. Los dos hermanos no pueden (6) _____ en San Pedro porque es muy (7) _____ . Deciden (8) _____ para el norte, donde no tendrán que sufrir más (9) _____ por ser indígenas.

Nota cultural

Cuando se siente mal, Rosa va a ver a una curandera *(folk healer)*. Esta práctica es tradicional y común en muchos países hispanos. Por otra parte, la protagonista tiene miedo de que las autoridades la manden a Guatemala si va al hospital.

Temas de conversación o composición

Discuta con sus compañeros los temas que siguen. Su profesor(a) puede asignarle como tarea que escriba un párrafo sobre alguno(s) de ellos.

1. la migración (¿Qué peligros enfrentan los protagonistas al cruzar la frontera y después de llegar? ¿Qué experiencias nuevas tienen en Los Ángeles? ¿Se sienten desorientados? ¿Qué personas e instituciones se presentan como hostiles a los inmigrantes indocumentados? ¿Hay personas e instituciones que los ayudan?)

2. la asimilación (¿Cuáles son los valores de la cultura maya, según la película? ¿y de la cultura norteamericana? ¿Cuál es el dilema de Enrique cuando se le ofrece una gran oportunidad? ¿Qué sistema de valores elige, y qué tiene que sacrificar como consecuencia de su elección? Si hubiera elegido el otro sistema de valores, ¿qué habría sacrificado? ¿Se presentan la asimilación y la aculturación como algo positivo, negativo o ambiguo?)

3. la explotación (¿Cuáles son las condiciones de trabajo de los campesinos en Guatemala? ¿y de los inmigrantes indocumentados en Los Ángeles? ¿Por qué hay conflictos entre los diferentes grupos explotados? Por ejemplo, ¿por qué llama Carlos a la policía de inmigración? ¿Quién es el intermediario entre los inmigrantes indocumentados y las personas que los contratan [hire]? ¿Por qué quieren estas personas contratarlos aunque sea ilegal hacerlo? ¿Son también inmigrantes algunas de estas personas?)

4. los estereotipos (¿Cómo se combaten los estereotipos de los latinos en la película? ¿Son todos iguales o son diferentes los personajes latinos? ¿Se trata de una película de "buenos" contra "malos", o son más complicados los personajes?)

5. la violencia (¿Cómo se manifiestan los diferentes tipos de violencia en la película— física, verbal, estructural [de las estructuras políticas y sociales]? ¿Quiénes están en conflicto en cada una de las tres partes de la película?)

6. las imágenes simbólicas (¿Qué nos dice la yuxtaposición de las imágenes de la noria [water wheel] y la hormigonera [cement mixer] de la situación de los protagonistas? ¿y la repetición de la imagen de la cabeza cortada de Arturo? ¿y la insistencia en las imágenes circulares: la luna llena, el tambor [drum] de la procesión funeraria, los faros [headlights] de los vehículos? ¿y la araña [spider] en su telaraña [web]? ¿y los pájaros enjaulados [caged]? ¿Qué pueden representar las imágenes de las visiones o sueños de los protagonistas: las mariposas [butterflies], el cabrito [goat], las flores blancas, los pájaros blancos, el pescado en la cesta [basket] de flores?)

7. el mito de la "tierra prometida" (¿Cuáles son las esperanzas de Rosa y Enrique con respecto a la vida en "el norte"? ¿Se realizan, o no, sus sueños? ¿Por qué sí o no?)

8. la estructura de la película (¿Qué contrastes hay entre la primera parte y la segunda? ¿entre la segunda parte y la tercera? ¿entre la primera parte y la tercera? ¿entre la manera de presentar los hechos "reales" y la manera de presentar los sueños y las visiones de los protagonistas? ¿Cómo contribuyen las imágenes repetidas a reforzar el "mensaje" de la película?)

9. el humor (¿Cuáles son las funciones del humor en El norte? ¿Contribuye a comunicar el "mensaje" de la película? Para usted, ¿cuál es el momento más cómico?)

Una escena memorable

¿Adónde va Enrique, y quién lo acompaña? ¿Quién los espera en la salida?
¿Qué pasa en esta escena que va a traer consecuencias terribles más tarde?

Hablan los personajes

Analice las siguientes citas, explicando de quién son y poniéndolas en contexto. (Para una lista de los personajes, ver el ejercicio B en la sección "Antes de ver la película".)

1. "Hace diez años más o menos que la cocinera de don Rodrigo me pasa todos sus *Buenhogar*. … Así que yo… pues, sé bastantito, mi hijo".

2. "Para el rico, el campesino solamente es brazo—eso creen que somos—puro brazo para trabajar".

3. "Y si alguien te pregunta de dónde sos, decí que de Oaxaca. La mayoría de gente ni cuenta se da que no sos de allá—se creen que todos los indios son iguales".

4. "Raimundo, you and me, we're public servants. The whole goddamn economy would collapse like that if it wasn't for the cheap labor we bring in."

5. "Pues, es ciudadano americano, pero tiene familia que viene de México. Por eso tiene que hacer la misma mierda de trabajo que nosotros".

6. "Mírame ahora. La gente me mirará y me respetará. En este país se trabaja reduro, pero también llegas a ser alguien".

7. "No somos libres".

8. "¿Cuándo vamos a encontrar un hogar?"

9. "¡Yo, yo, lléveme! Yo tengo brazos fuertes".

Hablando de la cultura...

Comente (1) la relación entre Arturo y Lupe Xuncax y sus compadres Josefita y Pedro; (2) la relación entre Josefita y Pedro y sus ahijados Enrique y Rosa. ¿Tiene usted padrinos o ahijados? ¿Conoce a alguien que tenga padrinos o ahijados? ¿Es una relación tan estrecha *(close)* como la que se presenta en *El norte*? ¿Son comunes, o no, estos tipos de relaciones entre las familias de habla inglesa?

Hablan los críticos y los directores

En las palabras de Steven E. Alford, "films about women and migration are inherently problematic because the issue inevitably becomes 'Hollywoodized.' Owing to market forces, filmmakers create melodramas out of facts, inevitably misrepresenting the source material owing to the constraints of the genre within which they work. Large social problems cannot be handled successfully in film, resulting in a 'synecdochization' of the problem, reducing the social problem to the drama of a minimal number of characters."

"Women and Migration in Film: The Examples of *The Border* and *El norte*,"
http://polaris.nova.edu/~alford/lectures/wmfilm.html

¿Está usted de acuerdo? ¿Por qué sí o no?

John Hess opina que "Enrique, having lost his only remaining family member, blends in with the rest of the immigrant workers he joins on a construction site. He has lost his hope, retaining only his ability to survive."

College Course File Central America: Film and Video,
http://www.igc.org/jhess/CourseFile.html

Según su opinión, ¿hay alguna esperanza para el futuro de Enrique, o no hay ninguna?

MÁS ALLÁ DE LA PELÍCULA

Lo latino marcha[1] en Hollywood

El cine, escrito y dirigido por latinos, está en auge[2] en Estados Unidos. Estas cintas beben en fuentes[3] artísticas y culturales distintas a las anglosajonas, y proporcionan un enfoque original[4] a grandes temas del cine actual.[5]

El cine latino ha existido siempre en Estados Unidos, pero reducido a producciones de escaso presupuesto[6] que sólo llegaban a círculos muy cerrados. Por otro lado la industria de Hollywood, mayoritariamente *anglo,* ha presentado con demasiada frecuencia a los latinos como *los malos* de sus películas, fomentando[7] así el estereotipo de identificar lo latino con las bandas callejeras,[8] tráfico de drogas y abuso de la asistencia social.

Poco a poco se han suavizado[9] estos reduccionismos, sobre todo desde que Hollywood se dio cuenta de la creciente presencia de la comunidad latina en la sociedad norteamericana y, por tanto,[10] en las colas de los cines. Una presencia favorecida por su elevada natalidad[11] y el alto porcentaje de inmigrantes centroamericanos, que han creado un mercado potencial: más de treinta millones de espectadores.

Tímidos comienzos

En 1987 surgieron[12] películas de entidad[13] con argumentos[14] centrados en la comunidad latino-norteamericana. Destacaron[15] dos títulos: *Un lugar llamado Milagro* [*The Milagro Beanfield War*], de Robert Redford, sobre un pueblo *mexican-american* de California, y *La Bamba,* de Luis Valdez, intensa biografía del cantante chicano Ritchie Valens.

Ese mismo año, Gregory Nava, nacido en San Diego en el seno[16] de una familia de mexicanos de origen vasco, rodó su primera película de alto presupuesto: *La fuerza del destino* [*A Time of Destiny*], un notable melodrama sobre las dificultades de una familia vasca[17] emigrada a Estados Unidos. El film fracasó en taquilla[18] pero confirmó a la crítica la calidad[19] que Nava ya había mostrado en *El norte* (1984), una cinta de bajo presupuesto sobre la odisea de dos refugiados guatemaltecos, que fue candidata al Oscar al mejor guión y ganó el Gran Premio del Festival de Montreal.

Los años siguientes fueron de mantenimiento:[20] *Gringo viejo* [*Old Gringo*], de Luis Puenzo; *Los reyes del mambo tocan canciones de amor* [*The Mambo Kings*], de Arne Gilmcher; *Jugando en los campos del Señor* [*At Play in the Fields of the Lord*], de Héctor Babenco; *Bajo otra bandera* [*A Show of Force*], de Bruno Barreto y, sobre todo, *American Me* (1991), un crudo retrato[21] de las mafias chicanas de Los Ángeles con la que debutó como director Edward James Olmos. Este actor chicano se había hecho popular en esos años como

1. *makes headway*
2. en... *booming*
3. *sources*
4. proporcionan... *provide an original approach*
5. *present-day*
6. escaso... *low budget*
7. *promoting*
8. bandas... *street gangs*
9. *softened*
10. por... *therefore*
11. *birth rate*
12. *appeared*
13. *importance*
14. *plots*
15. *stood out*
16. *bosom*
17. *Basque*
18. francasó... *failed at the box office*
19. a... *to critics the quality*
20. *maintenance*
21. *portrayal*

consecuencia de su candidatura al Oscar al mejor actor por su trabajo en *Stand and Deliver* (1988), y por su papel del teniente Castillo en la serie *Corrupción en Miami* [*Miami Vice*]. También se haría famoso por esas fechas otro gran actor chicano, Jimmy Smits, con su caracterización del abogado Víctor Cifuentes en la serie *La ley de Los Ángeles* [*L.A. Law*]. La enorme difusión de estas dos producciones televisivas supuso un nuevo espaldarazo[22] a la consolidación del cine latino en la industria de Hollywood.

Éxito[23] comercial

Se llega así a 1992, año en que se alcanza el punto de inflexión:[24] el éxito sorprendente de *El mariachi,* singular y baratísimo *thriller* de acción rodado por el chicano de Texas, Robert Rodríguez. Comprado y distribuido por Columbia TriStar, obtuvo un rotundo[25] éxito comercial, que coincidió, además, con el estreno[26] de *Como agua para chocolate*, del mexicano Alfonso Arau, que acabaría convirtiéndose en[27] la película extranjera de producción independiente más taquillera[28] de la historia en Estados Unidos.

Estos éxitos se vieron reforzados por la creciente popularidad de un buen número de actores latinos — Raúl Juliá, Andy García, Rosie Pérez, Antonio Banderas...— y por el interés que despertaron dos películas de escritores chicanos: *Atrapado por su pasado* [*Carlito's Way*], de Brian de Palma, basada en las obras de Edwin Torres; y *Sin miedo a la vida* [*Fearless*], de Peter Weir, adaptación de la novela de Rafael Yglesias, que también escribió el guión.

En la actualidad[29] toda esta corriente parece alcanzar una entidad distintiva, similar a la que logró[30] el cine afroamericano de la mano de cineastas como Spike Lee, John Singleton, Stephen Anderson o Boaz Yakin.

Exuberancia visual y realismo mágico

El cine latino se distingue a nivel[31] artístico por su vitalidad narrativa y colorismo, además por una peculiar mezcla lingüística[32] de inglés y español, y por el papel de la música como elemento de identidad cultural. Herederos de una ecléctica tradición, estos directores suelen dar[33] a sus películas una exuberante resolución visual, que aúna el homenaje[34] al rico folclore tradicional de sus pueblos de origen con una singular fascinación por la tierra. Esto otorga[35] a las ceremonias — bodas, entierros,[36] fiestas...— y a los entornos[37] naturales — también a los urbanos— una gran importancia dramática. Es el caso de la fiesta de la vendimia[38] y del viñedo[39] familiar en *Un paseo por las nubes*, y de la boda y la huerta[40] en *Mi familia*.

Estos elementos naturalistas suelen estar envueltos[41] por una singular atmósfera de misterio, que tiene su origen en toda la corriente literaria latinoamericana del *realismo mágico*. Y confirmarían, además, ese predominio de los sentimientos frente a la racionalidad que, según Alfonso Arau, distingue la cultura latina de la anglosajona.

22. supuso... *meant new support*
23. *Success*
24. se... *turning point was reached*
25. *resounding*
26. *premiere*
27. acabaría... *would become*
28. más... *biggest box-office hit*
29. En... *Presently*
30. *achieved*
31. *level*
32. peculiar... *particular linguistic mixture*
33. suelen... *usually give*
34. aúna... *combines a tribute*
35. *bestows*
36. *funerals*
37. *settings*
38. *grape harvest*
39. *vineyards*
40. *vegetable garden*
41. *enveloped*

Familia: modelo vital

En cualquier caso, ese predominio no significa que estas películas sean más superficiales en sus tratamientos de fondo. En este sentido, son muy significativas las aportaciones[42] de este cine a uno de los grandes temas fílmicos contemporáneos: la familia. Frente al retrato conflictivo y desorientado de muchas películas *anglos,* los films latinos conceden gran valor a[43] la unidad familiar tradicional — con frecuencia, en familias numerosas[44] — y a la comprensión entre padres e hijos como factor decisivo de estabilidad personal e integración social.

De hecho,[45] la familia es el tema central de casi todas las películas antes citadas,[46] "La familia como fuerza[47] de vida está presente en el corazón de los latinos, en su propia[48] cultura y en cada una de sus experiencias", señalaba[49] Gregory Nava en San Sebastián. Además, este cine suele plantear[50] a la familia con un enfoque bastante universal, a pesar de[51] su aparente localismo. El propio Nava reconocía su asombro[52] cuando un director chino le manifestó[53] durante el festival que *Mi familia* reflejaba perfectamente a la familia china.

Visión católica

Sin duda, en esta atractiva visión de las relaciones familiares influye la mayor profundidad[54] moral que muestran en sus films los directores latinos. Casi todos ellos parten, con matices, de[55] un modelo ético muy alejado[56] del relativismo de cierta cultura anglosajona. Esto explicaría también su acendrada[57] sensibilidad social — con una fuerte carga[58] crítica contra las insolidaridades del *sistema USA*— y su sugerente[59] visión del trabajo, en las antípodas de la moral materialista del triunfo a cualquier precio.

Esta solidez moral hay que atribuirla en buena medida al importante papel de la religión católica en la cultura hispanoamericana. Ciertamente, el catolicismo de los personajes se mezcla a menudo[60] con supersticiones, pero es decisivo en sus motivaciones y, desde luego, se presenta de un modo mucho más sugestivo[61] que en las películas *anglos.* Incluso en *Desesperado* [*Desperado*]— el film latino menos interesante de estos últimos años—, Robert Rodríguez muestra con simpatía a un sacerdote[62] ofreciéndose a confesar al asesino protagonista. Es la misma amabilidad con que Alfonso Arau presenta a un sacerdote bendiciendo la cosecha[63] de uva en *Un paseo por las nubes,* o con que Gregory Nava refleja en *Mi familia* las firmes convicciones católicas de la madre y la conflictiva historia de la hija que se hace monja.[64]

42. *contributions*
43. conceden... *value highly*
44. *large*
45. *In fact*
46. *mentioned*
47. *force*
48. *own*
49. *pointed out*
50. suele... *usually presents*
51. a... *despite*
52. El... *Nava himself acknowledged his astonishment*
53. *said*
54. *depth*
55. parten... *take as their starting point, with nuances*
56. *remote*
57. *true*
58. *charge*
59. *pleasant*
60. se... *is often mixed*
61. *attractive*
62. *priest*
63. bendiciendo... *blessing the harvest*
64. *nun*

Viejos nuevos valores[65]

De todos modos, lo anterior[66] no significa que estas cintas estén exentas[67] de ese permisivismo moral — sobre todo en materia sexual— que caracteriza cierto cine norteamericano actual. Precisamente el vitalismo antes citado provoca en algunas películas latinas un tratamiento desmesurado[68] y excesivamente explícito del sexo y la violencia. A veces se plantea como denuncia de la dura[69] situación social que padece[70] la comunidad latina en Estados Unidos, como en *American Me*; pero, con frecuencia, responde a una burda[71] concesión a la galería,[72] como sucede en *Desesperado*. Incluso, este defecto viene provocado en ocasiones por un cierto temor[73] a que los tratamientos de fondo de la película resulten demasiado blandos y positivos para el supuestamente endurecido[74] público actual. Pienso que es lo que pasa en la cinta *Mi familia*.

En cualquier caso, no hay que olvidar que la mayoría de los directores latinos son hijos del desconcierto[75] ético de su tiempo, lo que en muchos de ellos — como en el caso de Alfonso Arau—, se ha concretado[76] en una cierta tendencia anarquista. Pero es un anarquismo amable, sin demasiados prejuicios ideológicos, abierto al afán[77] de recuperación de los *viejos nuevos valores* que se detectan cada vez más en la sociedad norteamericana; unos *nuevos valores* a los que estos cineastas, por su tradición cultural y religiosa, aportan enfoques interesantes. Seguramente, como afirmó en San Sebastián Gregory Nava, "en el futuro habrá en Estados Unidos una nueva cultura, bilingüe, que mezclará lo latino y lo anglosajón".

— **Jerónimo José Martín**, *Aceprensa*, **Nov. 1, 1995.**

65. *values*
66. De… *Anyway, the previous paragraph*
67. *free*
68. *unrestrained*
69. *harsh*
70. *suffers*
71. *blatant*
72. *gallery, undiscriminating general public*
73. *fear*
74. *hardened*
75. *uncertainty*
76. se… *has been given concrete representation*
77. *eagerness*

Preguntas y opiniones

1. ¿Cómo ha presentado con frecuencia la industria de Hollywood a los latinos, según el autor del artículo? ¿Qué estereotipo ha fomentado?

2. ¿Qué clase de películas surgieron en 1987? ¿De qué año es *El norte* de Gregory Nava? ¿En qué año rodó Nava su primera película de alto presupuesto?

3. ¿Cómo contribuyeron Edward James Olmos y Jimmy Smits a la consolidación del cine latino en Hollywood?

4. ¿Qué películas latinas fueron las primeras en lograr un rotundo éxito comercial? ¿En qué año se estrenaron?

5. ¿Cómo se distingue el cine latino a nivel artístico, según el autor? ¿En qué tiene su origen la atmósfera de misterio típico de este cine?

6. Según Alfonso Arau, ¿qué distingue la cultura latina de la anglosajona?

7. ¿Cómo se presenta a la familia en muchas películas anglos, según el autor? ¿y en las latinas? ¿Cuál es el tema central de casi todas las películas latinas que menciona?

8. Según el autor, ¿muestran mayor profundidad moral los directores anglos o los latinos? ¿Para él, a qué se debe este fenómeno?

9. Según el autor, ¿están libres las películas de directores latinos del permisivismo moral que caracteriza las películas de muchos directores anglos? ¿Qué afán se detecta cada vez más en la sociedad norteamericana, según su opinión?

Este artículo fue escrito en 1995 y trata de la historia del cine latino hasta ese año. Piense en algunas películas más recientes que presentan a personas hispanas en Estados Unidos, como *La misma luna* (capítulo 1), *María llena eres de gracia* (capítulo 8) u otro filme que conoce (*Bella, ESL, Entre nos*, etc.). ¿Cree usted que el artículo describe el cine latino actual, o por lo menos las películas que usted conoce? ¿Por qué sí o por qué no?

Un final alternativo

Escriba un final alternativo para *El norte*. Use su imaginación y escriba un párrafo de entre cinco y diez oraciones.

Guantanamera

Presentación de la película: La vieja y famosa cantante Georgina "Yoyita" Travieso vuelve a Guantánamo, su ciudad natal. Visita a su sobrina Gina, asiste a una elegante recepción en su honor y muere en brazos de Cándido, enamorado de ella desde la adolescencia. Ahora hay que llevarla a La Habana, en el otro extremo de la isla, para su entierro *(funeral)*.

• Tomás Gutiérrez Alea (conocido como "Titón" en su Cuba natal) fue uno de los directores latinoamericanos más exitosos de todos los tiempos. Entre sus películas están *La muerte de un burócrata* (1966), *Memorias del subdesarrollo* (1968), *La última cena* (1976), *Hasta cierto punto* (1983), *Fresa y chocolate* (1993) y

Guantanamera (1995). A pesar de la censura en Cuba, sus filmes satirizan la vida bajo el régimen de Fidel Castro. Juan Carlos Tabío co-dirigió la película.

• Mirta Ibarra, viuda *(widow)* de Titón, interpreta a Gina. Ibarra es conocida internacionalmente por su actuación en *Fresa y chocolate*. En 2008 dirigió el documental biográfico *Titón, de la Habana a Guantanamera*. En 2012 actuó en el segmento "Dulce amargo" de *7 Days in Havana* y en 2013 apareció en *The Last Match* (Antonio Hens).

• Jorge Perugorría interpreta a Mariano. Perugorría es mundialmente conocido por su actuación en *Fresa y chocolate*. Actuó en *Che* (2008, Steven Soderbergh) junto a Benicio del Toro. Entre sus películas más recientes están *7 Days in Havana* y *Un amor de película* (2012, Diego Musiak). Perugorría dirigió y actuó en *Amor crónico* (2012).

PREPARACIÓN

Vocabulario preliminar

Note: All but a few of the following words occur at least twice in the film. In Cuba, the s sound often goes unpronounced, so that **Buenos días** may sound like **Bueno' día'** or **¿Cómo estás?** may sound like **¿Cómo está'**? Similarly, the **d** sound may not be heard: **usted** may sound like **uste'** (or **u'te'**) or **nada** like **na'a**.

Cognados	
la cafetería	el kilómetro
la economía	la universidad
la gasolina	

El entierro	
el ataúd	*coffin*
el cadáver	*corpse*
la caja	*coffin*
el coche (carro) fúnebre	*hearse*
el/la difunto(a)	*deceased*
el/la doliente	*mourner*
enterrar (el entierro)	*to bury (burial, funeral; funeral procession)*
el/la familiar	*relative*
la flor	*flower*
la funeraria	*undertaker's, funeral home*
la muerte	*death*
el/la muerto(a)	*dead person*

Las profesiones	
el/la cantante	*singer*
el/la chofer	*driver*
el/la economista	*economist*
el/la funerario(a)	*undertaker*
el/la ingeniero(a)	*engineer*
el/la músico(a)	*musician*
el/la profesor(a)	*professor*
el/la rastrero(a)	*tractor-trailer truck driver (Cuba)*

Otras palabras	
la brujería	*witchcraft; spell*
la casualidad	*coincidence*
la cinta	*ribbon*
dar clase	*to teach*
de parto	*in labor*
escotado(a)	*low-cut (blouse, dress)*
el homenaje	*tribute*
el lío	*problem, trouble*
la paladar	*small restaurant in a private home (Cuba)*
la rastra	*tractor-trailer truck (Cuba)*
el traslado	*transport*
tropezar (ie) con	*to bump into*
el viaje	*trip*

 Las profesiones. Explique lo que hacen las personas que tienen las siguientes profesiones.

1. rastrero(a)
2. cantante
3. chofer
4. economista
5. funerario(a)
6. ingeniero(a)
7. músico(a)
8. profesor(a)

B **La muerte de la abuelita.** Complete el párrafo con la forma apropiada de las palabras de la lista "El entierro".

La (1) _____ sorprendió a la abuelita cuando dormía. Yo era muy pequeño y me impresionó mucho ver su (2) _____ tan blanco y pequeño. Por la tarde fuimos a la (3) _____ para ver los (4) _____ y escogimos una (5) _____ de madera negra para la (6) _____. Llevaron a la (7) _____ al cementerio en un gran coche (8) _____. Asistieron muchos (9) _____ al (10)_____ y había muchas (11) _____ bonitas mandadas por los (12) _____ y los amigos.

C **¡Es lógico!** Escoja la palabra que completa lógicamente la oración.

1. ¡Hola, amiga! Es la tercera vez que tropiezo contigo hoy. ¡Qué...
   a. lío!
   b. homenaje!
   c. casualidad!

2. Me encanta esa blusa...
   a. cinta.
   b. escotada.
   c. doliente.

3. El peso vale menos ahora porque no va muy bien...
   a. el kilómetro.
   b. la gasolina.
   c. la economía.

4. Ella es la profesora que daba clase de economía política en...
   a. la paladar.
   b. la universidad.
   c. el traslado.

5. Llevamos al hospital a Yamilé. Está...
   a. de parto.
   b. de viaje.
   c. de casualidad.

6. Salió de la cafetería y subió a la…
    a. brujería.
    b. tren.
    c. rastra.

Antes de ver la película

 Los sueños. Conteste las siguientes preguntas. Su profesor(a) puede pedirle que haga este ejercicio con un(a) compañero(a), utilizando la forma **tú** del verbo, y que den un informe oral a la clase.

1. ¿Ha perdido usted alguna vez la oportunidad de realizar *(fulfill)* un sueño?
2. ¿Qué quiere hacer usted en la vida antes de que sea demasiado tarde?
3. ¿Alguna vez tuvo que romper con el pasado para vivir plenamente *(fully)?*

B **Los personajes.** Lea los nombres y las descripciones de los personajes. Después de ver la película, empareje cada personaje con su descripción.

a. Gina   b. Mariano   c. Adolfo   d. Cándido

e. Ramón   f. Tony   g. Yoyita

_____ 1. cantante famosa

_____ 2. rastrero que practica la brujería

_____ 3. músico enamorado de Yoyita desde la adolescencia

_____ 4. ex profesora de ciencias políticas, sobrina de Yoyita y esposa de Adolfo

_____ 5. ex ingeniero, rastrero que tiene muchos líos con mujeres

_____ 6. chofer y contrabandista

_____ 7. burócrata y funerario, esposo de Gina

Investigación

Busque información sobre uno de los temas que siguen. Su profesor(a) puede pedirle que trabaje con un(a) compañero(a) o en un grupo pequeño para hacer la investigación y que den un informe oral a la clase.

1. la canción "Guantanamera"
2. la santería (religion afro-cubana)
3. Fidel Castro y la revolución cubana
4. la base naval norteamericana de Guantánamo
5. el bloqueo económico contra Cuba por parte del gobierno de Estados Unidos
6. los logros de la revolución cubana en educación y salud
7. las recientes reformas económicas en Cuba

Note: Your instructor may ask you to read over the questions in the section **Exploración** before you see the film, in order to improve your understanding of it.

EXPLORACIÓN

A **Asociaciones.** Indique qué personaje o personajes se asocian con las siguientes cosas y explique por qué.

1. la canción "Guantanamera"
2. la santería (religión afro-cubana)
3. Fidel Castro y la revolución cubana
4. la base naval norteamericana de Guantánamo
5. el bloqueo económico contra Cuba por parte del gobierno de Estados Unidos
6. los logros de la revolución cubana en educación y salud
7. las recientes reformas económicas en Cuba
8. una carta

B **¿Por qué?** Explique por qué pasan estas cosas.

1. Yoyita vuelve a Guantánamo después de cincuenta años.
2. Adolfo quiere reducir costos en el traslado de cadáveres.
3. Hay que cambiar de coche fúnebre en cada provincia.
4. Gina ya no da clases de economía política del socialismo en la universidad.

5. Es muy difícil comprar comida y bebida durante el viaje.

6. Cándido decide continuar el viaje por su cuenta *(on his own)*.

7. Cándido le dice a Gina que debe dejar a Adolfo.

8. Llegan a La Habana con el ataúd equivocado.

9. Cándido se muere en la funeraria de La Habana.

C **¡Qué casualidad!** Gina y Mariano se encuentran seis veces durante el viaje. Resuma lo que pasa entre ellos en cada encuentro.

La Habana es la ciudad más grande del Caribe, con una población de 2,4 millones de habitantes. Al fondo se ve el Capitolio.

1. en el bar de carretera donde sólo aceptan dólares

2. en el hospital

3. en la paladar

4. en el cruce ferroviario *(railroad crossing)*

5. en Santa Clara, donde Gina compra el vestido

6. en el cementerio de La Habana

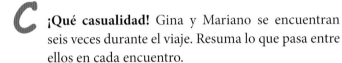

ANÁLISIS Y CONTRASTE CULTURAL

Vocabulario

El viaje	
bajarse	*to get out (of a vehicle)*
el camino (en camino)	*road (on the way)*
la carretera	*highway*
la correa (del ventilador)	*(fan) belt*
de repuesto	*spare*
montarse	*to get in or on (a vehicle)*
la ruta	*route*
el Volga	*Russian-made car*

Otras palabras	
acabar con	to put an end to
cargar con	to take care of, take responsibility for
darle la gana	to feel like
el fula (*diminutive:* fulita)	(colloquial) dollar
el/la guajiro(a)	country person
el/la guantanamero(a)	person from Guantánamo
hacer caso	to pay attention
la juventud	youth
el marido	husband
nacer (el nacimiento)	to be born (birth)
la orientación	guidance
ser capaz de	to be capable of
tener que ver (con)	to have to do (with)

A **Cosas que pasan.** Complete las oraciones con la forma apropiada de palabras de la lista "Otras palabras". ¡Ojo! Hay con conjugar algunos verbos.

1. Yoyita es _____ , pero hace cincuenta años que vive en La Habana.

2. En la película mueren dos viejos y _____ una niña.

3. La esposa de Ramón va a _____ con él cuando sea viejo.

4. Según Adolfo, no se puede permitir que la gente haga lo que le dé la _____ .

5. Gina le dice a Cándido que no le haga mucho _____ a Adolfo.

6. Cándido se enoja y no quiere tener nada que _____ con Adolfo.

7. Cándido espera que Gina sea _____ de dejar a su _____ .

8. Gina decide hacer el programa de radio de _____ de la _____ .

9. Según un mito (*myth*) yoruba, Ikú _____ con la inmortalidad.

B **En camino.** Complete el párrafo con la forma apropiada de las palabras de las listas. ¡Ojo! Hay que conjugar algunos verbos.

Adolfo, Gina y Cándido van en el (1) _____ de Tony. Con frecuencia se

encuentran con Mariano y Ramón, que siguen la misma (2) _____ . En una de

estas ocasiones, se rompe la (3) _____ del ventilador del carro fúnebre y Ramón

le regala a Cándido una correa de (4) _____ . Por el (5) _____ los

rastreros visitan a sus amigas y recogen pasajeros (*passengers*) que se (6) _____ y

se (7) _____ continuamente. En los restaurantes y bares donde se paga con pesos

no hay casi nada que comprar y en los otros restaurantes sólo aceptan (8) _____ .
Tony tiene unos dólares y le compra unos plátanos a un (9) _____ que los vende
al lado de la (10) _____ .

Notas culturales

- *Guantanamera* se filmó durante el Período Especial (1991-2007), un período de crisis económica que empezó con el colapso de la Unión Soviética en 1991 y la intensificación del bloqueo norteamericano desde 1992.

- Como consecuencia de la legalización del dólar, entre 1993 y 2004 hubo dos economías en Cuba. Las personas que tenían acceso a dólares (mandados por familiares exiliados en Miami o conseguidos por servicios a turistas) vivían mucho mejor que las demás. En 2004 el dólar fue reemplazado por el peso convertible.

- En 2008 Fidel Castro renunció a la presidencia de Cuba por razones de salud y su hermano Raúl Castro, otro comandante de la Revolución Cubana, fue elegido presidente. Bajo su gobierno se han hecho importantes reformas económicas. Además se han eliminado restricciones para la compra de productos como las computadoras y los teléfonos celulares. Después de afirmar que su segundo mandato, que terminará en 2018, será el último, Raúl Castro propuso al vice-presidente Miguel Díaz Canel como su sucesor.

Temas de conversación o composición

Discuta con sus compañeros los temas que siguen. Su profesor(a) puede asignarle como tarea que escriba un párrafo sobre alguno(s) de ellos.

1. la crítica política y social (¿Cuál es el estado de la economía y la infraestructura [los edificios, los servicios de transporte, de electricidad, etcétera] del país? ¿Por qué hay que hacer actividades clandestinas para sobrevivir? ¿Es flexible o rígida la ideología del gobierno? ¿Qué referencias se hacen a la gente que se va del país? ¿Se hace la crítica de manera explícita o implícita? ¿Por qué cree usted que es así?)

2. el guía turístico de Bayamo (¿Qué tiene que ver la historia de Bayamo con la situación de Cuba en 1995?)

   "Durante los siglos XVI, XVII y XVIII fue Bayamo el más importante centro de contrabando de la isla, con lo que burlaba *(circumvented)* las restricciones y el férreo *(strong)* monopolio comercial de la Corona española que frenaba *(hampered)* la vida económica".

3. el humor y la ironía (¿Cómo se usan el humor y la ironía para hacer la crítica política y social? Dé algunos ejemplos. ¿Le parece que este recurso es más o menos eficaz que un enfoque serio? Explique.)

4. el humor negro (¿Cómo se combinan los elementos morbosos y cómicos en la película? Dé algunos ejemplos. ¿Le gusta, o no, este tipo de humor?)

5. los elementos simbólicos (¿Qué representa la niña que aparece de manera intermitente a lo largo de la película? ¿la flor violeta que ella le da a Cándido? ¿la lluvia? ¿la flor roja que toma Gina de la mesa donde se hacen las coronas [*wreaths*] fúnebres? ¿La niña que nace?)

6. la adaptabilidad de la gente cubana (¿Cómo se adapta la gente a condiciones muy adversas?)

7. la *road movie* (¿Qué acontecimientos y temas típicos de los filmes de este género hay en la película? ¿Le recuerda a alguna película de habla inglesa que haya visto?)

8. el "mensaje" de la película (¿Qué quieren decirnos los directores con respecto a los sueños frustrados [*unfulfilled*]? ¿a la vida y la muerte? ¿al socialismo en Cuba?)

9. la historia de Ikú (¿Qué tiene en común con la historia judeo-cristiana del Jardín del Edén? ¿del Arca de Noé? ¿Qué tiene que ver la historia de Ikú con el "mensaje" de la película?)

Una escena memorable

¿De quién se esconde Mariano? ¿Por qué se esconde? ¿Quiénes son los otros personajes? ¿Qué pasa después?

Hablan los personajes

Analice las siguientes citas, explique de quién son y póngalas en contexto. (Para una lista de los personajes, ver "Antes de ver la película", ejercicio B.)

1. "Ay, te queda precioso. Te lo voy a regalar".

2. "Decídete por una, compadre. Te casas con ella, la llevas para La Habana....".

3. "Daba unas clases… Además, decía cosas que lo ponían a pensar a uno. Bastantes líos se buscó con eso".

4. "Mira… tú sabes lo que esto puede significar para mí… para nosotros. Tú sabes lo importante que son en este país los golpes de efecto (*dramatic effects*)… las cifras (*statistics*)".

5. "Cincuenta años posponiendo un viaje a La Habana".

6. "Soy yo el que tiene una pena (*sorrow*) muy grande… muy grande al ver cómo tú desperdicias (*waste*) tu vida al lado de ese hombre".

7. "Hermano, me hace falta que me haga un favor. Es que vengo del oriente (este) y tengo el maletero (*trunk*) del carro repleto (lleno) de cosas".

8. "Niurka no se fue ni por las amistades (amigos), ni por las canciones ni por lo que leía. Se fue porque todo eso lo tenía que hacer a escondidas (en secreto) y estaba hasta aquí ya".

9. "Sí, tú tienes razón. ¿Quién soy yo para orientar a nadie? Si yo alguna vez hago el programa ése, el que yo quiero, no es para decirle a nadie lo que tiene que pensar".

10. "Ah, y el vestido… no me lo voy a cambiar".

Hablando de la cultura…

¿En qué se parecen las prácticas funerarias de su país a las cubanas? ¿En qué se diferencian?

Hablan los críticos y los directores

"…Alea's last film, *Guantanamera*, is… a comedy that confronts unyielding ideology and a body that seems like it won't ever get buried… Each of the major characters is haunted by unfulfilled dreams, which mirror the larger dream of Marxist Cuba."

—http://www.angelfire.com/ri/newlaff/tomas.html

¿Qué representa el cadáver que parece que no van a enterrar nunca? ¿Cuáles son los sueños frustrados de los protagonistas? ¿Cree que representan el sueño frustrado del marxismo cubano?

Según Fernando Méndez Leite, "*Guantanamera* divierte y hace pensar, expresa la alegría de un pueblo que nunca la pierde, aunque pase por coyunturas (situaciones) difíciles, por momentos inevitablemente tristes. *Guantanamera* es una película esperanzada *(hopeful)* sobre la decepción *(disappointment),* una extraña combinación, sin duda, dialéctica".

—*Guía del ocio,* Madrid, 1995,
http://clubcultura.com/clubcine/clubcineastas/titon/guanta/guanta4.htm

¿Ofrece la película alguna esperanza para el futuro de los protagonistas? ¿para el futuro de Cuba?

Edwin Jahiel escribe que "Alea is sending his viewers, especially the Cubans, a message about the necessity to clean house. This is colorfully, deviously, subtly recounted as the legend of Olofin, the God who created life but forgot to create death… All this is far more poetic than the American 'Time for a change,' or 'We need new blood.'"

http://www.imdb.com/reviews/101/10197.html

¿Cuál es la leyenda de Olofin e Ikú? ¿Cree usted que los cineastas proponen una reforma del partido comunista o una ruptura *(break)* total con el pasado? Explique.

MÁS ALLÁ DE LA PELÍCULA

Entrevista con Jorge Perugorría:
"Sigo viviendo en Cuba por amor"

El protagonista de la película *Fresa y chocolate* es uno de los actores cubanos más famosos de la actualidad.[1] En una entrevista a fondo[2] habla sobre Cuba, su carrera y el cine.

Jorge Perugorría (La Habana, Cuba, 1965) acaba de presentar al público la película *Roble de olor (Scent of an Oak),* dirigida por Rigoberto López. El actor enseña sin complejo unos kilos de más,[3] que no le restan atractivo[4] a sus 39 años. En la entrevista muestra su lado más comprometido,[5] y la visión que tiene de sí mismo en el futuro. El protagonista de la película *Fresa y chocolate,* uno de los cubanos más famosos de su país en la actualidad, se ha dejado ver[6] en el Festival de cine iberoamericano de Huelva [España]. Apadrinando[7] a un grupo de jóvenes directores, llegó para mostrar su película *Tres veces dos,* que abrió la sección de "Cine en la cárcel[8]" como parte de la programación del festival dirigida a[9] los más de 1.500 presidiarios[10] que ocupan la prisión provincial de Huelva. Todos tienen que ver[11] con él, y el actor responde con una sonrisa sencilla[12] y una actitud humilde[13] ante los halagos[14] del público, cuando acaba de estrenar la película *Roble de olor,* primer largometraje de ficción de Rigoberto López después de treinta años realizando[15] documentales.

Usted ha hecho todos los papeles en el cine, incluso de alemán como en esta película de Rigoberto López. ¿Cómo hace con el acento?

Hay acentos que me cuestan un poco más[16] que otros, es verdad que en algunos ha sido tan difícil para mí impostarlo[17] que he preferido no tratar de hacerlo, sino que me he expresado con mi acento natural. Pero en el caso de *Roble de olor* me ha resultado fácil porque hago el papel de un alemán en Cuba, es una historia real del siglo XIX, que trata del amor entre una mujer

1. *present time*
2. a… *in-depth*
3. de… *extra*
4. no… *don't detract from his appeal*
5. *committed*
6. se… *agreed to an interview*
7. *Sponsoring*
8. *jail*
9. dirigida… *meant for*
10. *prisoners*
11. tienen… *have dealings*
12. *unassuming*
13. *humble*
14. *praise*
15. *making*
16. me… *are a little more difficult for me*
17. *to mimic it*

negra y un alemán que habilitaron[18] una hacienda de café, convirtiéndola en una gran empresa.[19] Ellos se destacaron[20] por el trato noble y correcto que tuvieron con los esclavos[21] de la hacienda. Es decir, que el alemán se integra completamente, y se disuelve.[22]

¿Qué opinión le merece[23] Rigoberto López después de haber hecho su primer largometraje de ficción?

Él está muy contento con los resultados de este trabajo, desde luego[24] yo también. Es una película muy compleja,[25] que además es de época.[26] Él ha aprovechado[27] un texto de Eugenio Hernández Espinoza en el que también participó Rigoberto para reivindicar[28] los elementos positivos del mestizaje, de la identidad cubana, de la mezcla[29] de razas y para lanzar[30] una metáfora del papel importante que han jugado los negros en la construcción de Cuba.

Además, con todas las dificultades que hemos tenido para realizar la película, casi con las uñas[31] y sin dinero, se convirtió en una especie de reto,[32] y acabó por lograr[33] un buen trabajo utilizando todo tipo de elementos, lo que fuese, que le permitieran hacer la película con credibilidad.

¿Cree que la película tendrá éxito fuera de Cuba?

Sí, desde luego que sí, es una película con una historia muy cercana,[34] que puede entenderse perfectamente en toda América Latina, e incluso en Estados Unidos. Creo [que] toca las fibras del mestizaje latino.

¿Usted como mestizo practica la santería?

No, pero vivo en Cuba, y convivo con[35] esa historia permanentemente. Para nadie es ajena[36] la influencia que tiene la religión yoruba entre nosotros como sociedad. En estos años difíciles, la gente ha recurrido[37] más a la religión como una vía[38] para tener esperanza y poder resistir[39] las dificultades económicas.

Por sincretismo[40] y tradición cultural, todo cubano tiene que ver[41] con eso, lo que significa que no hay cubano, y me incluyo, que no esté afectado por la santería.

Usted ha podido quedarse en otro país si hubiese querido, ¿por qué sigue viviendo en Cuba?

Porque estoy muy orgulloso[42] de ser cubano, sigo viviendo en Cuba por amor, me debo[43] al cine cubano, sigo haciendo cine allá, quiero seguir trabajando con mi gente. A veces hay problemas, pero tenemos ese espíritu propio[44] de los cubanos que echamos adelante con lo que nos salga.[45] Incluso ahora con el tema del cine que es tan complejo, estamos utilizando el cine digital para poder seguir contando historias. Para mí es maravilloso vivir en un país donde la gente tiene esos valores[46] que se han perdido en otros lugares, y simplemente quiero estar ahí.

18. *fitted out*
19. *company*
20. se... *stood out*
21. *slaves*
22. se... *assimilates*
23. ¿Qué... *What is your opinion of*
24. desde... *of course*
25. *complex*
26. de... *a period piece*
27. *made use of*
28. *recognize*
29. *mixture*
30. *create*
31. casi... *almost out of nothing*
32. *challenge*
33. acabó... *ended up achieving*
34. *close to home*
35. convivo... *I live with*
36. *foreign*
37. ha... *has resorted*
38. *route*
39. *withstand*
40. *syncretism, combination of different forms of belief*
41. todo... *all Cubans have a connection*
42. *proud*
43. me... *I owe everything*
44. *characteristic*
45. echamos... *we keep going with whatever comes along*
46. *values*

¿Cree usted que en los acuerdos de cooperación entre Cuba y Venezuela habrá un apartado[47] para el intercambio[48] cinematográfico?

Creo que sí, al menos eso espero. Sería maravilloso, porque mucha gente se queja[49] de la relación entre Fidel y Chávez*, pero lo cierto es[50] que todos estamos saliendo beneficiados en esta alianza entre dos pueblos. La gente no debería cuestionarse tanto esa relación como a aquéllos que bloquean[51] a Cuba, y a quienes por esa política de aislamiento[52] son los responsables de que estemos pasando tantas dificultades económicas. En el sentido[53] del cine, es importantísimo que podamos hacer cosas en común, utilizar la experiencia de nuestra escuela de San Antonio de los Baños y de nuestra Escuela de Artes para enseñar a los jóvenes venezolanos a cambio de recursos.[54]

¿Cree usted que su gobierno se ha dado cuenta de que criticarlo activamente no forma parte necesariamente de la disidencia?

Sí, creo que sí, desde hace tiempo además. No sé si lo ha comprendido o no, a lo mejor[55] queda por ahí algún funcionario obtuso que no ha llegado a entender lo beneficioso que es la crítica. Además ése es uno de los objetivos de la revolución, la crítica en busca de la mejora,[56] y el cine cubano que siempre ha estado representado por intelectuales, siempre ha tenido esa actitud ante la sociedad, la de hacer un cine comprometido, que critique la realidad en busca del bien.

Criticar por ejemplo desde un único[57] punto de vista. ¿No cree que esa actitud crítica se puede convertir en un corsé?[58]

Al contrario, eso desarma todas las afirmaciones que se hacen desde el extranjero[59] sobre lo que pasa en nuestro país. El caso más ejemplar es *Fresa y chocolate*, la gente nos preguntaba si esa película se había hecho en Cuba. Nosotros no somos políticos,[60] sólo hablamos de la complejidad de una sociedad.

Desde su punto de vista, ¿cómo consigue sobrevivir[61] el cine latinoamericano al control de las distribuidoras?

Es cierto que el monopolio de las distribuidoras está en manos de Hollywood, y es implacable, y es imposible casi, luchar contra[62] eso. Las dificultades que se

47. *section*
48. *exchange*
49. se... *complain*
50. lo... *the truth is*
51. aquéllos... *those who blockade*
52. política... *policy of isolation*
53. *sense*
54. a... *in exchange for resources*
55. a... *maybe*
56. en... *in pursuit of improvement*
57. *single*
58. se... *can turn into a straitjacket*
59. desde... *from abroad*
60. *politicians*
61. consigue... *manage to survive*
62. luchar... *combat*

---

* Hugo Chávez fue presidente de Venezuela desde 1999 hasta 2013; murió en marzo de ese año a la edad de 58 años.

tienen para hacer una película se ven aumentadas[63] con la distribución. Si se consigue estrenar en Argentina, no se puede en México, y si se puede en México no se puede en Brasil, y todo por el control de las distribuidoras estadounidenses. El cine latinoamericano sobrevive en los festivales y en las salas de arte,[64] porque comercialmente es casi imposible encontrar un espacio para mostrar las películas. Pero eso depende de las políticas[65] de los gobiernos sobre el tema. Si no hay voluntad[66] política para exhibir el cine nacional y latinoamericano cuyas historias están más cerca de nosotros, va a ser imposible luchar contra las distribuidoras porque simplemente son los dueños[67] de todo. Ésta es una cuestión que se debate en los festivales, y en congregaciones[68] de cineastas pero no se ha llegado a un acuerdo.

¿Cómo ve la evolución de su propia carrera como actor?

Siempre hay motivos diferentes para meterse[69] en un proyecto, a veces llega un papel importante del que hay que sacarle el jugo,[70] y otras veces es un director al que yo aprecio mucho.[71] La cuestión es que en cada trabajo me dejo la piel,[72] y como es natural, a veces sale maravilloso y otras no tanto. A mí me gusta mucho el cine cubano, y me honran[73] películas como *Fresa y chocolate*, *Guantanamera*, el ciego[74] de *Lista de espera*, son personajes que me han hecho sentir en mi salsa,[75] también películas españolas como *Bámbola*, *Volaverum* o *Cosas que dejé en La Habana*. Y la verdad es que es un privilegio, porque es tan difícil hacer cine y cuando cuentan contigo de tantas partes[76] yo siento que es el mejor reconocimiento[77] a mi trabajo. He tenido la suerte de hacer cine en Brasil, Costa Rica, pronto en El Salvador, en fin[78] en varios sitios y eso me hace feliz.

¿Qué camino le ve usted[79] al cine iberoamericano?

Todas las coproducciones están permitiendo hacer cine en lugares donde antes ni se imaginaba, como Uruguay y Guatemala; e incluso potencia[80] el cine en países con mayor tradición, como Argentina, Brasil, o México, pero la cuestión es que los gobiernos hagan una mayor política de protección a su cine nacional.

¿Eso no choca[81] con la realidad de la taquilla?[82]

Hay que apostar por[83] la gente joven, que quiere hacer un cine que se disfrute[84] y que llegue al gran público.[85] El talento depende de los jóvenes que tienen un criterio más comercial.

¿Se imagina viejo en el cine?

Esta profesión no se acaba nunca, me encantaría ser un viejito y estar enrollado[86] con unos jóvenes para hacer una película en los Andes o en el Amazonas o donde sea que me llamen y seguir haciendo lo que siempre me ha gustado: actuar.

— Lilith Courgeon/EFE.

63. se... *are increased*
64. salas... *art houses*
65. *policies*
66. *will*
67. *owners*
68. *meetings*
69. *get involved*
70. del... *that you have to make the most of*
71. aprecio... *think a lot of*
72. me... *I give my all*
73. me... *do me honor*
74. *blind man*
75. en... *in my element*
76. cuentan... *people from so many places count on you*
77. *recognition*
78. en... *in short*
79. ¿Qué... *which way do you think...is going*
80. *boosts*
81. *conflict*
82. *box office*
83. apostar... *bet on*
84. se... *is enjoyable*
85. gran... *wide audience*
86. *involved*

Preguntas y opiniones

1. ¿De qué trata la película *Roble de olor* del director Rigoberto López? ¿Qué papel hace Jorge Perugorría en esta película?

2. ¿Qué reivindica *Roble de olor,* según Perugorría? ¿Qué metáfora lanza la película?

3. ¿Por qué tienen que ver todos los cubanos con la santería, según Perugorría?

4. ¿Por qué sigue viviendo Perugorría en Cuba?

5. ¿A quiénes se debería cuestionar, según Perugorría?

6. ¿Qué opina Perugorría de los cineastas cubanos que critican el gobierno de su país?

7. ¿Cómo consigue sobrevivir el cine latinoamericano al control de las distribuidoras, según Perugorría?

8. ¿En qué países ha hecho cine Perugorría?

9. Según Perugorría, ¿qué están permitiendo las coproducciones?

10. ¿Qué clase de cine quiere hacer la gente joven, según Perugorría?

11. ¿Qué le gustaría hacer a Perugorría cuando sea viejo?

Michael Moore, el director de los documentales *Roger & Me, Stupid White Men, Bowling for Colombine, Fahrenheit 9/11* y *Sicko*, critica al gobierno de Estados Unidos. ¿Ha visto usted alguna de sus películas? ¿Qué opina de ella?

Un obituario

Escriba un obituario de unas 300 palabras sobre Cándido o Yoyita. Use su imaginación.

Puerta de la Casa de la Cultura del centro histórico de Camagüey, declarado Patrimonio Mundial por la UNESCO. Es en Camagüey donde se produce el alboroto (*uproar*) en la cafetería de la funeraria.

CAPÍTULO 8

María llena eres de gracia

Presentación de la película: María Álvarez tiene diecisiete años y vive en un pueblito colombiano. Es una muchacha inteligente, impulsiva y decidida *(determined)* que no está satifecha con su vida sin perspectivas *(prospects)*. Además, se encuentra en una situación difícil. Cuando se le presenta la oportunidad de ganar una buena suma de dinero transportando cápsulas de heroína en el estómago, María se lanza *(sets off)* a la aventura.

• El título de la película viene del "avemaría" *(Hail Mary)*, la tradicional oración católica que empieza "Dios te salve, María, llena eres de gracia, el Señor es contigo, bendita *(blessed)* tú eres entre todas las mujeres y bendito es el fruto de tu vientre *(womb)*, Jesús".

• *María llena eres de gracia*— "basada en mil historias reales"—es el primer largometraje del director y guionista estadounidense Joshua Marston. La película, filmada en español y con actores colombianos desconocidos incluso en Colombia, obtuvo numerosos premios internacionales, entre ellos el Premio del Público en el Festival de Cine Independiente de Sundance y el Premio Alfred Bauer a la mejor *ópera prima* (primera película) en el Festival de Berlín.

• Joshua Marston es californiano de nacimiento y

residente de Nueva York. Antes de estudiar producción de cine en New York University, cursó ciencias sociales en Berkeley, dio clases de inglés en Praga, trabajó como periodista (en París, para la revista *Life,* y para *ABC News* durante la primera Guerra del Golfo) y estudió ciencias políticas en Chicago. Aparte de *María llena eres de gracia,* Marston es el director de tres cortometrajes—*Bus to Queens* (1999), *Voice of an Angel* (2000), *Trifecta* (2001) —de varios episodios de series de televisión y de *The Forgiveness of Blood* (2011).

• *María llena eres de gracia* es la primera película de Catalina Sandino Moreno, escogida por Marston entre 800 candidatas para personificar a su María. Por este trabajo, Catalina Sandino ganó el Oso de Plata a la mejor actriz en el Festival de Berlín, compartido *(shared)* con Charlize Theron, y fue la primera colombiana en recibir una nominación al Oscar a la mejor actriz. La novata *(newcomer)* bogotana (de Bogotá), que se puso a estudiar teatro para vencer *(overcome)* la timidez, fue elegida por la revista *Time* entre las diez mejores actrices de 2004. Otras películas de esta actriz: *Journey to the End of Night; Fast Food Nation y The Hottest State (2006); El corazón de la tierra y Love in the Time of Cholera (2007); Che (2008); For Greater Glory: The True Story of Cristiada (2012); A Stranger in Paradise y Roa (2013).*

PREPARACIÓN

Vocabulario preliminar

Note: All but a few of the following words occur at least twice in the film. In parts of Colombia, people use **usted** even with family members, close friends, and sweethearts. See also the information on the **vos** form, page 86.

Cognados		
el estómago la foto	la mula los rayos X	la rosa

El trabajo	
el camello	*job (colloquial, Colombia, Ecuador)*
el cultivo	*plantation*
la flor	*flower*
la plata	*money*
renunciar	*to resign, quit (one's job)*

El nacimiento y la muerte	
el bebé	baby
el chino	kid, baby (colloquial, Colombia)
el cuerpo	body; cadaver
ir del cuerpo	to do one's business (euphemism)
embarazada	pregnant
enfermarse	to get sick
morirse (ue)	to die
los preparativos	preparations, arrangements

El tráfico de drogas	
la aduana	customs
entregar	to deliver
hacer daño	to hurt
la pepa	pellet (literally, seed, pit or stone of a fruit)
tragar	to swallow

Otras palabras	
amar	to love
asustar(se)	to frighten (to be frightened)
dejar	to allow
la dirección	address
el pasaje	ticket
probar (ue)	to prove
la prueba	test
quedarse	to stay
quedarse con	to keep (something)
regresar	to return, go back
de regreso	back
reventarse (ie)	to burst
el tipo	guy
tratar (tratar de)	to treat (to try to)
volarse (ue)	to run off (colloquial)

A **Un nuevo bebé.** Complete el mensaje de correo electrónico con palabras de la lista.

aman	dirección	flores	preparativos
camello	embarazada	foto	quedarse
chino	estómago	plata	regresa

Querida Alicia:

Le tengo una buena noticia. ¡Gloria está (1) _embarazada_ ! Está bien, pero algo delicada del (2) _estómago_ . Siente náuseas a veces por la mañana. Ella y Ricardo están muy contentos. ¡Se (3) _aman_ tanto! Están muy ocupados con los (4) _preparativos_ para la llegada del (5) _chino_ . La madre de Ricardo va a (6) _regresa_ con ellos para cuidarlo. Así Gloria no tendrá que renunciar a su (7) _camello_ en el cultivo de (8) _flores_ . Qué bien, ¿verdad? Van a necesitar la (9) _plata_ ahora más que nunca. Cuando llegue el bebé le mando una (10) _foto_ . ¿Cuál es su (11) _dirección_ de correo postal? Cuénteme cómo le va allá en Nueva York. ¿Cuándo (12) _regresa_ a Bogotá?

Un abrazo muy fuerte,
Silvia

B **Las mulas de drogas.** Subraye la frase o palabra más lógica.

1. (Una prueba / Una mula / Un pasaje) es una persona que pasa de contrabando sustancias ilícitas.

2. Muchas mulas tragan (pepas / pasajes / rosas) de heroína y las transportan en el estómago.

3. Cuando en la aduana sospechan que una persona lleva drogas en (la pepa / el tipo / el cuerpo), pueden hacerle una prueba de rayos X.

4. Si se revienta una pepa en el estómago, la mula se enferma y, a menos que reciba asistencia médica a tiempo, se (asusta / muere / vuela).

5. Si una mula no (trata / traga / entrega) todas las pepas después de llegar a su destino, pueden hacerles (daño / fotos / una prueba) a sus familias.

Antes de ver la película

A **El narcotráfico internacional.** Conteste las siguientes preguntas. Su profesor(a) puede pedirle que haga este ejercicio con un(a) compañero(a), utilizando la forma **tú** del verbo, y que den un informe oral a la clase.

1. ¿Ha visto usted alguna película que trate el tema del narcotráfico? ¿Cuál? ¿Hay en ella personajes colombianos? Descríbala.

2. Según su opinión, ¿qué clase *(kind)* de persona trabaja como mula de droga?

B **Los personajes.** Lea los nombres y las descripciones de los personajes. Después de ver la película, empareje cada personaje con su descripción.

a. María   b. Blanca   c. Lucy   d. Carla   e. don Fernando

f. Juan   g. Franklin   h. Diana   i. Javier   j. Juana

_____ 1. hermana de María

_____ 2. hermana de Lucy que vive en Nueva York

_____ 3. mula que ha hecho dos viajes a Nueva York

_____ 4. mejor amiga de María

_____ 5. líder de la comunidad colombiana de Nueva York

_____ 6. madre de María y Diana

_____ 7. joven sofisticado que tiene una moto

_____ 8. personaje principal, una joven insatisfecha con su vida

_____ 9. hombre mayor, narcotraficante

_____ 10. novio de María

Investigación

Busque información sobre uno de los temas que siguen. Su profesor(a) puede pedirle que trabaje con un(a) compañero(a) o en un grupo pequeño para hacer la investigación y que den un informe oral a la clase.

1. el fenómeno de las mulas en el tráfico de drogas
2. el Plan Colombia
3. la comunidad colombiana de Nueva York
4. Orlando Tobón, "el angel de las mulas" y "el alcalde de la pequeña Colombia" (don Fernando en la película, interpretado por Orlando Tobón)
5. los narcocorridos mexicanos en Colombia

Note: Your instructor may ask you to read over the exercises in the section **Exploración** before you see the film, in order to improve your understanding of it.

EXPLORACIÓN

¿Por qué? Explique por qué pasan estas cosas.

> *Nota:*
>
> La madre de María y Diana se llama Juana y los dos tipos que recogen a las mulas en el aeropuerto se llaman Wilson (el alto) y Carlos.

1. María renuncia a su trabajo.
2. María no acepta casarse con Juan.
3. María discute con Juana y Diana en la farmacia.
4. María y Blanca salen corriendo del hotel en Nueva Jersey.
5. Don Fernando llama a la policía.
6. María y Blanca les entregan las pepas a los dos tipos.
7. María le da dinero a don Fernando.

¿Qué pasa? Explique lo que pasa después de que ocurren estos hechos.

1. María llega a la casa de Lucy.
2. Lucy se enferma en el avión.
3. María, Blanca, Lucy y otra mula llegan a la aduana en Nueva York.
4. María entra en una clínica.
5. Carla recibe una llamada de don Fernando.

ANÁLISIS Y CONTRASTE CULTURAL

Vocabulario

Expresiones regionales*	
bacano(a)	*good, excellent, marvelous*
Camine.	*Come on.*
¿Cómo así?	*What do you mean?*
¿Entonces qué?	*What's up?*
Hágale pues.	*Go for it. Come on. All right then.*
el/la man	*guy (girl)*
el/la parce	*close friend*
quiubo (qué hubo)	*hi*
la vaina	*problem; thing, matter*
Ya va.	*I'm coming.*

* These terms are not used exclusively in Columbia—some are heard elsewhere as well.

Otras palabras	
aguantar	*to withstand, put up with*
ahorrar	*to save (money, time, etc.)*
el/la bobo(a)	*fool*
bajarse	*to get down; to get out or off (a car, plane, etc.)*
callarse	*to be quiet*
conseguir (i)	*to obtain*
importar	*to matter*
¿Qué le importa?	*What's it to you?*
la llamada	*(telephone) call*
merecer(se)	*to deserve*
la parte (ir a otra parte)	*place (to go somewhere else)*
Le va a tocar…	*You'll have to…*
pedir disculpas	*to apologize*
preocuparse	*to worry*
el rollo (de fotografía)	*roll (of film)*
seguir (i)	*to follow*
sentir(se) (ie)	*to feel (emotion)*
subir(se)	*to go or come up; to get in or on (a car, plane, etc.)*
Tranquilo(a).	*Don't worry.*

A **En Colombia.** Complete las oraciones con palabras de la lista.

aguantar	calla	parte	rollos	tocar
boba	disculpas	preocupa	sube	

1. Diana se _____ porque su hijo anda mal del estómago.
2. María no quiere ir con Juan a la casa de ella; quiere ir a otra _____ .
3. María _____ al techo (*roof*) y Juan le dice que baje.
4. Diana dice que María es una _____ por renunciar a su trabajo.
5. Diana insulta a María y ésta le responde, "¿Por qué no se _____?"
6. María no quiere pedirle _____ a su supervisor.
7. María dice que en el trabajo la tratan mal y no tiene por qué _____ esas vainas.
8. Juan le dice a María que le va a _____ casarse con él.
9. Javier le da a María unos "_____ de fotografía" que se van a "revelar" (*develop*) en Nueva York.

B **En Estados Unidos.** Complete las oraciones con palabras de la lista.

ahorrar	llamada	siente	tranquila
importa	merece	sigue	

1. Cuando Lucy se enferma, María le dice, "_____ . Apenas lleguemos le vamos a conseguir un doctor".
2. Los agentes de la aduana no creen que María haya podido _____ tanto dinero.
3. A los dos tipos no les _____ que Lucy esté gravemente enferma.
4. María hace una _____ a Colombia y habla con su abuela.
5. Blanca _____ a María por todas partes.
6. En la clínica, María se _____ feliz al ver a su bebé y escuchar su corazón.
7. María les dice a los dos tipos que Lucy _____ un entierro digno (*decent burial*).

C **De otra manera.** Para cada palabra o frase subrayada, dé una palabra o frase de la lista "Expresiones regionales".

1. Es un trabajo <u>excelente</u>.
2. <u>Venga</u>, yo la llevo a Bogotá.
3. <u>¿Qué quiere decir?</u> Yo no la entiendo.
4. Conozco un <u>tipo</u> que lo organiza todo.
5. ¿Por qué debía aguantar esas <u>cosas</u>?
6. ¿Sabe qué, <u>amigo</u>?
7. <u>¿Qué pasa?</u>
8. <u>Hola</u>, Abuelita, ¿cómo está?
9. <u>Está bien</u>, vamos a bailar.
10. Espere, <u>ya voy</u>.

Notas culturales

- En décadas recientes Colombia ha sufrido un conflicto armado interno entre el ejército, grupos insurgentes y fuerzas paramilitares contrainsurgentes ilegales. Muchas veces, los insurgentes y los paramilitares recurren *(resort)* al tráfico de drogas ilegales y a los secuestros *(kidnappings)* para financiar sus operaciones. Operan en remotas áreas rurales y a veces crean problemas de comunicaciones entre regiones. Debido a la inestabilidad política en Colombia, Marston tuvo que mudar el rodaje a Ecuador.

- La industria de las rosas en la que trabajan María y Blanca es una de las industrias promocionadas por agencias de asistencia estadounidenses como alternativa a la producción de la coca.

Plantación de rosas en Colombia. Cerca del 80 por ciento de las flores que se venden en Estados Unidos vienen de Colombia y Ecuador.

Temas de conversación o composición

Discuta con sus compañeros los temas que siguen. Su profesor(a) puede asignarle como tarea que escriba un párrafo sobre alguno(s) de ellos.

1. el título (¿Cómo interpreta usted el título? ¿Está llena de gracia María? ¿En qué momentos o circunstancias? ¿Tiene algo en común este personaje con la Virgen María?)

2. el cartel (En el cartel que anuncia la película se ve una mano masculina administrando una cápsula de droga como si fuera una hostia [*communion wafer*] y a María en actitud de recibir la comunión. ¿Cómo lo interpreta usted?)

3. la explotación laboral (¿Se explota a los trabajadores del cultivo de flores? ¿Se les expone al peligro? ¿y a las mulas?)

4. los narcotraficantes (¿Qué clase de persona es Javier? ¿y Franklin? ¿y los dos tipos que recogen a las mulas en el aeropuerto y las llevan al hotel? ¿Son personajes estereotipados o no?)

5. el personaje de María (¿Qué clase de persona es? ¿Sabe lo que quiere, o sólo lo que no quiere? ¿Contribuye de alguna manera a crear sus propios problemas? ¿Por qué decide viajar de mula? ¿Es que no tiene opciones, o sí las tiene? ¿Sabe bien el peligro que corre? ¿Por qué decide ir a casa de la hermana de Lucy, según su opinión? ¿Se vuelve más madura [*mature*] como consecuencia de sus experiencias? ¿Por qué no regresa con Blanca a Colombia?)

6. el personaje de Blanca (¿Qué clase de persona es? ¿Por qué decide viajar de mula? ¿Por qué sigue a María? ¿En qué ocasiones discute con ella? ¿Se vuelve más madura como consecuencia de sus experiencias? ¿Por qué no se queda con María en Nueva York?)

7. el personaje de Carla (¿Qué clase de persona es? ¿Por qué no fue Lucy a visitarla en las primeras dos ocasiones que estuvo en Nueva York? ¿Es fácil para Carla la vida en Nueva York? ¿Extraña [*Does she miss*] a su familia en Colombia? ¿Qué le envía a su familia? ¿Por qué no regresa a su país?)

8. el personaje de don Fernando (¿Qué clase de persona es? ¿En qué ayuda a María, a Blanca y a Carla? ¿Ayuda también a otros inmigrantes colombianos?)

9. el realismo (¿Le parece demasiado crudo [*raw*] el realismo de la película en algunos momentos? ¿Tiene elementos de documental [*documentary*]? ¿de melodrama?)

10. el suspense (¿Puede considerarse la cinta como película de suspense [*thriller*]? ¿Cuáles son los momentos de mayor tensión? ¿Cómo se crea el suspense?)

Una escena memorable

¿Dónde está María? ¿Por qué está sonriendo? ¿Qué pasa en la escena que sigue?

Hablan los personajes

Analice las siguientes citas, explique de quién son y póngalas en contexto. (Para una lista de los personajes, ver el ejercicio B en la sección "Antes de ver la película".)

1. "¿Por qué no piensa en la familia?" Diana

2. "Al menos ese trabajo es decente". Juana

3. "No me voy a ir para ningún lado y usted lo sabe". Juana

4. "A mí no me va a tocar nada". Maria

5. "Es un trabajo de mula". franklin

6. "¿Te asustas fácil?" *Javier*

7. "Eso... es demasiado perfecto. Todo es recto". *Lucy*

8. "Tenemos que regresar". *Blanca*

9. "Por favor, necesito saber el nombre de tu amiga y una dirección en Colombia". *Don*

10. "Ustedes dos ya están entrenadas". *fat drug dealer*

11. "Me duele mucho decirlo, pero es la verdad". *María*

12. "Se ve linda. No entiendo por qué no me dijo algo. Se alejó mucho de mí". *Carla*

Hablando de la cultura...

La arepa es una típica comida colombiana que consiste en una torta (*cake*) de maíz frita o asada (*grilled*) sin relleno (*filling*) o con relleno de huevo o queso blanco. Es el equivalente de la tortilla mexicana y está presente en casi todas las comidas. Durante la escena en la que María le revela su embarazo a Juan, los dos comen arepas. En el barrio colombiano de Queens también se pueden comprar; María está comiendo una arepa cuando se fija en (*she notices*) la clínica donde decide hacerse una revisión médica.

Hablan los críticos y los directores

"La película, merced a su temática (*thanks to its subject matter*), admite (*allows*) una lectura ideológica molesta (*irritating*), el sueño americano como alternativa única a la marginalidad latinoamericana".

—**Fausto Nicolás Balbi**, *María llena eres de gracia,*
http://www.cineramaplus.com.ar.

¿Considera usted que la película presenta el sueño americano como única alternativa para los latinoamericanos marginados?

"Lo interesante es que el realizador (*director*) no juzga (*judge*) a los personajes ni tampoco la trama (*plot*) es un manifiesto contra la industria del tráfico de drogas".

—Hugo Zapata, *María llena eres de gracia,*
http://www.cinesargentinos.com.ar.

¿Está usted de acuerdo? ¿Cree usted que el director no juzga a los personajes? El filme ¿es o no es un manifiesto político contra el tráfico de drogas?

"...la película es perfecta para todo el que quiera huir (*those who want to avoid*) del típico cine 'made in Hollywood'. Cine comprometido (*committed*), basado no en historias reales sino en miles de historias ciertas vividas por cientos de mujeres en América Latina".

—María Teresa Montero, *"María llena eres de gracia,"*
un descenso al infierno del narcotráfico,
http://www.elmundo.es /elmundo/2004/10/21/cultura/1098353568.html

¿Cómo son las típicas películas de Hollywood que tratan el tema de las drogas? ¿Qué elementos abundan (son abundantes) en ellas que están ausentes (*absent*) en *María llena eres de gracia*? ¿A quiénes se glorifica en esas películas? ¿De quién es el punto de vista que se adopta en ellas? ¿Y en *María llena eres de gracia*? ¿Comprende usted a las personas que huyen de las películas de Hollywood? ¿Conoce usted alguna película de Hollywood que sea comprometida?

"Mi deseo fue mostrar quién es una 'mula', humanizar esta figura para que entendamos que el narcotráfico no es un problema militar sino social y económico".

—Joshua Marston, citado (*quoted*) en Rocío Ayuso, *"María llena eres de gracia"*
mira lado humano de narcotráfico en español, http://br.starmedia.com

¿Logró el director su objetivo de humanizar la figura de la mula? ¿Demuestra la película de forma convincente que el narcotráfico es un problema social y económico?

MÁS ALLÁ DE LA PELÍCULA

Entrevista con Joshua Marston y Catalina Sandino:
El viaje de María

Ganadora del premio de la audiencia en el Festival de Sundance y el premio a la mejor actriz en el Festival de Venecia, *María llena eres de gracia* es el viaje de una muchacha de diecisiete años desde Colombia a Nueva York. Ahora aspira al Oscar.

Catalina Sandino da vida a la protagonista María Álvarez, una joven que se gana la vida trabajando en una plantación de flores en un pueblo de Colombia. Cuando los problemas familiares y económicos se hacen inso-portables[1] María decide hacer de "mula", transportando "pepas", bolas de heroína envueltas[2] en látex, en su estómago. El film es un crudo relato[3] de un viaje en el oscuro mundo del tráfico de droga y del nivel[4] de desesperación que hacen que muchos jóvenes lo vean como una opción aceptable.

Rafael Estefanía habló con la protagonista Catalina Sandino y con el director, el estadounidense Joshua Marston, durante el Festival de Cine de San Sebastián, en España.

Joshua, siendo estadounidense y viviendo en New York, ¿como se interesó en una historia como ésta en primer lugar?

Viviendo en Brooklyn es imposible no ser consciente de lo que ocurre entre los inmigrantes. Un día por casualidad[5] conocí a una colombiana que me contó que había venido a los Estados Unidos de mula, trayendo droga en "pepas", bolas del tamaño[6] de un dedo, dentro de su estómago. Me quedé fascinado por la historia, fue muy impactante, porque aunque había oído sobre las mulas, nunca antes me había puesto en la piel[7] de la persona que hay detrás de la mula. A partir de ahí empecé a escribir un guión, y fueron dos años y medio de investigación;[8] hablé con gente en Estados Unidos y Colombia que había viajado de mula, pasé una semana en el aeropuerto de New York con la aduana y viajé a Colombia para ver una plantación de flores que es donde trabaja la protagonista.

En ese momento alguien me habló de Orlando Tobón, al que llaman "el ángel de las mulas", también conocido como "el alcalde[9] de la pequeña Colombia". Este hombre vive en New York desde hace treinta y cinco años, trabajando con la comunidad colombiana y recogiendo fondos[10] para repatriar los cuerpos de las mulas que murieron en el viaje. En los últimos veinte años ha mandado de vuelta a Colombia más de 400 cadáveres de mulas. ¡Es impresionante! Así que decidí incluir su historia en el guión y le di un papel a Orlando Tobón en el que se interpreta a sí mismo en la película.

1. *unbearable*
2. *wrapped*
3. *crudo… raw tale*
4. *level*
5. *por… by chance*
6. *size*
7. *skin*
8. *research*
9. *mayor*
10. *recogiendo… collecting funds*

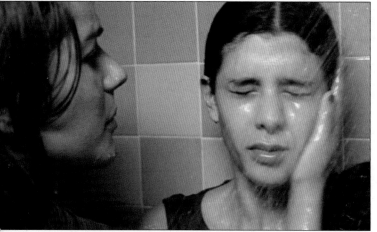

¿Es el fenómeno de las mulas tan común como aparece en la película?

Según las estadísticas, el año pasado en el aeropuerto de JFK arrestaron a 150 personas tratando de entrar como mulas; si uno piensa que hay cuatro aeropuertos en Nueva York, las cifras[11] hablan de una media[12] de una persona diaria detenida.[13] Teniendo en cuenta[14] que las aduanas sólo descubren alrededor de un 10 por ciento de las mulas, estamos hablando de miles de personas viajando de Colombia a Estados Unidos como mulas.

Catalina Sandino, una de las virtudes[15] de tu papel de María es que a través de él has contribuido a ponerle "cara" a las mulas.

Sí, totalmente, uno siempre oye en televisión que hay mulas y que son malas y que están en la cárcel[16] y eso es bueno. Yo creo que ahorita al ver en esta historia el lado humano de la mula y no sólo visto como un traficante, la gente va a entender mejor la desesperación y el sufrimiento que llevan a una persona a hacer algo como esto. A través de la película la gente va a ver un lado de la historia que no conocía.

Antes de hacer la película, ¿conocía a alguien que estuviera involucrado[17] en el mundo del narcotráfico?

Cuando me dijeron que yo era María, yo no quise hablar con nadie que tuviera conocimientos de esto porque quería que mi personaje fuera igual al de la película. María no sabe nada de las drogas y yo tampoco, entonces entramos las dos juntas, descubrimos este mundo a la vez[18] y yo creo que eso fue muy importante en la evolución del personaje.

¿Creen ustedes que la historia de María puede ayudar a crear conciencia[19] sobre el problema del tráfico de drogas entre los jóvenes?

Catalina: Ni un libro ni un poema ni tampoco una película va a cambiar el mundo, lo que creo es que lo que *María llena eres de gracia* ha conseguido[20] es sacar el tema a la luz y mostrar la realidad de las mulas tal y como[21] es. Ahora le toca al público sacar[22] sus propias conclusiones.

Joshua: Ya hemos recibido una llamada de un joven colombiano de diecisiete años que iba a viajar de mula, ya estaba comprometido[23] y dos días antes de viajar fue a un cine en Bogotá, vio la película y cambió de idea.[24] Cuando nos llamó nos dijo que había visto la película tres veces y quería agradecernos[25] porque el ver la película le cambió la vida.

— **Rafael Estefanía, BBC Mundo, 22 de febrero de 2005**

11. *figures*
12. *average*
13. *arrested*
14. Teniendo... *Keeping in mind*
15. *virtues*
16. *jail*
17. *involved*
18. a... *at the same time*
19. crear... *raise awareness*
20. *achieved*
21. tal... *exactly as*
22. le... *it's up to the audience to come to*
23. *committed*
24. cambió... *changed his mind*
25. *thank us*

Preguntas y opiniones

1. ¿Cómo se interesó Joshua Marston en el tema de las mulas?

2. ¿Cómo se preparó Marston para hacer su película?

3. ¿Quién es Orlando Tobón? ¿Por qué decidió Marston incluir su historia en el guión? ¿Quién interpreta el papel de Orlando Tobón en la película?

4. ¿Cuántas mulas son detenidas por día en Nueva York? ¿Qué porcentaje de las mulas son detenidas?

5. ¿Conocía Catalina Sandino a alguien que estuviera involucrado en el mundo del narcotráfico antes de hacer la película? ¿Por qué no quiso hablar con nadie que tuviera conocimientos de esto después de ser elegida para hacer el papel de María?

6. ¿Qué ha conseguido *María llena eres de gracia,* según la opinión de Sandino?

7. ¿Cómo le cambió la vida a un joven de diecisiete años el ver *María llena eres de gracia*?

Desfile en Queens, un distrito de la Ciudad de Nueva York. Queens tiene una gran colonia de colombianos.

Algunas personas han criticado a Orlando Tobón porque recoge fondos para repatriar y enterrar a los muertos y no para ayudar a los vivos. ¿Está usted de acuerdo o no con estas personas? Defienda su opinión.

La despenalización de las drogas ilícitas (o de la marijuana)

¿Se deben despenalizar (*decriminalize*) algunas drogas ilícitas? ¿la marijuana? Entre todos, hagan una lista de por lo menos cinco pros y cinco contras. Luego organicen un debate. Su profesor(a) les dará instrucciones específicas.

CAPÍTULO 9

También la lluvia

Presentación de la película: Un equipo de rodaje llega a Bolivia para hacer una película sobre el encuentro de los españoles con la gente indígena de las Américas y la resistencia de los indígenas a la colonización. Desafortunadamente, tienen un problema grave cuando la policía boliviana detiene al actor que hace un papel importante en la película. *También la lluvia* cuenta la historia de la "guerra del agua" de Cochabamba, Bolivia, en el año 2000.

• La directora de la película, Icíar Bollaín, nació en Madrid en 1967. Hizo su debut como actriz en *El Sur* (1983) de Víctor Erice y actuó en varias películas antes de fundar la compañía Producciones La Iguana junto a otros compañeros. Entre las películas que ha dirigido están *Flores de otro mundo* (1999, ver el capítulo 13), *Te doy mis ojos* (2003), *Mataharis* (2007) y *Katmandú, un espejo en el cielo* (2011). *También la lluvia* (2010) tuvo un equipo de filmación de 130 personas; de los 4.000 extras que participaron en la película, unos 300 eran de origen indígena. La pareja de Bollaín, Paul Laverty, escribió el guión original.

• *También la lluvia* fue nominada a trece Arieles y a ocho premios del Círculo de Escritores Cinematográficos (CEC). Ganó un Ariel de Plata a la mejor película iberoamericana y seis premios del CEC.

• Gael García Bernal (Sebastián) nació en Guadalajara, México, en 1978 (ver el capítulo 10, *Diarios de motocicleta*). Luis Tosar (Costa) nació en Lugo (Galicia), España en 1971. Ganó el premio Goya al mejor actor de reparto por *Los lunes al sol* (2002) y al mejor actor por *Te doy mis ojos* (2003) y *Celda 211* (2009). Sus películas incluyen *Flores de otro mundo* (1999, ver el capítulo 13). Karra Elejalde (Antón) nació en 1960 en Vitoria-Gasteiz (País Vasco), España; ganó un Goya al mejor actor de reparto por *También la lluvia*.

• Juan Carlos Aduviri (Daniel) nació en El Alto, Bolivia (cerca de La Paz) en 1976. Hizo su debut en esta película y fue nominado al premio Goya al mejor actor revelación.

PREPARACIÓN

Vocabulario preliminar

Note: All but a few of the following words occur at least twice in the film. In Spain, the plural **tú** form is **vosotros(as)**. The **vosotros** command form ends in **-ad**, **-ed**, or **-id** in the affirmative and in **-áis** or **-éis** in the negative.

Cognados		
arrestar	los extras	el/la legislador(a)
el casting	el imperio	la masacre

La manifestación	
armado(a)	*armed*
bloquear las carreteras	*to block the highways*
campesino(a)	*country person*
la cárcel	*jail, prison*
cargar	*to charge; to carry*
detener (ie)	*to detain, arrest; to stop*
el ejército	*army*
el enfrentamiento	*confrontation*
el fusil	*gun, rifle*
herido(a)	*wounded*
lanzar piedras	*to throw stones*
la lucha	*fight, struggle*
la manifestación	*demonstration, protest*
el/la manifestante	*demonstrator, protester*
No hay paso.	*There's no way to get through.*
el sindicato	*labor union*
el/la soldado	*soldier*

El agua	
cavar una zanja	*to dig a ditch*
la compañía de aguas	*water company*
el pozo	*well*
quemar los recibos de agua	*to burn the water bills*

Otras palabras	
la Corona Española	*Spanish Crown*
el derecho	*right; law (as a field)*
el/la esclavo(a)	*slave*
el/la indígena	*indigenous person, native*
quedarse/mantenerse al margen de	*to stay out of, stay on the sidelines of*
llenar de oro	*to fill with gold*
sobrevivir	*to survive*

A **Las manifestaciones.** Complete los párrafos con palabras de las siguientes listas. Utilice todas las palabras de las listas.

cárcel	pozo
compañía	recibos
legisladores	soldados
margen	zanja

El año pasado cuando la (1) _____ de aguas aumentó sus precios drásticamente, mucha gente quedó sin acceso al agua. Algunas personas de la comunidad decidieron hacer un (2) _____ para tener agua potable. Cavaron una (3) _____ de dos kilómetros para llevar agua al barrio. Fueron a las oficinas de los (4) _____ locales para hablarles sobre el problema, pero no pudieron ver a ninguno de ellos. Afuera del edificio, quemaron los (5) _____ de agua como protesta. Llegaron (6) _____ y policías y rodearon la zona. Yo me quedé al (7) _____ de la protesta porque tenía miedo de quedar arrestada y ¡no quiero terminar en la (8) _____!

cargaron   lucha
carreteras   manifestantes
detuvo   paso
enfrentamiento   piedras
fusiles   sindicatos
heridos

El mes pasado hubo un (1) _____ entre la policía y un gran grupo de personas

que protestaban por un aumento de los precios del gas. Los (2) _____ eran muy

diversos: campesinos, estudiantes, miembros de (3) _____ como la Federación

Nacional de Trabajadores Camioneros, etc. Bloquearon las (4) _____ principales

y no hubo (5) _____ para entrar o salir de la ciudad. Los soldados llevaban

(6) _____; algunas personas lanzaron (7) _____ contra ellos.

Cuando los policías y los soldados (8) _____ contra la gente, hubo más de 50

(9) _____. La policía (10) _____ a cientos de personas. Un líder muy

valiente dijo que no detendrían la (11) _____ hasta que el gobierno respondiera a

sus demandas.

B La conquista. Para cada oración, indique cuál de las palabras tiene sentido en el contexto.

> *Modelo:*
>
> Los españoles que llegaron a las Américas en el siglo XV y XVI buscaban _____
> (a. maíz / b. oro / c. agua). **b. oro**

1. En el siglo XVI los españoles crearon _____ (a. un imperio / b. una
   corona / c. una democracia).

2. Los españoles tenían la gran ventaja de tener fusiles y espadas (*swords*), así que estaban
   mejor _____ (a. detenidos / b. preparados / c. armados) que los indígenas.

3. En las primeras colonias que los españoles establecieron, la malaria era muy común, y
   aunque la malaria era una enfermedad del Viejo Mundo, durante una epidemia muchos
   europeos no _____ (a. llenaban / b. manifestaban / c. sobrevivían).

4. Los _____ (a. esclavos / b. indígenas / c. campesinos) eran especialmente
   susceptibles a las enfermedades del Viejo Mundo, como la viruela (*smallpox*).

5. Fray Bartolomé de las Casas defendió _____ (a. los derechos / b. las masacres
   / c. los ejércitos) de los indígenas; algunos lo llaman "el padre del derecho internacional".

6. La película *1492: La conquista del paraíso* tuvo un equipo internacional de actores y
   unos 400 _____ (a. castings / b. premios / c. extras).

Antes de ver la película

 Preguntas. Conteste las siguientes preguntas. Su profesor(a) puede pedirle que haga este ejercicio con un(a) compañero(a), utilizando la forma **tú** del verbo, y que den un informe oral a la clase.

1. ¿De dónde viene el agua que usted consume? (¿De un río? ¿lago? ¿pozo?) Para usted, ¿debe ser un derecho o un privilegio tener agua potable? ¿Ha viajado a algún país donde era necesario tomar agua embotellada (en botellas) porque no había agua pura? Comente.

2. ¿En qué partes del mundo o de su país hay problemas de falta de agua? ¿Cree que el agua podría llegar a ser el petróleo del futuro?

Los personajes. Lea las descripciones y los nombres de los personajes. Después de ver la película, empareje cada personaje con su descripción.

a. Sebastián   b. Costa   c. Daniel   d. María

e. Antón   f. Belén   g. Alberto   h. Juan

_____ 1. productor de cine muy práctico que se preocupa por los gastos y el presupuesto (*budget*) de la película

_____ 2. actor que hace el papel de Antonio de Montesinos

_____ 3. director de cine muy idealista

_____ 4. mujer joven que hace un documental sobre la película

_____ 5. actor español que hace el papel de Colón

_____ 6. actor que hace el papel de Bartolomé de las Casas

_____ 7. hombre boliviano que hace el papel de Hatuey, un líder indígena

_____ 8. hija de Daniel

Investigación

Busque información sobre uno de los temas que siguen. Su profesor(a) puede pedirle que trabaje con un(a) compañero(a) o en un grupo pequeño para hacer la investigación y que den un informe oral a la clase.

1. los taínos, que vivían en las Islas Bahamas y las Antillas cuando llegaron los españoles en el siglo XV
2. las palabras de origen taíno en español
3. Fray Antonio de Montesinos
4. Fray Bartolomé de las Casas
5. la "guerra del agua" de Cochabamba, Bolivia, 2000

Note: Your instructor may ask you to read over the exercises in the section **Exploración** before you see the film, in order to improve your understanding of it.

EXPLORACIÓN

A **¿Antón, Costa o Sebastián?** Algunas de las siguientes oraciones describen a Antón, otras a Costa y otras a Sebastián. Marque **A** (Antón), **C** (Costa) o **S** (Sebastián), según el caso.

_____ 1. Quiere que Daniel haga el papel de Hatuey porque le parece un líder natural.

_____ 2. No quiere que Daniel haga el papel de Hatuey; dice que les va a dar problemas.

_____ 3. Toma mucho y ya no está en contacto con su familia.

_____ 4. Le fascinan las historias de Antonio de Montesinos y Bartolomé de las Casas.

_____ 5. Critica a Bartolomé de las Casas diciendo que nunca cuestionó la autoridad de la Corona Española en las Américas.

_____ 6. Le dice al gobernador regional (en Bolivia se llama prefecto) que lo que piden los manifestantes le parece razonable.

_____ 7. Cuando llegan policías armados para llevar a Daniel de regreso a la cárcel, se mete entre ellos y los actores bolivianos.

_____ 8. Le da de beber a uno de los prisioneros detenidos en la manifestación, desafiando (*defying*) a los soldados.

B **La historia**

1. ¿Qué ve Sebastián al llegar al casting abierto? ¿Quién protesta cuando les dicen que no los van a ver a todos? ¿Por qué? ¿Qué dice el anuncio (*announcement*) que Daniel tiene?
2. ¿Quién quería hacer la película en inglés, para tener más público y "el doble del dinero"? ¿Por qué la están haciendo en Bolivia en vez de ir al Caribe (*Caribbean*) para hacerla?

3. Antón, en el papel de Colón proclamando la soberanía (*sovereignty*) de España sobre la isla, les dice a sus hombres que traten bien a los indígenas: ¿por qué? En la siguiente escena, ¿qué descubre uno de los soldados?

4. Antón en el papel de Colón les dice a los indígenas que tienen que reconocer a la Iglesia y al Papa (*Pope*) como "legisladores del universo" y a los reyes de España como "legisladores de estas tierras". Cuando Daniel en el papel de Hatuey pregunta, "¿Y si no queremos?", ¿cuál es la respuesta que recibe?

5. En la misma escena, los españoles les dan cascabeles (*small bells*) a los indígenas mayores de catorce años. ¿Qué tienen que hacer con ellos?

6. ¿Por qué Daniel y otros hombres de la comunidad están cavando una zanja de siete kilómetros? ¿Qué han comprado en el cerro (*hill*)?

7. ¿Cómo aprendió inglés Daniel? ¿Qué dice Costa en inglés por teléfono, pensando que Daniel no lo va a entender? ¿Cuánto pagan a los extras bolivianos al día?

8. En la reunión de la gente de Cochabamba, ¿están todos de acuerdo en luchar contra la compañía de aguas? ¿De qué tienen miedo? ¿Cómo deciden qué hacer al final?

9. En la casa de gobierno, Sebastián le dice al gobernador regional (al prefecto) que le parece que una persona que gana dos dólares al día no puede pagar lo que la compañía de aguas pide (lo que les va a cobrar). ¿Qué le responde el gobernador?

10. Costa va a la casa de Daniel por segunda vez (la primera vez fue para pedirle perdón). ¿Qué quiere que Daniel haga? ¿Qué le ofrece? ¿Le da Daniel su palabra a Costa? Es decir, ¿le promete que va a hacer lo que le pide?

11. ¿Por qué van Costa y Sebastián a ver al jefe de policía? ¿Está de acuerdo el jefe con lo que le piden? ¿Con qué condición? ¿Cómo reacciona Sebastián? ¿Qué le dice Costa?

12. Cuando la gente de Cochabamba toma la Plaza 14 de Septiembre y bloquean las carreteras centrales, ¿qué plan tiene Costa para salir de la ciudad y seguir filmando? ¿Qué dicen Juan y Alberto? ¿y Antón?

13. ¿Qué le pide la madre de Belén, Teresa, a Costa? ¿Qué hace él?

14. ¿Qué ve Costa cuando llega al edificio de la compañía de aguas? ¿Quién ganó la lucha: la gente de Cochabamba o la compañía de aguas?

15. ¿Qué le dice Daniel a Costa cuando Costa le pregunta qué va a hacer? ¿Qué le da de regalo? ¿Es simbólico el regalo, en su opinión? Si es así, ¿qué simboliza?

ANÁLISIS Y CONTRASTE CULTURAL

Vocabulario

Cognados		
la autoridad	perdonar	el sermón

La iglesia	
el alma	*f. soul*
bautizar	*to baptize*
el cielo	*sky; heaven*
la cruz	*cross*
el dominico	*priest of the Dominican Order*
el infierno	*hell*
el pecado (mortal)	*(mortal) sin*

Expresiones regionales*	
el chaval, la chavala	*kid (Spain)*
la pasta	*dough; money (Spain)*
la plata	*dough; money (L. Am.)*
el/la tío(a)	*guy (girl, chick) (Spain)*

*   All of these expressions are colloquial.

Otras palabras	
el almirante	*admiral (refers in film to Columbus)*
la arena	*sand*
el/la crío(a)	*(colloquial, very common in Spain) child, kid*
la guerra	*war*
pesado(a)	*(colloquial) boring, a pain*
quechua	*Quechua, referring to an Andean language and culture*
salvar	*to save*
la secuencia	*sequence, scene (in a film)*
soportar	*to be able to stand, tolerate (usually in the negative)*
taíno(a)	*Taino, referring to a Caribbean language and culture*
el trato	*agreement; treatment*

 Montesinos y las Casas. Complete el párrafo con palabras de la siguiente lista.

almas	infierno
bautizar	pecado
cielo	sermón
dominico	trato

Fray Antonio de Montesinos llegó a La Española (hoy Haití y República Dominicana) en 1510. Allí empezó a

(1) _____ a la gente taína y a enseñarle los valores cristianos. Vio los abusos de los españoles contra ellos y en diciembre de 1511 dio un

(2) _____ importante. Dijo que los indígenas eran seres humanos con (3) _____ racionales y que lo que hacían los españoles en esa isla era un

(4) _____ mortal. Según Montesinos, en vez de ir al (5) _____ como buenos cristianos los españoles que estaban en la iglesia iban a ir al

(6) _____. Ese día Bartolomé de las Casas estaba allí presente. Las Casas había llegado a La Española muy joven, a la edad de 18 años; tenía terrenos allí y, como

Bartolomé de las Casas. El padre Bartolomé de las Casas acompañó a Cristóbal Colón en su segundo viaje al Nuevo Mundo. Las Casas estudió en la Universidad de Salamanca y después en la Universidad de Valladolid. En 1502, a la edad de dieciocho años, llegó a La Española y recibió terrenos y cien indígenas.

otros españoles, esclavos. Pero después de oír a Montesinos (y de ver con sus propios ojos una masacre de nativos de la isla), decidió hacerse (7) _____. Pasó la mayor parte de su vida defendiendo los derechos de los indígenas y pidiendo un

(8) _____ más justo para ellos.

B **La película dentro de la película.** Escoja las palabras apropiadas para completar las oraciones.

1. En la película que están filmando se usa el término _____ ("almirante" / "autoridad") para referirse a Colón.

2. Costa pide una _____ (bandera / cruz) grande, que traen por helicóptero al sitio donde van a filmar.

3. Hay una _____ (guerra / secuencia) en la cual los indígenas tienen que llenar cascabeles de _____ (oro / arena).

4. Las mujeres indígenas no pueden _____ (perdonar / soportar) la idea de que supuestamente van a matar a los bebés en una de las escenas. Empiezan a hablar entre sí en _____ (taíno / quechua) y al final le dicen a Daniel que no lo van a hacer.

5. Las Casas quería _____ (salvar / sacrificar) las almas de los indígenas y también las almas de los españoles.

C **Expresiones coloquiales.** Complete las oraciones con palabras apropiadas. (Consulte la sección "Expresiones regionales" y otras expresiones coloquiales de la lista.)

1. Para decir *guy*, en Bolivia se dice **tipo**, pero en España se dice _____.

2. Para decir *dough/bank/scratch*, en Bolivia se dice **plata**, pero en España se dice _____.

3. Para decir *kid* en España se puede decir **crío(a)** o _____.

4. Tanto en Bolivia como en España, una persona aburrida o un poco problemática es una persona _____.

Notas culturales

- El concepto de derechos privados de agua no existía en la cultura indígena de Bolivia. Para los incas, el agua era sagrada y era un recurso de toda la comunidad.

- Después de la privatización del agua potable municipal de Cochabamba, la compañía multinacional Aguas de Tunari tuvo el control de las tarifas (*rates*), y el precio del agua subió drásticamente. Según la ley 2029, era ilegal obtener agua de recursos comunales independientes. Mucha gente cavó zanjas para traer agua de afuera, incluso una de siete kilómetros, como se ve en la película.

- Varias personas que participaron en la "guerra del agua" trabajaron en *También la lluvia*. Los extras recibieron un buen salario y, además, la comunidad local recibió unos 40.000 euros.

- Dos años después de la "guerra del agua" ocurrió la "guerra del gas de El Alto", una protesta contra un aumento de los precios del gas en El Alto, un pueblo cerca de La Paz. El actor Juan Carlos Aduviri (Daniel) participó en la manifestación. Setenta personas murieron en los ataques del ejército boliviano contra los manifestantes.

Temas de conversación o composición

Discuta con sus compañeros los temas que siguen. Su profesor(a) puede asignarle como tarea que escriba un párrafo sobre alguno(s) de ellos.

1. el personaje de Costa (Describa a Costa. Se ve al principio de la película que a él no le interesa lo que pasa en Cochabamba. Cuando María le pide permiso y dinero para hacer un documental sobre la manifestación, no quiere dárselos. Sigue insistiendo en que "esta historia no es asunto mío", que no es su problema, hasta que Teresa le dice, "Por favor, eres un amigo". ¿Cómo cambia en ese momento y por qué? ¿Le parece realista el personaje de Costa?)

2. las manifestaciones (¿Ha participado usted en alguna manifestación? Si es así, ¿cuándo? ¿Por qué? ¿Fue una experiencia buena o mala? ¿Por qué salió tanta gente a manifestarse en Cochabamba en el año 2000, a pesar de los peligros? ¿Conoce usted otro ejemplo de una protesta pública que tuvo un resultado importante? ¿Cuáles fueron los riesgos [*risks*] y qué consecuencias trajeron?)

3. las grandes compañías multinacionales y la privatización (¿Cuáles son las ventajas y las desventajas de la privatización de recursos naturales como el agua o el petróleo? ¿Cómo pueden influir en la política las grandes compañías multinacionales? Describa al gobernador regional: ¿le parece a usted que representa a la gente de Cochabamba? Comente.)

4. la película dentro de la película (¿De qué trata la película que Sebastián y Costa están

haciendo? ¿Cómo se presenta a Colón? ¿a Bartolomé de las Casas? ¿a Antonio de Montesinos? ¿A Hatuey? ¿Qué tiene en común la rebelión de los indígenas contra la colonización en el siglo XVI con la "guerra del agua" de Cochabamba?)

5. la religión (Describa la escena en la cual se ve una cruz descendiendo de un helicóptero al lugar donde se va a filmar. ¿Quiénes tienen que instalarla, sin grúa [crane]? ¿Qué simboliza la cruz cristiana en general? ¿Qué simboliza en la película que filman, en su opinión? En "la escena de la cruz", Daniel en el papel de Hatuey dice, "Desprecio su codicia [I despise your greed]" y pregunta si los cristianos van al cielo. Cuando le contestan, "Los buenos cristianos, sí", ¿cómo responde Hatuey? ¿Saben los soldados españoles los nombres de los doce discípulos? Dé otro ejemplo histórico del uso de la religión para justificar acciones crueles o egoístas, o sea hacer el mal en nombre de una creencia religiosa.)

6. la creación artística (Sebastián dice que el mundo va a olvidar lo que pasa en Cochabamba pero que su película va a durar para siempre. Antón dice que la película es "pura propaganda" porque "santifican" a Montesinos y a las Casas aunque "linchan" [they lynch, string up] a Colón. Dé ejemplos de películas que a usted le impresionaron mucho o que cambiaron su perspectiva de alguna manera, películas que usted considera importantes. ¿Hay algunas que usted considere "pura propaganda" ahora? Comente.)

7. el choque cultural (¿Están preparados Costa y Sebastián para la situación económica, política y social de Bolivia? En la primera escena, ¿qué les sorprende? ¿Por qué protestan las personas que están esperando? ¿Por qué le dice Antón a Alberto que si quiere ser un auténtico misionero debe recoger los restos de la cena para dárselos a los empleados del restaurante? Cuando los policías llegan al lugar donde acaban de filmar la escena de la cruz para llevar a Daniel a la cárcel, ¿cómo reaccionan Costa y Sebastián?)

8. la opinión de las generaciones futuras (Antón dice que las Casas nunca cuestionó la autoridad de la Corona Española y lo acusa de querer sustituir a los esclavos negros africanos por los indígenas [aunque Sebastián dice que eso fue durante un período de tiempo muy corto y que cambió de opinión después]. Dé un ejemplo semejante, en el cual un personaje histórico actuó según los estándares morales de su época pero que se podría juzgar desde otros estándares hoy día. ¿Cómo nos van a juzgar a nosotros las generaciones futuras? Comente.)

Una escena memorable

En esta escena, Daniel habla de la compañía multinacional de aguas: "Venden nuestros ríos contra nuestra voluntad. Venden nuestros pozos, nuestros lagos y la lluvia que cae sobre nuestras cabezas. Por una ley". Según esa ley, no tienen derecho a recoger agua de la lluvia o tener pozos comunales. En la película dentro de la película, Daniel hace el papel de Hatuey, el indígena que lucha por los derechos de su gente. ¿Qué tienen en común los dos papeles que Daniel hace?

Hablan los personajes

Analice las siguientes citas, explique de quién son y póngalas en contexto. (Para una lista de los personajes, ver "Antes de ver la película", ejercicio B. También está el gobernador regional.)

1. "Ustedes no pueden soportar la idea de que ahí vienen los perros y de que se van a comer a los bebés. Entonces, las vamos a ver hablando con Hatuey…"
2. "Los que quieren ir a pelear, levanten la mano y digan 'El agua es nuestra'".
3. "No se preocupe. Mientras quede champán para beber, 'Que coman pasteles (*cakes*), como dijo esta… María Antonieta'".
4. "No quiero ser mal educado… A mí me parece que una persona que gana dos dólares al día no puede soportar un incremento (*increase*) en el precio del agua del 300 por ciento".
5. "Si cedemos (*give*) un centímetro, estos indios nos llevarán a la Edad de Piedra".
6. "Sin agua no hay vida. Vos no entiendes [sic]…."
7. "Si le pasa algo a esa cría, no me lo voy a perdonar jamás. No me lo voy a perdonar".
8. "A mí no me espera nadie".
9. "Habéis sido noticia en todas partes. 'Multinacional abandona Bolivia tras la Guerra del Agua'. Ése eres tú".

Hablando de la cultura

Monumento a Hatuey en Baracoa, Cuba. Hatuey y otros taínos lucharon valientemente contra la colonización.

El cacique (*chief*) Hatuey nació en La Española, pero después de la conquista de la isla por los españoles se escapó con unos 400 miembros de su tribu y fue a lo que hoy es Cuba. Allí les advirtió (*warned*) a los habitantes indígenas sobre la conducta de los españoles. En 1511, Diego Velásquez conquistó Cuba. Después de varios meses de lucha contra los soldados españoles, Hatuey fue capturado. Se ve en *También la lluvia* lo que sufrió y sus últimas palabras (según Bartolomé de las Casas). En Cuba hay varios monumentos en honor a Hatuey, como el de la foto. ¿Qué líderes indígenas de Estados Unidos o Canadá lucharon contra los europeos? ¿Hay monumentos a personas indígenas en el estado o provincia donde usted vive? Si no, ¿qué sabe usted sobre las tribus indígenas de la región? ¿Hay nombres de lugares que los recuerdan?

Hablan los críticos y los directores

"Como en las grandes historias, los personajes van evolucionando y, de hecho (*indeed*), cambian los roles radicalmente: Costa experimenta una transformación desde su prepotencia (*arrogance*) inicial hasta arriesgar (*risking*) su vida y la propia película para salvar a la niña mientras el más concienciado (*aware*) Sebastián acaba atenazado y presa (*tormented and overwhelmed*) del miedo y del instinto de supervivencia. Del mismo modo, el actor que encarna al padre Las Casas resulta ser el más egoísta mientras el vividor (*bon vivant*) y alcohólico que hace de Cristóbal Colón tira del grupo para no abandonar ni a los extras bolivianos ni el rodaje…. [*También la lluvia* invita] …a una reflexión sobre el poder, lo que proporciona a la cinta (*gives the film*) mayor universalidad: poder político-militar para imponer (*impose*) un rey o un régimen de vasallaje (*servitude*) o contrapoder (*anti-establishment movement*) religioso para deslegitimarlo, poder del pueblo boliviano para evitar la privatización del agua, poder económico de los cineastas para filmar su historia y, también, poder de la cámara para ser testigo (*witness*) de esa filmación o de las protestas".

—J. L. Sánchez Noriega, "*También la lluvia*", *Cine para leer*, Ediciones Mensajero
http://cineparaleer.com/index.php?option=com_content&task=view&id=892&Itemid=26&ref
_=ttexrv_exrv_13

¿Cree usted que algunos de los personajes de la película son más realistas que otros? Si es así, ¿cuáles? ¿Hay algunos que le parecen estereotipados? ¿Cuáles son una mezcla de características tanto buenas como malas? En cuanto a la reflexión sobre el poder, ¿quiénes tienen poder en la película y de dónde viene ese poder? ¿Quiénes no lo tienen? ¿Qué tipos de poder se exploran? ¿Qué quiere decir "el poder de la cámara para ser testigo de esa filmación o de las protestas"? ¿Cómo se enteran Sebastián, María y los demás de lo que pasa en el centro de Cochabamba? ¿Qué papel podría tener una persona con videocámara en un evento como la "guerra del agua"?

"No queda claro por qué la mujer [Teresa] acude a (*turns to*) Costa para que rescate (*rescue*) a su hija (la relación con él ha sido mínima, nada le hace pensar que se trate de un buen hombre, tampoco se ha sembrado (*planted* [*the idea*]) que Costa tenga poder alguno que pueda facilitarle el rescate de la niña…). Que el clímax de la historia dependa del rescate de un personaje prácticamente anónimo (la niña) suena algo gratuito… El posterior desenlace con Costa al volante de un todoterreno atravesando (*The final outcome with Costa driving the ATV, crossing*) barricadas, rescatando a la niña y a otros heridos, me resultó del todo inverosímil (*unbelievable*)…. Era como si, de pronto, hubiéramos entrado en otra película".

—Daniel Castro, "Análisis de películas: *También la lluvia* (espoilers)", https://bloguionistas. wordpress.com/2011/01/24/analisis-de-peliculas-tambien-la-lluvia-espoilers

¿Cree usted que es extraño que Teresa le pida a Costa que la ayude? ¿Quién llevó a Daniel de la cárcel a la casa? ¿Quién le dio miles de dólares, que Teresa guardó? ¿Por qué cree Teresa que los policías dejarán pasar a Costa y no a una persona boliviana? ¿Cree usted que Costa la cree, que solamente él puede rescatar a Belén? ¿Le parece realista la decisión que Costa toma o no? ¿Se enfoca o se centra demasiado en Costa (el español) esta película? ¿Habría sido mejor, según su punto de vista, si la película se hubiera enfocado más en los personajes bolivianos?

"Hay un intento de fijarse en la conquista de América desde otras miradas (*ways of looking at things*). Están Bartolomé de las Casas y Montesinos, que los conocemos, pero como en parte han alimentado (*fed*) la leyenda negra, no se les presta la atención debida (*due to them*). Por otro lado a Paul [Laverty, el guionista] le interesó una parte menos conocida en España, la de la resistencia indígena, que está muy documentada. Cada hecho (*fact*) presente en la película está documentado. Y Hatuey es un líder indígena que existió, es una figura en Cuba, y lo que le dice al franciscano que le quiere confesar, si los cristianos van al cielo yo prefiero ir al infierno, eso es auténtico".

—Icíar Bollaín. José María Aresté, "Conquistadora (entrevista a Icíar Bollaín)", *De Cine* 21, 27 de diciembre de 2010. http://www.decine21.com/Magazine/Iciar-Bollain-416

El *Diccionario de la Real Academia Española* define la "leyenda negra" como la "opinión contra lo español difundida a partir del siglo XVI". ¿Por qué, según Bollaín, en España no se les presta la atención debida a Bartolomé de las Casas y Antonio de Montesinos? Según ella, ¿qué fenómeno, menos conocido en España, le interesó al guionista, Paul Laverty? ¿Cree usted que la película logró enfocarse en esa idea como tema central?

MÁS ALLÁ DE LA PELÍCULA

Bandera de Cristóbal Colón; F de Fernando de Aragón e Y de Ysabel (Isabel) de Castilla

1. *naked*
2. *small boat*
3. *ships*
4. *por… as a standard*
5. *end*
6. *ponds*
7. *saltaron… jumped ashore*
8. *scribe*
9. *dijo… he told them to witness*
10. *de… indeed*
11. *aforementioned*
12. *protestaciones… declarations that were required*
13. *más… at length*
14. *se… gathered together*
15. *mejor… would be better freed and converted*
16. *caps*
17. *cuentas… glass beads*
18. *neck, usually of an animal*
19. *quedaron… became so friendly to us*
20. *swimming*
21. *papagayos… parrots and balls of cotton thread and spears*
22. *exchanged*
23. *swords*
24. *blade*
25. *iron*
26. *sticks*
27. *al… a fish tooth on the end*
28. *servants*
29. *wit, ingenuity*

Primer viaje de Cristóbal Colón

Bartolomé de las Casas editó el famoso diario de Cristóbal Colón, basado en el libro de bitácora (*ship's log*) del almirante. Estas selecciones describen el primer encuentro de Colón con los indígenas de las Américas.

El 12 de octubre de 1492

Colón y sus hombres llegan a la isla "Guanahani" (una de las Islas Bahamas).

…Luego vieron gente desnuda[1], y el Almirante salió a tierra en la barca[2] armada, y Martín Alonso Pinzón y Vicente Yáñez, su hermano, que era capitán de la Niña. Sacó el Almirante la bandera real y los capitanes con dos banderas de la Cruz Verde, que llevaba el Almirante en todos los navíos[3] por seña[4], con una F y una Y: encima de cada letra su corona, una de un cabo[5] de la cruz y otra de otro.

Puestos en tierra, vieron árboles muy verdes y aguas[6] muchas y frutas de diversas maneras. El Almirante llamó a los dos capitanes y a los demás que saltaron en tierra[7], y a Rodrigo de Escobedo, escribano[8] de toda el armada, y a Rodrigo Sánchez de Segovia, y dijo que le diesen por fe y testimonio[9] cómo él por ante todos tomaba, como de hecho[10] tomó, posesión de la dicha[11] isla por el Rey y por la Reina sus señores, haciendo las protestaciones que se requerían[12], como más largo[13] se contiene en los testimonios que allí se hicieron por escrito. Luego se ajuntó[14] allí mucha gente de la isla. Esto que se sigue son palabras formales del Almirante, en su libro de su primera navegación y descubrimiento de estas Indias. "Yo (dice él) porque nos tuviesen mucha amistad, porque conocí que era gente que mejor se libraría y convertiría[15] a nuestra Santa Fe con amor que no por fuerza, les di a algunos de ellos unos bonetes[16] colorados y unas cuentas de vidrio[17], que se ponían al pescuezo[18], y otras cosas muchas de poco valor, con que hubieron mucho placer y quedaron tanto nuestros[19] que era maravilla. Los cuales después venían a las barcas de los navíos adonde nos estábamos, nadando[20], y nos traían papagayos e hilo de algodón en ovillos y azagayas[21] y otras cosas muchas, y nos las trocaban[22] por otras cosas que nos les dábamos, como cuentecillas de vidrio y cascabeles. En fin, todo tomaban, y daban de aquello que tenían de buena voluntad. Mas me pareció que era gente muy pobre de todo… Ellos no traen armas ni las conocen, porque les mostré espadas[23] y las tomaban por el filo[24] y se cortaban, con ignorancia. No tienen algún hierro[25]: sus azagayas son unas varas[26] sin hierro, y algunas de ellas tienen al cabo un diente de pez[27], y otras de otras cosas. Ellos todos a una mano son de buena estatura de grandeza, y buenos gestos, bien hechos… Ellos deben ser buenos servidores[28] y de buen ingenio[29], que veo que muy presto[30] dicen todo lo que les decía, y creo que ligeramente[31] se harían cristianos, que me pareció que ninguna secta[32] tenían. Yo, placiendo[33] a Nuestro Señor, llevaré de aquí al tiempo de mi partida seis a Vuestras Altezas para que aprendan a hablar. Ninguna bestia de ninguna manera vi, salvo papagayos, en esta isla". Todas son palabras del Almirante.

el 14 de octubre

En otra parte de la isla, mucha gente indígena sale a ver a los españoles.

Cristóbal Colón, octubre de 1492. ¿Cree usted que esta ilustración refleja los datos históricos fielmente? ¿Por qué sí o por qué no?

...venían todos a la playa llamándonos y dando gracias a Dios. Los unos nos traían agua; otros, otras cosas de comer; otros, cuando veían que yo no curaba de ir[34] a tierra, se echaban a la mar nadando y venían, y entendíamos que nos preguntaban si éramos venidos del cielo. Y vino uno viejo en el batel dentro[35], y otros a voces grandes llamaban todos, hombres y mujeres: "Venid a ver los hombres que vinieron del cielo; traedles de comer y de beber". Vinieron muchos y muchas mujeres, cada uno con algo, dando gracias a Dios, echándose al suelo[36], y levantaban las manos al cielo, y después a voces nos llamaban que fuésemos a tierra... Esta gente es muy simplice en[37] armas, como verán Vuestras Altezas de siete que yo hice tomar para les llevar y aprender nuestra habla y volverlos, salvo que Vuestras Altezas, cuando mandaren[38], puédenlos todos llevar a Castilla o tenerlos en la misma isla cautivos[39], porque con cincuenta hombres los tendrán todos sojuzgados[40] y les harán hacer todo lo que quisieren. Y después junto con la dicha isleta están huertas[41] de árboles las más hermosas que yo vi, y tan verdes y con sus hojas como las de Castilla en el mes de abril y de mayo, y mucha agua. Yo miré todo aquel puerto y después me volví a la nao[42] y di a la vela[43], y vi tantas islas, que yo no sabía determinarme a cuál iría primero. Y aquellos hombres que yo tenía tomado me decían por señas[44] que eran tantas y tantas que no había número, y nombraron por su nombre más de 100.

— **M. Fernández de Navarrete: *Viajes de Cristóbal Colón con una carta* (Madrid: Compañía Anónima de Librería, Publicaciones y Ediciones, 1922), pp. 24-26, 29-30**

30. *quickly*
31. *rapidly*
32. *religion*
33. *if it pleases*
34. no... *didn't want to go*
35. en... *in the boat*
36. *ground*
37. simplice... *naïve about*
38. cuando... *if you choose to command it*
39. *captive*
40. *subjugated*
41. *groves*
42. *ship*
43. di... *set sail*
44. decían... *signaled*

Monumento a Antonio de Montesinos, Santo Domingo, República Dominicana. La Española es la isla entre Cuba y Puerto Rico que hoy comparten Haití y República Dominicana.

1. *crude*
2. techada... *thatched with straw*
3. en... *on the eve of*
4. *crusade*
5. *mass*
6. se... *rose*
7. áspera... *harsh and hard, the most frightening*
8. *servitude*
9. *these*
10. *gentle*
11. *devastation*
12. *souls*

Antonio de Montesinos: Sermón en La Española, diciembre de 1511

En la tosca[1] iglesia, techada de paja[2], y en vísperas de[3] Navidad del año de 1511, comenzó una cruzada[4] que haría historia. Ese día, en el curso de la misa[5], se irguió[6] Fray Antonio de Montesinos en el púlpito y ante todos los grandes de la isla pronunció el famoso sermón que cambiaría el destino del Nuevo Mundo: "Me he subido aquí –les dijo—yo que soy la voz de Cristo en el desierto de esta isla, y por tanto conviene que con atención, no cualquiera, sino con todo vuestro corazón, la oigáis; la cual voz os será la más nueva que nunca oísteis, la más áspera y dura, la más espantable[7] que jamás pensasteis oír... Todos estáis en pecado mortal y en él vivís y morís, por la crueldad y tiranía que usáis con estas inocentes gentes. Decid, ¿con qué derecho y con qué justicia tenéis en tan cruel y horrible servidumbre[8] aquestos[9] indios? ¿Con qué autoridad habéis hecho tan detestables guerras a estas gentes que estaban en sus tierras mansas[10] y pacíficas, donde tan infinitas de ellas, con muertes y estragos[11], habéis consumido?... Estos, ¿no son hombres? ¿No tienen ánimas[12] racionales? ¿No sois obligados a amarles como a vosotros mismos?"

— **Indalecio Lievano Aguirre:** ***Los grandes conflictos sociales y económicos de nuestra historia*** **(Bogotá, Colombia: Ediciones Tercer Mundo, 1987), p. 19.**

Preguntas y opiniones

Primer viaje de Cristóbal Colón

1. ¿Qué quieren decir la **F** y la **Y** en la bandera de los tres barcos de Colón, la *Pinta*, la *Niña* y la *Santa María*?

2. Al llegar a la isla de Guanahani, ¿qué es lo primero que hace Colón?

3. Describa la isla. ¿Cómo compara Colón las hojas de sus árboles con las hojas de los árboles de España? ¿Qué elemento muy importante para la vida menciona Colón más de una vez? ¿Qué "bestias" o animales menciona?

4. ¿Qué les dieron los indígenas a los españoles el 12 de octubre de 1492? ¿y los españoles a los indígenas?

5. Describa los azagayas de los indígenas. ¿Qué hacen con las espadas españolas?

6. ¿Quiénes son "Vuestras Altezas"? Según Colón, ¿qué podrán hacer ellos con los indígenas que les va a llevar? ¿Por qué cree Colón que van a "aprender a hablar" muy rápidamente y que se harán cristianos?

7. ¿Cómo describe Colón a los habitantes del otro lado de la isla? ¿Cómo reciben a los españoles, según él?

¿A usted le sorprende algo en este relato? Si es así, ¿qué?

¿Por qué celebramos *Columbus Day* en Estados Unidos? ¿Cómo se llama ese día en otras partes de las Américas? ¿Cree usted que debemos cambiar el nombre y el enfoque de ese día de fiesta? ¿Por qué sí o por qué no?

El sermón de Antonio Montesinos

Según Icíar Bollaín: "A Paul [Laverty] lo que le movió a hacer esta película [*También la lluvia*] es ese sermón, el hecho de que alguien desde una iglesuca perdida en Sudamérica levantara la voz contra un imperio, pues se estaba enfrentando al imperio español".

--José María Aresté, "Conquistadora (entrevista a Icíar Bollaín)", *De Cine* 21, 27 de diciembre de 2010. http://www.decine21.com/Magazine/Iciar—Bollain—416

1. Montesinos no quiso oír la confesión de los españoles que estaban en la iglesia aquel día. ¿Por qué no?

2. En *También la lluvia* Sebastián explica que Montesinos volvió a dar el mismo sermón varias veces más a pesar de la oposición de los españoles. Durante el ensayo de la escena del sermón (con Juan en el papel de Montesinos), Sebastián hace los papeles de "los grandes de la isla". Describa la reacción de los españoles al sermón en la película dentro de la película. ¿Por qué reaccionan tan intensamente?

Costa le recuerda a Sebastián que el sermón de Montesinos se le metió en el cerebro "como un virus" y que se convirtió en obsesión. ¿Hay líderes contemporáneos que inspiran a la gente de la misma manera? ¿Qué otros actos de valor como el de Montesinos han cambiado la historia? Dé ejemplos.

La resistencia contra la injusticia

Escoja un líder en Hispanoamérica que luchó contra la injusticia y cree una pequeña cronología (*timeline*) de su vida. Incluya por lo menos ocho eventos importantes. Después, describa la situación contra la que luchó y por qué motivo luchó.

Ideas: Túpac Amaru II, Túpac Katari, Rumi Maqui (Teodomiro Gutiérrez), alguno(a) de los líderes de la Guerra de Independencia contra España, Benito Juárez, Rigoberta Menchú…

Modelo: Rigoberta Menchú

Fecha	Evento
1959	Nace en el departamento de El Quiché, Guatemala.
1964	A los cinco años empieza a trabajar en una plantación de café, donde las condiciones de trabajo son muy malas. (etc.)

Situación: Como muchos indígenas de Guatemala, Menchú sufrió la pobreza extrema y la discriminación. (Describa la situación específica.)

Motivo/Consecuencias: Menchú empezó a luchar contra esa situación de injusticia cuando… (Describa lo que hizo y las consecuencias de su lucha.)

CAPÍTULO 10

Diarios de motocicleta

Presentación de la película: Dos jóvenes argentinos, Ernesto Guevara de la Serna y su amigo Alberto Granado, deciden hacer un viaje por la América del Sur para "explorar el continente latinoamericano que sólo conocemos por los libros". Ernesto es estudiante de medicina, y su amigo Alberto es bioquímico. "Así como don Quijote tenía a Rocinante y San Martín tenía su mula", ellos tienen una vieja motocicleta Norton. Van primero al sur de Argentina. Tienen en común un "incansable amor a la ruta".

• Walter Salles, el director de la película, es brasileño (de Río de Janeiro). Sus filmes anteriores incluyen *Central do Brasil* (*Central Station*) 1998, *Abril Despedaçado* (*Behind the Sun*) 2001, *Linha de Passe* (2008) y *On the Road* (2012). Robert Redford fue el productor ejecutivo..

• Gael García Bernal (Ernesto) nació en Guadalajara, México, en 1978. Hizo *Amores perros* en 2000 e *Y tu mamá también* en 2001. En 2002 hizo *El crimen del padre Amaro* e interpretó a Ernesto Guevara en la serie de televisión *Fidel*. Trabajó con Pedro Almodóvar en *La mala educación* (2004). Otras películas suyas: *The Science of Sleep* (2006), *Rudo y Cursi* (2008), *También la lluvia* (2010, ver el capítulo 9), *A Little Bit of Heaven* (2011) y *No* (2012, ver el capítulo 11). Habla español, francés, italiano e inglés.

• Rodrigo de la Serna (Alberto) ganó el premio Cóndor de Plata de 2005 de la Asociación de Críticos Cinematográficos de Argentina al mejor protagonista. Ha actuado en varias series de televisión. Entre sus películas están: *Nueces para el amor* (2000), *Gallito ciego* (2001), *Mía* (2011) y *Revolución: El cruce de los Andes* (2011). En *Revolución* hace el papel de José de San Martín.

• José Rivera ganó el premio Goya 2005 al mejor guión adaptado. El guión se basó en los libros *Notas de viaje* de Ernesto Guevara y *Con el Che por Sudamérica* de Alberto Granado. Jorge Drexler ganó el Oscar por la canción "Al otro lado del río" (2005).

PREPARACIÓN

Vocabulario preliminar

Note: All but a few of the following words occur at least twice in the film. See the information on the **vos** form on page 86. In Argentinean pronunciation in the Río de la Plata area, the letters **ll** often sound like **sh** or **szh** in English, as in the word *measure*.

Cognados			
contagioso(a) el entusiasmo	el/la especialista franco(a)	la inyección el tumor	el/la voluntario(a)

La medicina	
el asma	*asthma*
el/la bioquímico(a)	*biochemist*
la enfermedad	*disease*
el/la enfermero(a)	*nurse*
la lepra	*leprosy (Hansen's disease)*
el leprólogo (la lepróloga)	*specialist in leprosy*
el leprosario	*treatment center for lepers*
el tratamiento	*treatment*
tratar	*to treat*

La ruta	
la balsa	*raft*
el barco	*ship*
el camión	*truck*
cruzar una frontera (un río, un lago)	*to cross a border (a river, a lake)*
embarcar	*to embark, set out*
extrañar	*to miss*
la lancha	*(small) boat*
partir	*to leave, depart*
el pasaje	*ticket (for a train, bus, plane, etc.)*

Otras palabras	
botar	*to kick out*
el brindis	*toast*
el/la campesino(a)	*someone who works the land*
el/la dueño(a)	*owner*
el guante	*glove*
indígena	*native, indigenous*
mentir (ie)	*to lie*
la mentira	*lie*
el muro	*wall*
el partido	*party (as in politics); game, match*
la regla	*rule*
el terreno	*piece of land*
el tiro	*gunshot*
pegar un tiro	* to shoot, hit (with a gunshot)*
al tiro	* right away (Chile)*

Fuera de lugar. Para cada oración, indique cuál de las palabras está fuera de lugar y no tendría sentido en el contexto.

> *Modelo:*
>
> A mí no me gusta viajar en avión. Prefiero viajar en (a. pasaje / b. tren / c. barco).
>
> **a. pasaje**

1. Vamos a cruzar el río en _____ (a. balsa / b. lancha / c. camión).

2. ¿Cuándo empezaron el viaje? _____ (a. Embarcamos / b. Extrañamos / c. Partimos) el seis de abril.

3. Mi hijo es _____ (a. bioquímico / b. leprólogo / c. leprosario).

4. Una enfermedad muy difícil de tratar en el pasado era _____ (a. el brindis / b. la lepra / c. el asma).

5. Mi hermano nunca miente y a veces ofende a la gente. Es demasiado _____ (a. simpático / b. franco / c. honesto).

¡Es lógico! Escoja la respuesta más lógica.

1. ¿Es verdad que los voluntarios tenemos que usar guantes aquí en la clínica?
   a. Sí, las reglas son muy estrictas.
   b. Sí, sólo los enfermeros usan guantes.
   c. Sí, es una mentira.

2. ¿Por qué botaste ese pan?
   a. Porque ya no lo quiero.
   b. Porque es muy bueno.
   c. Porque es para el desayuno.

3. ¿Qué enfermedad tiene ese señor que está allí?
   a. Tiene una inyección.
   b. Tiene un tumor; parece que es cáncer.
   c. Tiene un tratamiento.

Un viaje a Cuzco. Complete el párrafo con palabras de la siguiente lista.

al tiro	dueño	frontera	Partido
campesino	entusiasmo	indígena	pasaje
contagioso	especialista	muros	terreno

Soy chilena pero tuve la suerte de poder viajar a Cuzco, la antigua capital inca, el verano pasado. Fui a Perú en tren; tenía un (1) _____ que no costaba mucho y quería viajar por tierra para ver los paisajes. Cuando cruzamos la (2) _frontera_ con Perú, un peruano que estaba en el tren reaccionó con mucha alegría. Su (3) _____ fue (4) _entusiasmo_____, y yo también me sentía bien. El peruano, un señor mayor que estaba sentado a mi lado, me enseñó algunas palabras en quechua, la lengua (5) _indígena_____ . Me dijo que su padre era (6) _____ o peón y que trabajaba una *chacra*, palabra quechua que quiere decir (7) _terreno_____ o "pedazo de tierra". Cuando era pequeño, este señor fue a vivir con su tío a la ciudad, donde pudo estudiar; ahora es (8) _____ de un pequeño negocio. Me invitó a su casa a conocer a su familia. Su hija es médica, (9) _____ en dermatología, y su hijo es secretario del (10) _____ Demócrata Cristiano. Me llevaron a ver la ciudad de Cuzco, que es bellísima. Los (11) _____ y monumentos que los incas hicieron son impresionantes. También aprendí que nosotros los chilenos tenemos fama de decir "po" en vez de *pues* y (12) _____ en vez de *rápido* o *inmediatamente*. Al salir de Chile y viajar empecé a conocer mejor mi propio país.

Antes de ver la película

 Los viajes. Conteste las siguientes preguntas. Su profesor(a) puede pedirle que haga este ejercicio con un(a) compañero(a), utilizando la forma **tú** del verbo, y que den un informe oral a la clase.

1. ¿Ha viajado usted alguna vez en moto? ¿en bicicleta? ¿a pie? ¿Adónde? Describa el viaje.
2. ¿Cuál es la peor experiencia que ha tenido durante un viaje? ¿Ha pasado una noche muy mala en una tienda *(tent)* de campaña o en una plaza sin dinero?
3. ¿Ha tenido alguna vez una experiencia estupenda durante un viaje?
4. ¿Le gusta viajar con itinerario fijo o prefiere los viajes "espontáneos"?
5. ¿Cuáles son algunas maneras de despedirse *(say good-bye)* en español?

B Los personajes.

Lea las descripciones y los nombres de los personajes. Después de ver la película, empareje cada personaje con su descripción.

a. Ernesto

b. Alberto

c. Chichina

d. el doctor Hugo Pesce

e. Papá Carlito

f. Silvia

e 1. paciente en una clínica de San Pablo a quien le gusta jugar al fútbol

f 2. paciente joven en la clínica de San Pablo

b 3. joven bioquímico

a 4. estudiante de medicina

d 5. médico peruano

c 6. novia de Ernesto

Investigación

Busque información sobre uno de los temas que siguen. Su profesor(a) puede pedirle que trabaje con un(a) compañero(a) o en un grupo pequeño para hacer la investigación y que den un informe oral a la clase.

1. el papel de Ernesto (Che) Guevara en la revolución cubana de 1959

2. el Che en el gobierno de Fidel Castro

3. la muerte del Che en Bolivia en 1967

4. Francisco Pizarro y la conquista de Perú

5. César Vallejo

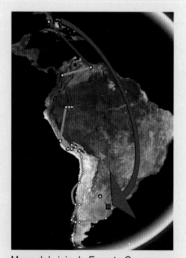

Mapa del viaje de Ernesto Guevara en 1952. Las flechas rojas corresponden a viajes en avión. La ruta: San Francisco (Argentina), Buenos Aires, Miramar, Bariloche, Osorno, Valdivia, Temuco, Santiago, Valparaíso, Antofagasta, Chuquicamata, Titicaca, Cuzco, Machu Picchu, Lima, San Pablo, Leticia, Bogotá, Caracas, Miami, Buenos Aires.

Note: Your instructor may ask you to read over the exercises in the section **Exploración** before you see the film, in order to improve your understanding of it.

EXPLORACIÓN

 ¿Alberto o Ernesto? Algunas de las siguientes oraciones describen a Alberto y otras describen a Ernesto. Marque **A** (Alberto) o **E** (Ernesto), según el caso.

A 1. Baila muy bien.

E 2. Es muy franco y honesto.

E 3. Le escribe muchas cartas a su madre durante el viaje.

E 4. Lee muy rápidamente.

A 5. Es el dueño de una motocicleta Norton.

A 6. Cuida a su compañero cuando tiene ataques de asma.

E 7. Cruza un río nadando.

E 8. Cumple 24 años en San Pablo, Perú.

A 9. Acepta un trabajo en Caracas, Venezuela.

B **La historia**

1. ¿Qué sabemos de Ernesto antes de que salga de viaje con Alberto? ¿Qué deporte le gusta? ¿Qué enfermedad tiene? ¿Qué estudia?

2. ¿Qué sabemos de Alberto antes de que salga de viaje? ¿Cuál es su profesión? ¿A qué deporte juega?

3. ¿Por qué van a Miramar? ¿Quién es Chichina? ¿De qué clase social es ella, alta o media? ¿Está contenta la madre de Chichina con Ernesto?

4. El Che le escribe a su madre que aunque los dos viajeros no tienen mucho dinero tienen "un arma secreta: la infalible labia (*lip*) de Alberto". ¿Qué quiere decir?

5. Según el artículo del *Diario Austral* de Temuco, ¿quiénes son Ernesto y Alberto y por qué son famosos? ¿Por qué tienen que salir corriendo del baile?

6. ¿Cómo saben las hermanas chilenas que Ernesto y Alberto son argentinos? ¿Por qué sale Alberto solo con ellas? ¿Qué hace Ernesto?

7. ¿Por qué le dice Alberto "¡Cómo te quiero Celia de la Serna!" en el correo de Valparaíso? ¿Qué noticia recibe Ernesto allí?

8. ¿Por qué dejó su tierra natal el matrimonio (*married couple*) chileno? ¿Por qué los busca la policía (de qué partido son)? ¿Por qué están viajando? ¿Cómo reaccionan cuando Ernesto les dice que están "viajando por viajar"?

9. ¿Quién es don Néstor? ¿Qué aprenden los jóvenes de él y de las dos mujeres indígenas de Cuzco?

10. Los dos viajeros conocen a un campesino en el camino. Dice que estaba cultivando un terreno pero que cuando empezó a producir, el dueño lo "botó" sin darle su porcentaje del producto de la cosecha (*harvest*). ¿Por qué no llamó a la policía?

11. ¿Qué idea tiene Alberto para reactivar la revolución de Túpac Amaru? Según Ernesto, ¿por qué no sirve ese plan?

12. ¿Quién es el doctor Hugo Pesce de Lima, Perú? ¿En qué campo se especializa? ¿En qué forma ayuda a los jóvenes?

13. ¿Qué le pasa a Ernesto en el barco que los lleva a San Pablo, Perú? En el leprosario, ¿qué separa a los pacientes de los doctores, enfermeras y monjas (*nuns*)?

14. El doctor Bresciani les dice a los dos voluntarios argentinos que las monjas son muy estrictas. ¿Qué decisión toman los jóvenes en cuanto a los guantes? ¿Cómo reacciona la madre superiora, la Madre San Alberto?

15. ¿Qué problema tiene Silvia, una de las pacientes? Ernesto le dice que la primera palabra que aprendió a decir fue "inyección" pero que el hecho de que nació con asma también le dio algunas ventajas. ¿Qué ventajas menciona?

16. ¿Por qué nada Ernesto hasta el otro lado del río aunque sea muy peligroso hacerlo?

17. ¿Qué le da Alberto a Ernesto en el aeropuerto de Caracas? Le dice que tiene que decirle algo muy importante. ¿Qué es?

18. ¿Qué hizo Alberto en el año 1960 (un año después de la Revolución Cubana)?

ANÁLISIS Y CONTRASTE CULTURAL

Vocabulario

La motocicleta	
arreglar	*to fix*
los frenos	*brakes*
frenar	*to brake*
el/la mecánico	*mechanic*
poderoso(a)	*powerful*
roto(a)	*broken*

Algunas partes del cuerpo: Repaso rápido	
el brazo	*arm*
la columna	*spine*
el corazón	*heart*
el cuello	*neck*
la mano	*hand*
el ojo	*eye*
el pulmón	*lung*

Algunas despedidas	
Adiós.	*Good-bye.*
Buenas noches.	*Good night (used upon retiring).*
Buen viaje.	*Have a good trip.*
Chau.	*Bye (from the Italian "ciao").*
Cuídese. (Cuídate.)	*Take care.*
Hasta luego.	*See you later.*

Otras palabras	
agradecido(a)	*grateful*
fascinado(a)	*fascinated*
festejar	*to celebrate*
flaco(a)	*thin, skinny*
gordo(a)	*fat*
gratis	*free of charge*
la malla	*bathing suit (Argentina)*
marcar un gol	*to score a goal*
merecer (zc)	*to deserve*
la misa	*mass*
el perro	*dog*
el personal	*staff*
la plata	*money (colloquial)*
la prueba de campo	*field test*
robar	*to rob, steal*
la sorpresa	*surprise*
Tranquilo(a).	*Calm down.*

 Resumen. Complete las oraciones con palabras de la siguiente lista.

agradecido	gratis	personal	rotos
festejar	merecen	prueba de campo	sorpresa
frena	misa	roba	Tranquilo

1. Los viajeros tienen un accidente cuando la moto no _____ . Los frenos están _____ .

2. Dos chilenas invitan a Ernesto y a Alberto a comer empanadas; mucha gente les da comida _____ .

3. Alberto decide hacer una _____ para saber cómo son las mujeres chilenas.

4. Después de darle una inyección de adrenalina a Ernesto, Alberto le dice: " _____ . Ya pasó".

5. El doctor Pesce dice que tiene una _____ para Alberto y Ernesto: su novela.

6. Los pacientes viven a un lado del río, y el _____ del leprosario (los médicos, enfermeros, etc.) vive al otro lado.

7. Ernesto y Alberto piensan que _____ comer aunque no fueron a _____ .

8. Silvia _____ comida para dársela a Ernesto y a Alberto.

9. Ernesto quiere _____ su cumpleaños con los pacientes.

10. Ernesto dice que está muy _____ a la gente que trabaja en el leprosario por su cariño y hospitalidad.

B Nombres y más nombres. Complete las oraciones con palabras de las listas.*

1. A "Fuser" (**Fu**ribundo **Ser**na) también le dicen el Che _____ .

2. A "Mial" (**Mi Al**berto) también le dicen el Che _____ .

3. Los jóvenes se refieren a la motocicleta Norton con el nombre "la _____ ". Más tarde el mecánico chileno que no la puede _____ la llama "la difunta" *(the deceased)*.

4. A la novia de Ernesto la llaman "Chichina". Quiere que Ernesto le traiga una _____ de Miami.

5. Comeback, el regalo de Ernesto a Chichina, es un _____ . Su nombre indica que Ernesto va a volver.

6. Ernesto le dice "el Maestro" al doctor Pesce. Cuando el doctor le pide opinión sobre su novela, Alberto dice que quedó _____ y que nadie puede contar una historia como el doctor.

7. Cuando Ernesto le escribe a su madre, la llama "Vieja" (mamá en la lengua informal de Argentina); ella le manda _____ (dinero) de vez en cuando.

8. El líder de los pacientes de San Pablo se llama Papá Carlito. Le gusta jugar fútbol y a veces marca algún _____ .

C El cuerpo. Complete las oraciones con palabras de la lista "Algunas partes del cuerpo humano".

1. Según Ernesto, Cuzco es el _____ de América.

2. A Silvia le duele mucho el _____ .

3. El doctor Bresciani dice que las camas son duras pero que eso es bueno para la _____ .

4. Don Néstor agarra la hoja de coca con las dos _____ .

5. El señor von Puttkamer tiene un tumor en el _____ .

6. Los _____ de doña Rosa reflejan una gran tristeza.

7. Ernesto dice que nació con malos _____ .

---

*   Otros apodos *(nicknames)* que no están en la película: el Pelao (para referirse a Ernesto, que tenía el pelo muy corto; la palabra **pelado** quiere decir "sin pelo"), Petiso (para referirse a Alberto, porque no era muy alto; quiere decir "bajo" en el Cono Sur).

 **Despedidas.**

1. ¿Qué se le puede decir a un amigo que sale de viaje? ¿que se retira para ir a acostarse?

2. ¿Cómo se dice "Take care"?

3. ¿Cuál es una palabra italiana que se usa mucho en vez de "adiós" en el Cono Sur?

Nota cultural

En la película se ven escenas de Cuzco, de Machu Picchu y de Lima, Perú. Francisco Pizarro conquistó a los incas y llevó la capital de Cuzco a Lima, donde hicieron un puerto grande para los barcos que venían de España. Alberto habla de Túpac Amaru, un nombre muy famoso en la historia latinoamericana. Túpac Amaru, sobrino del emperador de los incas, Atahualpa, y Túpac Amaru II, lideraron rebeliones contra los españoles; los dos fueron ejecutados de manera muy brutal, el primero en 1572 y el segundo en 1780. En Cuzco, se ven muros y monumentos que los indígenas hicieron; todos se construyeron sin usar la rueda (*wheel*), que los incas no conocían. También se ven las hojas de coca que los indígenas usan hoy día para aliviar (*alleviate*) los efectos del frío y del hambre.

Túpac Amaru, líder de una rebelión contra los españoles en 1572

Temas de conversación o composición

Discuta con sus compañeros los temas que siguen. Su profesor(a) puede asignarle como tarea que escriba un párrafo sobre alguno(s) de ellos.

1. la franqueza de Ernesto (¿Qué le dice Ernesto al señor Von Puttkamer en el sur de Argentina después de examinarle el cuello? ¿Cómo reacciona Alberto? ¿Qué le dice Ernesto al doctor Pesce sobre su novela? ¿Qué piensa usted de esta clase de franqueza? ¿Hay situaciones en que Ernesto miente o exagera? ¿Cuándo?)

2. el dinero de Chichina (¿Qué quiere Chichina que Ernesto compre con el dinero que le da? ¿Qué quiere comprar Alberto con ese dinero? ¿Qué le dice Ernesto? ¿A quién le da el dinero Ernesto al final? Si Ernesto se hubiera casado con Chichina, ¿cómo habría sido su vida, según su opinión?)

3. la religión (¿Son religiosos los dos jóvenes? ¿Cómo se sabe? ¿Por qué dicen que el comportamiento *[behavior]* de la madre superiora cuando no les da comida es "poco cristiano"? ¿Está usted de acuerdo? ¿Cómo definen los jóvenes el cristianismo? ¿Qué ejemplos de generosidad vemos en la película?)

4. la tierra y la revolución (El doctor Pesce habla de José Carlos Mariátegui [1894-1930], fundador del Partido Socialista de Perú y autor de *Siete ensayos de interpretación de la realidad peruana*; dice que según Mariátegui el problema principal de Latinoamérica es la tierra. ¿Cómo trata la película este tema? ¿Qué le pasó al matrimonio chileno? ¿Qué compañía o empresa tiene el control de la mina? ¿Qué le pasó al campesino peruano?)

5. el nacionalismo versus una visión global (¿Cómo cambian los jóvenes a lo largo del viaje? ¿Qué dice Ernesto acerca del tema del nacionalismo en un brindis en San Pablo? ¿Cree usted que los jóvenes de hoy tienen una perspectiva más global o internacional del mundo que la que tenía la generación de sus padres? ¿Por qué sí o por qué no? ¿Ha hecho usted algún viaje que le haya hecho cambiar de idea u opinión sobre algo o que le haya dado una forma diferente de ver el mundo?)

6. el Che y la literatura (¿A Ernesto le gusta leer? ¿Qué ejemplos de poesía hay en la película? Alberto hace referencia a don Quijote y a su caballo Rocinante, un tema que fascinaba a Ernesto. Muchos han dicho que "el Che flaco" y "el Che gordo" tienen mucho en común con don Quijote y Sancho Panza. ¿Está usted de acuerdo? ¿Hay otras referencias literarias en la película?)*

---

* En preparación para hacer su papel, Gael García Bernal leyó los libros que Ernesto leía en aquella época, recibió clases de español argentino y se entrenó para ponerse en excelente forma física. Rodrigo de la Serna recibió lecciones de mambo y tango y aprendió a hablar con acento de Córdoba.

Una escena memorable

¿Qué pasa en esta escena? ¿Qué celebran? La balsa que los jóvenes reciben de regalo se llama "el Mambo Tango". ¿De qué país el tango es el baile nacional? ¿Por qué es apropiado este nombre? ¿Qué hace Ernesto esa noche, después de esta celebración?

Hablan los personajes

Analice las siguientes citas, explique de quién son y póngalas en contexto. Para una lista de los personajes, ver "Antes de ver la película", ejercicio B. También está el minero.

1. "Y mamá le prometió a la Virgen del Valle que iría caminando a su santuario si cortásemos (*if we broke off*)".

2. "Podrías decir una mentira de vez en cuando para ayudarnos".

3. "Ahora vamos a la mina. Si tenemos suerte, encontraré trabajo allí. Parece que es tan peligroso (*dangerous*) que ni siquiera se fijan en qué partido es uno".

4. "Te estaré extrañando, Negra…. ¿Qué hacemos? ¿Seguimos?"

5. "Al salir de la mina, sentimos que la realidad empezaba a cambiar… ¿o éramos nosotros?"

6. "¿Cómo es que siento una nostalgia por un mundo que no conocí?"

7. "Les miro a los ojos a ti, Alberto, y a ti, Ernesto, y veo en ustedes un gran idealismo pero también muchas dudas. Por eso me alegro que vayan a San Pablo. Me parece que allí encontrarán algo importante. Importante para ustedes".

8. "Yo digo, mire, sin exagerar, que nadie puede contar una historia como usted".

9. "¿Y es por eso que te has hecho médico? ¿Porque estás enfermo? … Estás perdiendo el tiempo. Esta vida es un calvario (*Calvary, place of suffering*)".

10. "Papá Carlito se está quedando muy triste".

11. "Constituimos una sola raza mestiza desde México hasta el estrecho (*strait*) de Magallanes".

12. "Yo ya no soy yo; por lo menos no soy el mismo yo interior".

Hablando de la cultura...

Los dos jóvenes encuentran muchas sorpresas en las diferentes regiones del continente. ¿Cuáles son algunas costumbres que conocen durante el viaje? ¿Hay comidas o bebidas que no conocían en Argentina? ¿libros y pensadores? ¿Cuáles son algunas costumbres argentinas que la película muestra? (En el sur de Argentina, también hay algunas cosas que les sorprenden a los jóvenes.)

Hablan los críticos y los directores

"El eficaz guión escrito por José Rivera contiene algunas frases ciertamente mejorables que hacen que el retrato del joven Che roce por momentos lo hagiográfico (*comes close to being saintly at times*), aunque en general consigue evitar ese riesgo apostando por (*it avoids this risk by betting on*) situaciones y diálogos muy naturales que hacen aún más cercano al futuro mito y a su compañero… Emoción e integridad son las claves que describen una obra hermosa e inspiradora que lanza su mirada solidaria (*casts a sympathetic look*) sobre aquéllos cuya vida no ha cambiado nada con eso que llamamos progreso".

—Martin Pawley, *"Diarios de motocicleta"*, Noticias.com, 10 octubre de 2004.
http://www.noticias.com/diarios-de-motocicleta.36562

¿Cree que la imagen del joven Che "roce por momentos lo hagiográfico"? Es decir, es demasiado favorable al Che la película? ¿Por qué sí o por qué no?

"Igualmente importante para la autenticidad del filme y del retrato que en él se hace de las diferentes culturas visitadas fue la decisión de emplear actores locales. Se celebraron sesiones de casting en toda Latinoamérica, en las que se seleccionaron actores argentinos, chilenos y peruanos… Una excepción a esta regla fue, sin embargo, el actor elegido para representar a Ernesto Guevara: el excelente actor mexicano Gael García Bernal, a quien Salles describe como 'uno de los actores más singulares y con más talento de su generación'. Intrigado por la oportunidad de encarnar (portray) al legendario revolucionario en sus años mozos (youthful), Bernal aceptó la propuesta (offer). En palabras del propio Bernal, 'El Che ha tenido una influencia muy fuerte en nuestras vidas, especialmente en las de quienes nacimos después de la revolución cubana… [Mi generación] nació con la idea de un héroe latinoamericano moderno, un hombre que luchó por sus ideas, un argentino que peleó (fought) en un país que no era el suyo, que se convirtió en ciudadano (citizen) de Latinoamérica, del mundo… Creo que esta historia podría animar a la gente a intentar encontrar sus propias creencias…' "

—http://www.labutaca.net/films/26/diariosdemotocicleta1.htm

¿Qué otros personajes históricos podrían considerarse "ciudadanos del mundo"? ¿Hay héroes hoy en día? ¿Cuál es la diferencia entre un héroe y un ídolo? ¿Tiene usted un héroe? Si es así, ¿quién es?

"Salles y su equipo se inspiraron en las fotografías que Guevara tomó durante el viaje, y también en la evocativa obra del fotógrafo aimará (Aymara Indian) Martín Chambi. El diseñador de la producción, Carlos Conti, trabajó en la reconstrucción del período, incluyendo alusiones al contexto histórico, pero dando al mismo tiempo un aire contemporáneo a la producción para subrayar la intemporalidad (underscore the timelessness) de los temas tratados".

—http://www.labutaca.net/films/26/diariosdemotocicleta1.htm

¿Cómo usa el director las escenas en blanco y negro? ¿Qué efecto tienen?

"La decisión de rodar la película en orden cronológico hizo posible además que emergiesen ciertos paralelos entre la producción y el viaje que se cuenta. Respetando el espíritu del viaje original, Salles animó a los actores a improvisar con la gente que se iban encontrando en el camino… 'Poco a poco', relata Salles, 'introdujimos escenas que integraban en la estructura fílmica lo que la realidad tan generosamente nos aportaba (brought)… En cierto sentido, creo que estas escenas están más cerca del espíritu original del viaje…' "

—http://www.labutaca.net/films/26/diariosdemotocicleta1.htm

¿En qué orden rodaron la película? ¿Qué escenas eran, probablemente, improvisadas? ¿Parecen auténticas? ¿Por qué sí o por qué no? Dé ejemplos.

"La película se configura así como una especie de *road movie* de factura clásica –y más cercana al gusto de Hollywood que anteriores trabajos de Salles, no en vano detrás de ella está la mano de [Robert] Redford– en la que, en un principio, ambos se preocupan mucho más de cuestiones relacionadas con el amor, el sexo y la continua falta de dinero para comer o para reparar esa vetusta (*old, worn out*) moto Norton—apodada (*nicknamed*), un tanto jocosamente (*jokingly*), La Poderosa—que de esa otra cara del continente que recorren…"

—http://www.labutaca.net/films/26/diariosdemotocicleta2.htm

¿Tiene la película algo en común con las "road movies" de Hollywood? Si es así, ¿qué? ¿En qué es distinta?

MÁS ALLÁ DE LA PELÍCULA

Ernesto Guevara: *Notas de viaje,* Selecciones

La sonrisa[1] de la Gioconda

…me fui a ver una vieja asmática que era clienta de La Gioconda. La pobre daba lástima, se respiraba en su pieza aquel olor acre de sudor concentrado y patas sucias,[2] mezclado al polvo[3] de unos sillones, única paquetería[4] de la casa. Sumaba[5] a su estado asmático una regular descompensación[6] cardíaca. En estos casos es cuando el médico consciente de su total inferioridad frente al medio,[7] desea un cambio de cosas, algo que suprima[8] la injusticia que supone el que la pobre vieja hubiera estado sirviendo[9] hasta hacía un mes para ganarse el sustento,[10] hipando y penando,[11] pero manteniendo frente a la vida una actitud erecta. …Allí, en estos últimos momentos de gente cuyo horizonte más lejano fue siempre el día de mañana, es donde se capta la profunda tragedia que encierra[12] la vida del proletario de todo el mundo; hay en esos ojos moribundos un sumiso pedido de disculpas[13] y también, muchas veces, un desesperado pedido de consuelo que se pierde en el vacío,[14] como se perderá pronto su cuerpo en la magnitud del misterio que nos rodea.[15] Hasta cuándo seguirá este orden de cosas basado en un absurdo sentido de casta es algo que no está en mí contestar… (p. 50)

Esta vez, fracaso

Allí [en el pueblo de Baquedano] nos hicimos amigos de un matrimonio de obreros chilenos que eran comunistas. A la luz de una vela con que nos alumbrábamos[16] para cebar[17] el mate y comer un pedazo de pan y queso,

1. *smile*
2. aquel… *that acrid odor of concentrated sweat and dirty feet*
3. *dust*
4. *furnishings*
5. *was added*
6. *weakness*
7. *environment*
8. *suppresses*
9. supone… *supposes that the poor old woman had been serving*
10. para… *to earn her living*
11. hipando… *panting and suffering*
12. *surrounds*
13. sumiso… *submissive request for forgiveness*
14. desesperado… *desperate plea for consolation which is lost in the emptiness*
15. *surrounds*
16. *lighted*
17. *prepare, steep*

las facciones contraídas[18] del obrero ponían una nota misteriosa y trágica, en su idioma sencillo y expresivo contaba de sus tres meses de cárcel, de la mujer hambrienta[19] que lo seguía con ejemplar lealtad,[20] de sus hijos, dejados en la casa de un piadoso[21] vecino, de su infructuoso[22] peregrinar[23] en busca de trabajo, de los compañeros misteriosamente desaparecidos, de los que se cuenta que fueron fondeados en[24] el mar. El matrimonio aterido,[25] en la noche del desierto, acurrucados[26] uno contra el otro, era una viva representación del proletariado de cualquier parte del mundo. No tenían ni una mísera manta con que taparse,[27] de modo que le dimos una de las nuestras y en la otra nos arropamos[28] como pudimos Alberto y yo. Fue ésa una de las veces en que he pasado más frío, pero también, en la que me sentí un poco más hermanado[29] con esta, para mí extraña especie humana… (p. 56)

— Ernesto Guevara, *Notas de viaje*, Casa Editora Abril, 1992

Alberto Granado: *Con el Che por Sudamérica*, Selecciones

Miramar, enero 13 de 1952

…He conocido a mucha gente de un nivel social que no he tratado antes, y francamente me hace sentir orgulloso de mi origen de clase. Nunca en mi vida me había tropezado,[1] ni mucho menos alternado,[2] con este tipo de gente. Es increíble cómo piensan, cómo razonan. Son seres que creen que por derecho divino o algo semejante merecen vivir despreocupados[3] de todo lo que no sea el pensar en su posición social, o en la manera más estúpida de aburrirse en grupo. … ¡Cómo no van a poner cara de asombro y susto[4] cuando se habla delante de ellos de un poco de igualdad, o cuando se les trata de hacer ver que todos esos seres que giran a su alrededor,[5] que les sirven, que recogen todo lo que ellos dejan tirado, necesitan también vivir. Que son seres humanos a quienes también les gusta tomar baños de mar, o sentirse acariciados[6] por el sol! (pp. 20-21)

Chuquicamata, marzo 14 de 1952

Nos levantamos temprano y fuimos a ver a míster Mackeboy, el yanqui administrador de la mina. Su Exigentísima[7] Majestad, como le bautizamos,[8] nos hizo hacer una larga antesala.[9] En un español yanquinizado nos hizo ver

18. facciones… *contracted features*
19. *famished*
20. *loyalty*
21. *compassionate*
22. *fruitless*
23. *pilgrimage*
24. fueron… *were sent to the bottom of*
25. *blue with cold*
26. *curled up*
27. manta…*blanket to cover themselves*
28. nos… *we wrapped ourselves up*
29. *united as brothers*

1. *come across*
2. *interacted*
3. *unconcerned*
4. poner… *look amazed and frightened*
5. giran… *revolve around them*
6. *caressed*
7. *very demanding, exacting*
8. *baptized*
9. nos… *made us wait a long time*

que eso no es un centro turístico, ni una entidad de caridad[10] y nos endilgó[11] un guía para que nos hiciera conocer la mina.

Por supuesto, el viaje que hicimos hoy no hizo más que confirmar la opinión formada en el recorrido de ayer, es decir que todo esto es de una riqueza incalculable…. (p. 81)

Cuzco, abril 2 de 1952

Un cholo[12]… nos contaba, con su lenguaje modesto, la forma en que es estafado[13] por los dueños de la tierra. Hace unos diez años se casó y fabricó una casita en plena selva, a unos 600 metros de altura. Estuvo tres años talando monte, quemando rastrojo[14] y preparando la tierra para hacerla cultivable. Durante todo ese tiempo el dueño de la tierra no le dijo nada, pero cuando estaba lista la cosecha[15] lo mandó a desalojar[16] con la policía. Se fue con su mujer y dos hijos que tenía ya, mucho más arriba. Estuvo tres o cuatro años talando la selva, y cuando pensaba disfrutar[17] del fruto de su trabajo el dueño volvió a desalojarlo. El Pelao y yo nos miramos entre asombrados[18] y violentos[19] de ver tanta mansedumbre[20] en la forma de contar esa tremenda injusticia sin castigo,[21] y tanta sumisión fatalista. (p. 111)

— Alberto Granado, *Con el Che por Sudamérica*,
Editorial Letras Cubanas, 1986.

10. entidad… *charitable organization*
11. *assigned (usually refers to something bad or unpleasant)*
12. *Indian or mestizo who speaks Spanish or who has adopted Spanish customs*
13. *swindled, ripped off*
14. talando… *cutting brush, burning stubble*
15. *harvest, crop*
16. lo… *had him thrown out*
17. *enjoy*
18. *amazed*
19. *furious*
20. *docility*
21. sin… *unpunished*

Preguntas y opiniones

Notas de viaje

1. ¿En qué circunstancias vivía la mujer que Ernesto fue a ver, la clienta de La Gioconda? ¿Qué quería decir Ernesto cuando escribió que su "horizonte más lejano fue siempre el día de mañana"? ¿Pudo ayudarla? ¿Cómo se sentía él?

2. ¿A quiénes conocieron Ernesto y Alberto en Baquedano? ¿De qué partido político eran? ¿Qué les contó el señor? ¿Qué les dieron Ernesto y Alberto?

Con el Che por Sudamérica

1. Según Alberto, ¿cómo es la familia de Chichina? ¿Qué les interesa? ¿Cómo es su vida?

2. ¿Es de clase alta Alberto?

3. ¿Cómo reaccionan los familiares de Chichina cuando Alberto les habla de "un poco de igualdad"? (Es la primera vez que Alberto ve el mar y está muy contento; reconoce que los sirvientes de la casa de Chichina también disfrutarían de un paseo a la playa.)

4. ¿Quién es míster Mackeboy? ¿Qué les dice a Ernesto y a Alberto? ¿A qué conclusión llegan Ernesto y Alberto?

5. ¿A quién conocen Alberto y Ernesto en Cuzco? ¿Qué historia les cuenta? ¿Cómo reaccionan los dos jóvenes?

¿Cree que la película representa fielmente el contenido de estas selecciones de los dos diarios? ¿Por qué sí o por qué no?

¿Qué personas o personajes conoce usted como la familia de Chichina? Describan a esas personas o personajes. ¿Qué opina de ellos?

Una carta a Ernesto

Imagine que usted es Chichina y escríbale una carta de amor o de rechazo (*rejection*) a Ernesto. ¿Qué opina su familia de Ernesto y Alberto?

Alternativamente, imagine que es la madre de Ernesto y escríbale una carta. ¿Qué consejos le da a su hijo?

CAPÍTULO 11

No

Presentación de la película: En 1988, ante la presión internacional, el dictador chileno Augusto Pinochet se ve obligado a organizar un plebiscito (*referendum*) de apoyo a su presidencia. Los líderes de la oposición convencen a René Saavedra, un joven publicista, de que se encargue (*to be in charge*) de la campaña a favor del "No" (es decir, "No" a Pinochet). Parece que no hay ninguna posibilidad de que la campaña del "No" gane…

• El director de la película, Pablo Larraín, nació en Santiago (Chile) en 1976 en el seno (*bosom*) de una conocida familia de políticos derechistas. En 2006 debutó como director cinematográfico con *Fuga*, la primera de cuatro películas que reflejan la época de la dictadura del general Pinochet desde un punto de vista crítico. De ellas, *Tony Manero* (2008) y *Post Mortem* (2010) obtuvieron el premio a la mejor película en festivales internacionales.

• El guión es de Pedro Peirano, quien se inspiró en *El plebiscito*, una obra teatral no publicada de Antonio Skármeta y, además, realizó una exhaustiva investigación.

• La película *No* recibió el premio principal de la "Quincena de Realizadores" del Festival de Cine de Cannes 2012, donde su presentación ante periodistas y críticos terminó con aplausos prolongados; también el público la recibió con entusiasmo. Dos meses después, tres ex-presidentes de Chile (Patricio Aylwin, Eduardo Frei y Ricardo Lagos) asistieron en Santiago al "avant première" del filme al que alabaron *(praised)*. *No* fue finalista en la categoría de "mejor película de habla no inglesa" de los premios Oscar 2013.

• Gael García Bernal (René Saavedra), nació en Guadalajara (México) en 1978 (ver el capítulo 9 "También la lluvia"). Su personaje es ficticio, pero bastante parecido al publicista Eugenio García, a quien se atribuye el concepto de "la alegría ya viene" de la campaña del "No".)

• Antonia Zegers (esposa de Pablo Larraín en la vida real) hace el papel de Verónica Carvajal, ex-pareja de Saavedra y madre de Simón.

• Alfredo Castro ("Lucho" Guzmán), Luis Gnecco (José Tomás Urrutia) y Jaime Vadell (ministro del interior) son famosos actores de teatro, cine y series televisivas chilenas. Además, Larraín incluyó a varios protagonistas de la historia que aparecen en el filme interpretándose a sí mismos (e.g., Patricio Aylwin y el presentador de televisión Patricio Bañados).

• Los actores estadounidenses Jane Fonda, Christopher Reeve y Richard Dreyfus aparecen en el filme apoyando la campaña del "No".

PREPARACIÓN

Vocabulario preliminar

Note: All but a few of the following words occur at least twice in the film.

Cognados		
la campaña	las Fuerzas Armadas	el régimen
democrático(a)	la libertad	el uniforme
el fraude (electoral)	el/la publicista	

La publicidad *(Advertising)*	
el anuncio (comercial)	*(commercial) advertisement*
la franja (del "Sí", del "No")	*campaign in which media time is given, usually free (the "Yes" campaign, the "No" campaign)*
presentarse	*to be presented*
un producto atractivo, distinto	*an attractive, distinctive product*
sacar de la pantalla	*to take off the screen*
el spot (publicitario)	*advertisement*

La política y el gobierno *(Politics and government)*	
la censura	*censorship*
el derecho	*right*
los desaparecidos	*the disappeared, people who were kidnapped and murdered*
la dictadura	*dictatorship*
unas elecciones "arregladas"	*"fixed" elections*
el/la exiliado(a)	*person who has been exiled*
el golpe de Estado	*coup d'état*
el/la opositor(a)	*opponent*
el/la partidario(a)	*supporter*
el partido	*party*
la patria	*native country*
permanecer en el poder	*to stay in power*
el plebiscito	*plebiscite, referendum*

Otras palabras	
la alegría	*happiness*
el arcoíris	*rainbow*
denunciar	*to denounce*
la esperanza	*hope*
feroz	*ferocious, intense*
el himno	*anthem*
indeciso(a)	*undecided*

 Chile en 1973. Complete el párrafo con palabras de la siguiente lista. Utilice todas las palabras.

censura   exiliados   golpe
democrática   feroz   patria
denunciaron   Fuerzas   uniforme
desaparecidos

Chile tenía una larga tradición (1) _____ antes de 1973. En ese año los generales de las (2) _____ Armadas acordaron dar un (3) _____ de Estado para acabar con el "caos" del gobierno socialista de Salvador Allende. El general Augusto Pinochet, "Jefe Supremo de la Nación", fue presentado como "salvador de la (4) _____", siempre con su impresionante (5) _____ militar. Comenzó entonces un largo período de (6) _____ represión, y miles de personas fueron torturadas o asesinadas. Muchos salieron de Chile y vivieron (7) _____ en varios países del mundo. Las Naciones

Unidas y muchos gobiernos del mundo (8) _____ las violaciones de los derechos

humanos, la represión de toda oposición, la falta de libertades y la (9) _____.

La Iglesia Católica creó la Vicaría de la Solidaridad para ayudas sociales y legales a los prisioneros

y a las familias de los (10) _____.

B **El plebiscito.** Escoja las palabras apropiadas para completar el párrafo.

Después de siete años de (1) _____ (dictadura / libertad), una nueva constitución

fue promulgada en 1980. Según la nueva constitución, habría un (2) _____

(plebiscito / régimen) en 1988. Los líderes de todos los (3) _____ (derechos /

partidos) chilenos firmaron un acuerdo que proponía *(proposed)* la transición a la democracia.

Se creó el Comité por Elecciones (4) _____ (Libres / Arregladas), un grupo no

partidista *(nonpartisan)* de chilenos con el compromiso *(commitment)* de observar la votación y

evitar *(avoid)* (5) _____ (el fraude / la esperanza) electoral. Los opositores a

Pinochet estaban en la franja del "No" y los (6) _____ (partidarios / rivales)

de Pinochet — los que querían que Pinochet permaneciera en el (7) _____ (exilio /

poder) — estaban en la franja del "Sí". El plebiscito llamó la atención internacional, y en el otoño

de 1988 miles de periodistas y otras personas de todo el mundo llegaron a Chile.

C **El candidato.** Complete el párrafo con palabras de la siguiente lista. Utilice todas las palabras.

alegría	himno	presenta
arcoíris	indecisa	publicista
campaña	pantalla	publicitario
gobierno		

Mi tío Eduardo es (1) _____. Trabaja en la (2) _____ política de

un candidato al Senado. Creó un spot (3) _____ en el cual su candidato se

(4) _____ como un hombre muy honesto, simpático, altruista. En el anuncio, grandes

multitudes lo escuchan mientras se oye el (5) _____ nacional. En la

(6) _____ del televisor se ven flores, un cielo azul con un (7) _____

de muchos colores, escenas de esperanza y (8) _____. Un narrador describe

al candidato y dice "Hoy el país piensa en su futuro. Vote por José García; lo necesitamos ahora

más que nunca". Como siempre, hay mucha gente (9) _____ que no sabe mucho

sobre la política. En realidad "el producto" que mi tío vende no es muy atractivo; José García
es un hombre corrupto y egoísta. Espero que no gane porque no necesitamos a un tipo como él
en el (10) _____.

Antes de ver la película

 Preguntas. Conteste las siguientes preguntas. Su profesor(a) puede pedirle que haga este ejercicio
con un(a) compañero(a), utilizando la forma **tú** del verbo, y que den un informe oral a la clase.

1. ¿Qué es la democracia? ¿Qué derechos y deberes u obligaciones tiene el individuo que
   vive en un sistema democrático? ¿Cómo se puede perder la democracia? ¿Por qué
   ocurre a menudo?

2. ¿En qué países del mundo no existe la democracia? (Y, si la tuvieron, ¿cómo la
   perdieron?) ¿Cree usted que el mundo camina hacia la democracia? ¿Es compatible
   la verdadera democracia con el control de las grandes compañías multinacionales?

3. ¿Qué es una dictadura? ¿Quién y cómo se controla a los ciudadanos? ¿Qué derechos
   se pierden en un régimen dictatorial? ¿Qué les pasa a los opositores? ¿Tienen algunas
   ventajas las dictaduras?

B **Los personajes.** Lea las descripciones y los nombres de los personajes. Después de ver la película,
empareje cada personaje con su descripción.

a. René Saavedra   b. Luis ("Lucho") Guzmán   c. José Tomás Urrutia   d. Fernando Costa

e. Verónica Carvajal   f. Alberto Arancibia   g. el ministro Fernández   h. Simón

_____ 1. director audiovisual que prefiere denunciar los abusos de la dictadura

_____ 2. ex-esposa de René

_____ 3. publicista chileno que vuelve del exilio

_____ 4. jefe de la campaña del "Sí"

_____ 5. hijo de René y de Verónica

_____ 6. funcionario *(official)* en el gobierno de Pinochet

_____ 7. coordinador de los políticos pro "No" y de sus publicistas

_____ 8. amigo y mentor de René que ayuda al comité del "No"

Michelle Bachelet, elegida presidenta de Chile por segunda vez en 2013.

Investigación

Busque información sobre uno de los temas que siguen. Su profesor(a) puede pedirle que trabaje con un(a) compañero(a) o en un grupo pequeño para hacer la investigación y que den un informe oral a la clase.

1. el presidente Salvador Allende y su programa de gobierno socialista

2. la dictadura de Augusto Pinochet y la DINA (Dirección de Inteligencia Nacional)

3. Patricio Aylwin, presidente de Chile entre 1990 y 1994 o Michelle Bachelet, presidenta de Chile entre 2006 y 2010

Note: Your instructor may ask you to read over the exercises in the section **Exploración** before you see the film, in order to improve your understanding of it.

EXPLORACIÓN

¿René, Lucho o Verónica? Algunas de las siguientes oraciones describen a René, otras a Lucho y otras a Verónica. Marque **R** (René), **L** (Lucho) o **V** (Verónica), según el caso.

_____ 1. Ha pasado unos años trabajando fuera de Chile.

_____ 2. Es jefe de una agencia de publicidad.

_____ 3. Cree que los demócratas cristianos, los socialistas y los comunistas son todos iguales.

_____ 4. Dice muy seguro: "Vamos a sacar a Pinochet".

_____ 5. Dice que el plebiscito es una mala idea, que va a validar el gobierno de Pinochet, que la gente va a decir "Éste es mi presidente".

_____ 6. Dice que José Tomás Urrutia no es comunista, es "lo otro", amigo de la familia.

_____ 7. Relaciona los colores del arcoíris con los partidos políticos.

_____ 8. Dice que no consiguen artistas (actores, etc.) para su campaña.

_____ 9. Tiene una nueva pareja *(companion, significant other)*.

_____10. Dice que los "gringos" no pueden estar con el "No" porque financiaron el golpe de Estado.

B La historia

1. En la primera escena, René presenta un spot publicitario de una bebida refrescante *(refreshing)*. ¿Cuál es el nombre de esa bebida? ¿Qué dice René sobre ese anuncio comercial? (Lucho defiende el spot diciendo que la juventud necesita música, rebeldía [*rebellion*], romance.)

2. ¿Quién llega a la oficina donde René trabaja e interrumpe la reunión? ¿Qué quiere que René haga? ¿Cómo reacciona Lucho, el jefe, al saber que esa persona llegó a su oficina?

3. El primer jefe de la campaña del "Sí", o sea, a favor de la continuidad de Pinochet como presidente, es argentino. ¿Qué les dice a los chilenos que necesita su propio país, Argentina? Según él, ¿cómo debe presentarse al público el general Pinochet?

4. Después, en el spot a favor del "Sí" en la televisión, ¿cómo se presenta al general Pinochet? ¿Qué impresión se quiere dar de él a la gente? ¿A quiénes abraza, da la mano, besa, sonríe? La niña que canta y llora de emoción es de la Isla de Pascua *(Easter Island)*; también se ve gente mapuche (indígena). Al mismo tiempo se oye la voz de un narrador: ¿qué cuenta de la vida del presidente? Según el narrador, ¿por qué o por quiénes ha trabajado sin descanso?

5. ¿Cuántos minutos van a durar las franjas? ¿A qué hora se van a transmitir? ¿Qué hace mucha gente a esa hora?

6. En la reunión del "No", se muestran escenas reales – en blanco y negro — de tiempos de la dictadura. Son escenas de represión de manifestantes *(demonstrators)* con mucha información: 34.690 torturados, 200.000 exiliados, etc. ¿Por qué no le gusta esto a René? ¿Con qué otro tipo de spot piensa él que se puede ganar el plebiscito?

7. ¿Cómo reaccionan los miembros del comité del "No" a las ideas de René? ¿Qué opiniones fuertes hay en el grupo? ¿Tienen esperanza de ganar?

8. Según estudios de la campaña del "No", la mayoría de los indecisos votarán por el "No" (si votan). En la casa de vacaciones en la playa, José Luis, René, Alberto y otros partidarios del "No" hablan de los indecisos, de los jóvenes y de las mujeres mayores de 60 o 65 años de clase media o media baja. Le hacen algunas preguntas a Carmen,

la mujer que trabaja para René. ¿Por qué no votarán por el "No" muchas mujeres mayores? (¿Están contentas con la economía? ¿De qué problemas se acuerdan?) ¿Por qué no votarán los jóvenes?

9. Después de oír la opinión de Carmen, René dice, "¡El viejo [Pinochet] se apropió de la democracia! Lo hizo propio (*He made it his own, took it over.*)" ¿Qué quiere decir? ¿Cuál es la "solución", según René y Alberto?

10. En una nueva reunión del comité del "No", René les presenta el arcoíris, que para él simboliza la calma después de una tormenta (*storm*). ¿Qué efecto negativo puede tener en un país bastante tradicional? Cuando alguien dice, "Se ve el arcoíris porque todos los partidos están representados… ¿es ésa la idea?", ¿cómo responden René y José Tomás?

11. En otra parte de la franja del "No", Patricio Aylwin, ex senador del Partido Demócrata Cristiano, habla sobre su formación democrática y la democracia chilena. En otra escena, varias mujeres hablan de sus seres queridos desaparecidos y bailan una triste cueca, el baile nacional. Una viejita compra dos marraquetas (panes, en Chile), pero solamente una bolsita de té. Hay unas escenas de violentos ataques de los policías o "pacos" contra la gente en la calle. Como contraste, un joven pasea tranquilo mientras se oye "La alegría ya viene". En su opinion, ¿cúal de los tipos de spot tendrá más éxito (*success*)? ¿Le parece mejor o peor la idea de mezclar (*mix*) estos tipos de spot?

12. En unos spots de la campaña del "Sí", unos cantantes profesionales muy formales cantan un himno patriótico que termina con estas palabras: "Hoy la victoria tiene nombre: Presidente Pinochet". A continuación habla el dictador. Después, en una reunión, Lucho (el nuevo jefe) dice que quiere hacer cambios en la franja del "Sí" imitando la franja del "No" (aunque está seguro de que el "Sí" va a ganar). ¿Qué cambios quiere hacer? ¿Qué tiene la franja del "No" que no tiene la del "Sí"? ¿De qué lado está la mayoría de los actores y actrices chilenos?

13. Cuando Lucho ve la franja de la campaña del "No" preparada para el día siguiente en la cual un juez (*judge*) describe casos de tortura, ¿qué hace? ¿Cuál es el resultado? ¿Cómo reacciona René cuando Fernando sugiere una conferencia de prensa (*press*) para denunciar la censura? ¿Qué tipo de spot hacen los del "No" para el día siguiente? ¿Qué quiere decir "No-ticias"? ¿Qué pasa cuando el público se da cuenta de lo que pasó?

14. Cuando Verónica está detenida (*arrested*), Lucho llega a la comisaría (*police station*). ¿Por qué? ¿Qué hace Lucho para que René le dé las gracias? ¿Por qué cree usted que Lucho ha ayudado a René?

15. ¿Se venden más banderitas (*small flags*) para el "No" o para el "Sí"?

16. Los primeros resultados del plebiscito son favorables al "Sí" y los pinochetistas comienzan a celebrar. ¿Qué les parece evidente a los partidarios del "No"? ¿Qué papel tienen los periodistas internacionales en los resultados finales del plebiscito? Al final, ¿quiénes abandonan a Pinochet?

17. René patina (*is skateboarding*) de nuevo por las calles de Santiago, algo muy poco común en la época. ¿Será símbolo de su espíritu de juventud? ¿libertad? ¿Debería estar contento por la llegada de la democracia, de la alegría que supuestamente llegó? ¿orgulloso de haber vendido bien su "producto"? Entonces, ¿qué adjetivo daría usted a cómo se lo ve? ¿feliz? ¿indiferente? ¿preocupado?

18. En las últimas escenas, René y Lucho presentan un spot que René creó para una nueva telenovela. Hay varias actrices con ropa muy elegante en el techo de un edificio. Un hombre guapo (un "galán") les tira rosas desde un helicóptero y uno de los clientes lo compara con James Bond. ¿Qué quiere decir el director con estas últimas escenas, en su opinión?

ANÁLISIS Y CONTRASTE CULTURAL

Vocabulario

Cognados	
la copia	la imagen
copiar	la violencia

Otras palabras	
amenazar	*to threaten*
asustar	*to frighten*
comprometido(a)	*committed*
la derecha	*right wing (political)*
ganador(a)	*winning, a winner*
intentar	*to try*
la izquierda	*left wing (political)*
legitimar	*to legitimize*
lograr	*to achieve*
luchar	*to fight, struggle*
la miseria	*poverty*
sufrir	*to suffer*

Expresiones regionales*	
el cabrito	*kid, little boy*
el guatón (la guatona)	*person with a big paunch or belly*
la marraqueta	*popular kind of Chilean white bread*
los milicos	*soldiers*
los pacos	*cops, policemen*
pelearse como bolsa de gatos	*to fight like cats in a sack*
el/la roto(a)	*poor or low-class person*
Se te ve muy bien.	*You look really good.*
la vieja	*old woman (pejorative)*

*   All of these expressions are colloquial. Some are used in countries other than
     Chile as well. Notice that in Chile as in some other regions **el** or **la** can precede
     a first name, as in **"el Simón"**.

 En resumen. Complete las oraciones con palabras de las listas.

comprometidas	legitimar	miseria
imágenes	lucha	sufrido

1. El general Pinochet tiene que _____ su gobierno por medio de un plebiscito.

2. Bajo Pinochet, mucha gente chilena vive en la _____.

3. José Tomás es una de muchas personas totalmente _____ con la franja del "No"; no es comunista pero es de la izquierda.

4. Fernando y José Tomás piensan que la gente que ha _____ mucho durante la dictadura tiene derecho a expresar su dolor.

5. Cuando ve las _____ de violencia y represión en el primer spot del "No", René dice: "Esto no vende".

6. Como muchos chilenos, Verónica _____ por la democracia.

amenazan	copia	intenta
asustar	ganador	logran

7. La franja del "Sí" quiere _____ a la gente con el pasado, con los problemas económicos.

8. Unos hombres _____ a René; lo llaman por teléfono y escriben "Marxista vendepatrias *(traitor)*" en su casa.

9. Según la franja del "Sí", Chile con Pinochet es un país _____.

10. Lucho _____ los spots de la franja del "No".

11. René _____ utilizar más humor en los spots; dice que la gente no necesita más miedo.

12. Los partidarios del "No" _____ ganar el plebiscito.

B **Cultura chilena popular.** Complete el siguiente párrafo con palabras de la lista "Expresiones regionales".

En conversaciones informales los chilenos usan palabras y expresiones populares. Por ejemplo, cuando René y Verónica hablan de "el Simón", lo llaman el (1) _____. Si una persona está gorda o tiene un gran estómago la llaman (2) _____. Y a las mujeres las llaman (3) _____ con un sentido peyorativo. Los militares son (4) _____ y los policías, (5) _____. Si los chilenos hablan de personas pobres o de clase baja, les dicen (6) _____. Algunas de estas personas no tienen ni para comprar el pan chileno más típico, la (7) _____. Si dos o más personas no se llevan bien y discuten mucho, se dice que "Se pelean como bolsa de (8) _____". Pero si un chileno piensa que otra persona está guapa, le dice "Se te ve muy (9) _____".

Notas culturales

*   Un poco de historia: Salvador Allende fue elegido (*elected*) presidente de Chile en
    1970. Su intención era construir una sociedad basada en un socialismo democrático,

    experiencia única en el mundo en aquel momento. Durante
    el primer año, la producción industrial aumentó (*increased*),
    la inflación bajó (*decreased*) y el desempleo (*unemployment*)
    fue de un 3.8 por ciento. Todo parecía ir bien para el primer
    gobernante socialista elegido por votación popular. Pero en julio
    de 1974 el Congreso aprobó (*approved*) la nacionalización de las
    minas de cobre (*copper*), "el oro de Chile". Algunas compañías
    mineras, propiedad de norteamericanos, no recibieron
    compensación, por lo que el gobierno de Estados Unidos inició
    un boicot de préstamos (*loans*) al gobierno de Allende. Mucha
    gente rica ya había retirado su dinero de los bancos chilenos.
    Pronto comenzaron la escasez (*scarcity*) y la inflación, y el país

Salvador Allende,
1908-1973

    entró en recesión. Según documentos desclasificados de Estados Unidos, la CIA
    apoyó a los opositores al gobierno de Allende, quienes vieron en las Fuerzas Armadas
    la única solución para Chile. El 11 de septiembre de 1973 la junta militar dio un golpe
    de Estado, y el general Augusto Pinochet tomó el control del país.

*   La Concertación era una coalición de diecisiete partidos políticos de centro, centro
    izquierda e izquierda creada en 1988 para oponerse a la permanencia de Pinochet
    en el poder (el "No"). El Congreso norteamericano había aprobado un millón de
    dólares para el buen funcionamiento del plebiscito, que se desarrolló (*was carried
    out*) a satisfacción de los observadores. El "No" obtuvo un 54.7% de los votos; el
    "Sí", un 43%. La Concertación gobernó con cuatro presidentes seguidos: Patricio
    Aylwin, 1990-94; Eduardo Frei, 1994-98; Ricardo Lagos, 2000-2006 y Michelle
    Bachelet, 2006-2010. Estos cuatro gobiernos consiguieron logros (*achievements*)
    históricos en el terreno de los derechos humanos, en la disminución de la pobreza
    y en la educación pre-escolar. Pero en 2010 hubo un cambio político significativo:
    Sebastián Piñera, un empresario (*entrepreneur*) de la derecha, ganó las elecciones a
    la presidencia contra el candidato de la Concertación, Eduardo Frei. Michelle Bachelet
    fue elegida presidenta en 2013.

*   Isabel Parra, hija de la famosa folclorista chilena Violeta Parra, compuso y interpretó
    la canción "No lo quiero".

Temas de conversación o composición

Discuta con sus compañeros los temas que siguen. Su profesor(a) puede asignarle como tarea que escriba un párrafo sobre alguno(s) de ellos.

1. la rivalidad entre René Saavedra y Lucho Guzmán (Desde el principio de la película observamos a Lucho haciéndole preguntas a René, como "investigándolo". ¿Sobre qué le pregunta? ¿Qué parece preocuparle con respecto a René? ¿Es René sincero o elusivo en sus respuestas? ¿Qué impresión le quiere dar a su jefe? Después, durante la campaña, ¿cuál de los dos está realmente "comprometido" con su franja? ¿Tienen ideas semejantes con respecto a cómo presentar su franja o se copian uno al otro? Cuando el "No" gana, o sea el empleado de Lucho sale ganador, ¿sería lógico que el "jefe" encontrara una excusa para sacar a René de su trabajo? ¿Qué hace, por el contrario? ¿Cómo se ve claramente el cinismo [*cynicism*] de ambos rivales?)

2. la relación entre René y Verónica (René ha vivido en el exilio; Verónica ha permanecido en Chile en lucha activa contra la dictadura. Entonces, ¿qué los separa ideológicamente? ¿Cómo se expresan estas diferencias en las escenas sobre su forma de vida y valores? ¿Al darse cuenta de que Verónica tiene una nueva pareja, René parece muy afectado. ¿Realmente ama a Verónica? ¿Llora de tristeza? ¿de celos? ¿por Simón? ¿por no poder seguir dando la imagen de familia feliz? ¿por sentirse impotente ante su "único" fracaso [*failure*], él, el ejecutivo brillante y triunfador? ¿Ha sido una buena o mala idea que el director haya dejado la relación entre René y Verónica en un "tercer" plano [*in the background*]?)

3. la cultura del miedo (Hoy sabemos que los opositores al régimen de Pinochet sufrieron persecución permanente, torturas, exilio, prisión, muerte... o vivieron aterrados [*terrified*] y silenciosos en una sociedad intolerante. ¿Cómo se cultivó esa cultura del miedo? ¿Cómo intentaron asustar a la gente? ¿Qué escenas de espionaje y violencia policial, amenazas, censura de noticias en la televisión, etc. recuerda usted en la película? ¿Hay alguna específicamente relacionada con René? ¿con la campaña del "No"? ¿Son escenas reales, tomadas de las noticias de la época? ¿Son escenas de ficción, creadas para la película? ¿Son escenas fusionadas? ¿Qué efecto le producen como espectador? ¿Se siente usted aliviado(a) [*relieved*] al escuchar la canción "La alegría ya viene…"?)

4. la multifacética figura del general Pinochet (¿Qué reportajes de archivo sobre Pinochet recuerda usted en la película? ¿Con qué personas lo relacionan en la franja del "Sí" para intentar demostrar su aceptación por la comunidad internacional? ¿Cómo se presenta Pinochet cuando habla en televisión sobre lo que ha hecho y por qué lo ha hecho? ¿Da la impresión de ser un personaje arrogante y poderoso, o más bien un viejecito humilde y paternal? Por su parte, ¿cómo lo presenta la campaña del "No"? ¿Por qué dividen su cara en uno de los spots?)

5. la historia del himno del "No" (Mire la letra [*lyrics*] de "Chile, la alegría ya viene" al final del capítulo. Eugenio García, el director de la campaña del "No", inventó la frase

clave "Chile, la alegría ya viene". Jaime de Aguirre, actual director de Chilevisión, compuso la música; su amigo Sergio Bravo escribió la letra.* ¿Cuál es el mensaje de esta canción? ¿Cómo cree el autor que Chile va a cambiar? ¿Por qué cree usted que esta canción tuvo tanto éxito entre la gente? ¿Es el optimismo de la letra? ¿es la música pegadiza [*catchy*]? ¿son los cantantes jóvenes que la cantan con pasión? Si usted hubiera sido un joven votante indeciso, ¿esta canción le habría animado [*encouraged*] a votar?)

6. el montaje (*editing*) de *No* (La película incluye documentales que muestran la represión política del régimen, extractos de las campañas publicitarias del plebiscito, personajes chilenos pronunciando discursos [*speeches*], actores estadounidenses apoyando el "No" y todo esto intercalado [*interspersed*] con las escenas de ficción. Además, Larraín utiliza como actores a personas que participaron realmente en las campañas y con este formato hace que el espectador que vivió los hechos pueda revivirlos, al mismo tiempo que contextualiza la historia para los jóvenes que no tienen recuerdos de esta época. Con el verdadero furor que existe hoy día por la HD (alta definición), de colores superdefinidos y enfoque ultrapreciso, ¿se ha sentido usted molesto[a] ante lo que puede parecer mala calidad de la filmación? ¿Le ha confundido la mezcla o fusión de escenas reales y de ficción? ¿Qué piensa usted del montaje de la película?)

7. el humor (¿Cómo utilizó la creatividad y el humor la franja del "No"? ¿Qué escenas de las franjas eran más memorables para usted?)

---

*   Alejandra Jara, "'Chile, la alegría ya viene': La historia que se esconde tras el himno del 'No'", 21 agosto de 2012.
     http://www.biobiochile.cl/2012/08/21/chile-la-alegria-ya-viene-la-historia-que-se-esconde-detras-del-himno-del-no.shtml

Una escena memorable

¿Por qué René lleva a Simón a casa de Verónica? ¿Es un buen padre René? ¿Qué pasa en esta escena?

Hablan los personajes

Analice las siguientes citas, explique de quién son y póngalas en contexto. (Para una lista de los personajes, ver "Antes de ver la película", ejercicio B.

1. "Esto es muy, muy, muy original. En América quizás hay algo parecido… Tenemos un producto que te invita a ser joven, que te invita a ser valiente…y si eres valiente eres *free*".

2. "Con tus antecedentes familiares, no te habría contratado nunca".

3. "[Con diecisiete partidos] eso va a ser un guirigay *(bunch of gibberish)*. Se van a pelear todos como bolsa de gatos".

4. "Hay que considerar el dolor de muchas personas, el dolor de toda la historia. ¿Dónde está eso? ¿Cómo voy a decirles que la alegría es nuestro concepto?"

5. "¿Sabe por qué está paranoico, Guzmán? Porque tiene allí… en su oficina tiene metidos a unos comunistas homosexuales".

6. "¿Quién es esa gente riéndose, celebrando, cantando? ¿Celebrando qué?… No sé qué país te estás imaginando".

7. "Vamos a sacar a Pinochet de la pantalla. Mucho milico, mucha rota… mucha guatona, mucha mujer de coronel".

8. "¿Sabes cómo vamos a recordar esta campana? Nosotros, los empleados, hicimos la del "No" y ustedes, los jefes, hicieron la del "Sí".

9. "Hoy nace un nuevo Chile, más justo, más solidario, sin privilegiados, donde todos tendremos derecho a pensar distinto, donde todos tendremos las mismas oportunidades… y sin derramar una sola gota de sangre *(without spilling a single drop of blood)* hemos derrotado *(defeated)* esta feroz dictadura simplemente diciéndole fuerte y claro 'No'".

Hablando de la cultura...

En muchos países hispanoamericanos existe la costumbre de la franja electoral, o franja política. Los medios de comunicación (televisión, radio, etc.) tienen que darles a los candidatos o partidos políticos espacio **sin costo** dentro de su programación para explicar sus ideas o propuestas *(proposals)*. Las leyes varían según el país, pero en general la franja electoral da oportunidades para que el público se informe sobre los candidatos y partidos. Se puede hacer una búsqueda en Google (e.g., "franja electoral Chile") para ver ejemplos recientes. ¿Qué piensa usted de esta práctica? ¿Se debe tener franjas electorales en este país?

Hablan los críticos y los directores

"La historia de *No* tiene un final conocido. La oposición ganó por un pequeño margen y Chile lleva más de veinte años viviendo en democracia. Sin embargo, el gran éxito de Larraín es hacer que esto no evite que nos emocionemos durante el transcurso de *(doesn't keep us from feeling excited in the course of)* la película y que el mensaje esperanzador de su historia transcienda la pantalla y la época. En una Latinoamérica en la que las instituciones democráticas viven en constante lucha por sobrevivir, *No* es un recordatorio *(reminder)* de aquella época en la que la alegría llegó para dejar la dictadura atrás".

—Cristián C. Villa, "*No* (2012): Reseña", *Fílmicas,* 6 de enero de 2013
http://filmicas.com/2013/01/06/no-2012-resena/

"Decir que la alegría no llegó es un cliché. Pero es un cliché real. Crudamente real. Y no se podría ignorar que esta idea que la película plantea con sutileza *(subtly poses)*, mediante momentos de humor negro, que son negros precisamente porque estamos en 2012 y el país presenta miserias bastardas que nunca se erradicaron en más de veinte años de democracia…. La conclusión es que el fin de la dictadura en Chile es el comienzo de una era donde las apariencias son más importantes que la verdad… un país dividido, sumido *(submerged)* en la inequidad y que está a años luz de querer buscar soluciones".

—Víctor Hugo Ortega, "No, la alegría no llegó", *Cinechile, Enciclopedia del cine chileno*
http://www.cinechile.cl/crit&estud-221

¿Con quién está usted de acuerdo? ¿Fue el fin de la dictadura el principio de algo bueno para Chile? ¿Hay o no hay en la película un mensaje de esperanza?

"A través de la mirada de la publicidad y el ingenio, este film muestra lo fuerte que puede ser una idea y como se puede motivar a la gente para que cambie la actitud, para que se atreva a gestionar *(dare to effect)* un cambio, para devolverle la esperanza y en este caso decir 'No', o lo que es más, salir a la calle a gritar '¡No!'"

—"No – Pablo Larraín", *Búho Cinepata*, 14 de agosto de 2012.
http://buhocinepata.wordpress.com/2012/08/14/no-pablo-larrain/

"Tal como René Saavedra, *No* es una película cínica, una película que no cree en un cambio posible o en un futuro colorido *(colorful, happy)* y ahí, precisamente, está su principal lucidez".

—Carolina Urrutia, "No, la película", *La Fuga*
http://lafuga.cl/no-la-película/573

"Frente al primer discurso que puede leerse en la película, el de las imágenes como vehículo de cambio, *No* contiene otro menos militante pero más perturbador *(disturbing)*: el de las imágenes como vehículo de manipulación y mentira, cuerpos vacíos que son capaces de albergar *(housing, containing)* cualquier contenido. ¿La victoria de la publicidad por encima del mensaje político?"

—Gonzalo de Pedro, "Pablo Larraín: 'Los chilenos no fuimos capaces de juzgar a Pinochet'", *El cultural*, 24 de febrero de 2013 http://www.elcultural.es/version_papel/CINE/32284/ Pablo_Larrain-_Los_chilenos_no_fuimos_capaces_de_juzgar_a_Pinochet

¿Pudo la idea de "la alegría" y "el futuro", a través del ingenio de un publicista y de la publicidad, gestionar el cambio en Chile? ¿Trae esta película un mensaje de verdadero cambio político o no?

"Un acierto *(wise choice)* cinematográfico de Pablo Larraín, *No* es una película que muestra una visión más bien neutral sobre todo frente al 'pronunciamiento militar'… Es una película real, hecha nada menos que por un hijo de la derecha, pero sin rol político determinado, con ideas muy claras, como muchos jóvenes chilenos que no se sienten representados por los partidos políticos".

—"¡Un acierto!" 26 de diciembre de 2012 http://www.filmaffinity.com/es/reviews/1/824376.html

"Me deja con sentimientos encontrados *(mixed)*; *No* es de esas películas para amar o despreciar *(look down on)*, cuenta con el uso de cámaras de los ochenta para dar esa atmósfera de pasado oscuro, luces que molestan, tomas que dan la sensación de descuido pero que están pensadas para meternos como voyeurs en la historia de nuestro pasado…."

—"Películas que hacen bien", 26 de septiembre de 2012 http://www.filmaffinity.com/es/reviews/1/824376.html

Estos jóvenes chilenos no vivieron esa época. Para el primero, el director es neutral, sin un rol político determinado; el segundo nos dice que Larraín "nos quiere meter como voyeurs en esta parte terrible de nuestra historia". ¿Cree usted que éste último ve al director menos neutral, más comprometido? ¿Qué piensa usted? ¿Cree que los jóvenes de su país se sienten representados por los partidos políticos?

MÁS ALLÁ DE LA PELÍCULA

Entendiendo a Pablo Larraín

Entrevista de Andrew Chernin a Pablo Larraín

Extracto

Pablo Larraín: "La historia que contamos en *No* fue la de cómo un país negoció[1] con Pinochet, a través de su lógica y utilizando sus propias herramientas[2] para sacarlo del poder. Por eso es que me parece más interesante la pega[3] del publicista que la del político. Tomamos ese lado porque pensamos que era ideológicamente más puntudo[4]. Parte de la izquierda política ha estado en contra de la película y de que hayamos tomado el lugar de los publicistas. Y eso pasa porque ellos los ignoraron después de llegar al poder. Nosotros nos fijamos en estos héroes que hicieron esta épica del país que se moviliza, porque también fue construida por personas que vendían tallarines[5] y Coca-Cola.

"Cuando hoy la vieja izquierda se irrita porque nosotros tomamos esa mirada, tiene mucho más que ver con cómo ellos imaginan el pasado y cómo lo quieren recordar, que con cómo efectivamente fueron las cosas. [...] Hay cosas que se acercan más a la realidad que otras, pero esto no es un tratado de época[6] y nadie lo entiende así, salvo la gente que necesita legitimar una verdad histórica.

"Y cuando esa legitimización se pone en duda, entonces salen a defenderla como perros bravos y se equivocan[7] porque me atacan a mí o a la película, y no a la lógica con que fue hecha. Atacan al autor y me descalifican[8] por razones de clase o de origen ideológico.

"Yo estaba en un colegio muy cuico[9], muy de derecha, el Colegio Apoquindo. [...] Y era un niño con un desasosiego[10] muy fuerte, bastante amargo[11]. Por lo que veía ahí, porque nunca me acomodó[12]. Era un colegio muy violento. El bullying no se denominaba bullying en ese minuto, porque no era una palabra conocida, pero era feroz. Nos pegábamos[13] muchísimo. Era una especie de internado[14] de niños con chofer.

"Estando en octavo básico[15], mi mamá se iluminó y comprendió que no era un buen lugar para mí y mi hermano Juane (Juan de Dios). Nos sacó de ese colegio y nos llevó a otro (Colegio Francisco de Asís), mucho más diverso. [...]

"Salir del Apoquindo fue muy liberador. Me encontré con otro lugar, donde había gente de todos los orígenes. Donde fue posible empezar a distanciarme de mi familia y ver las cosas como me parecían.

"Eso iba de la mano con dejar la adolescencia y empezar a hacerte hombre y entender cómo es Chile y qué es lo que había pasado. Muchas de las cosas que habían sucedido yo las desconocía. O me las habían contado de otra ma-

1. *bargained*
2. *tools*
3. *work, colloquial*
4. *edgy*
5. *pasta, noodles*
6. tratado... *historical treatment*
7. se... *they are making a mistake*
8. *belittle*
9. *upper-class, colloquial*
10. *anxiety*
11. *bitter*
12. me... *suited*
13. Nos... *We hit each other*
14. *boarding school*
15. *eighth grade in Chilean system*

nera. Y la primera sensación fue de vergüenza[16]: cuando tú te das cuenta de qué es lo que tú realmente piensas y dónde te ubicas[17] ideológicamente, te da una vergüenza muy potente… Entonces me dio vergüenza haber tenido una infancia acomodada[18] y una infancia ciega[19]. Me revitalizó mucho la idea de poder entender, compartir una visión ideológica y poder acercarme a lo que pasó en Chile y al dolor de mucha gente, sin necesariamente poder experimentar[20] ese dolor. Lo más importante fue conocer a personas que habían estado directa o indirectamente vinculadas[21] al dolor de la dictadura. Eso quizás fue lo más fuerte: darle una primera dimensión humana. Comprender ese resentimiento. […]

"Apenas pude, a los 21 o 22 años, empecé a tomar fotos para revistas y a hacer videos de matrimonios. Eso me dio algunos recursos[22] e inmediatamente dejé mi casa. Me fui a Santiago Poniente, donde viví seis o siete años. Primero en el Barrio Brasil y luego en el barrio Lattarria, intentando desaparecer. Aunque más que desaparecer, intentando entender un poco mejor la ciudad. […] Era entender la ciudad desde otro lado. Aproximarme al Santiago que más me interesa.

"Irme de la casa de mis padres no significó ningún costo para mí. Pude utilizar bien esa personalidad más retraída[23], de poder estar solo mucho tiempo y empezar a formarme como adulto. Sobre todo, con un padre que se hace senador (Hernán Larraín, UDI[24]) y que representa un montón de cosas desde un punto de vista ideológico, es que yo necesité ubicar un espacio liberador y propio. Fui buscando ese rincón en mi departamento[25]. […]

"El hecho de que yo filme películas sobre dictadura, como una forma de reinterpretar las historias sobre dictadura que yo escuchaba a mi padre, es un hecho mucho menos consciente. No es algo que yo haya estructurado para poder explicar mi comportamiento[26] o poder estar más tranquilo. Para mí el cine no ha sido un Hamlet. No lo he pensado como un lugar para poder expiar[27] y resolver temas pendientes con mi padre y su historia. Ha sido muchísimo más espontáneo. No digo que no haya sido así, pero Hamlet habla con el fantasma[28] de su padre. Y el fantasma de mi padre es un fantasma de carne y hueso. Que está ahí, presente.

"Me he hecho muchas preguntas al intentar hacer estas tres películas (*Tony Manero*, *Post Mortem* y *No*) y las respuestas que tengo son muy pocas. O ninguna. Me pregunto ¿qué pasó? ¿cómo logramos hacernos tanto daño? ¿cómo estructuramos una sociedad sostenida en un resentimiento tan profundo entre ideologías y clases?… Mi trabajo no está instalado a partir de certezas[29]. Tiene que ver más con intentar hallar pequeñas cosas que se articulen y den una idea desde la ficción, porque yo no hago documentales ni tampoco trozos[30] que tengan un rol historiográfico. La formación a retazos[31] que tuve, cuando finalmente logré organizarla y darle un sentido, la pude estructurar más a partir del desosiego y la perplejidad que de la certeza. Desde la idea de hacer preguntas y no esperar respuestas. Cuando hay una respuesta, entonces

16. *shame*
17. te… *you find yourself*
18. *comfortable*
19. *blind*
20. *feel*
21. *connected*
22. *resources (money)*
23. *withdrawn*
24. *a conservative political party*
25. *apartment*
26. *behavior*
27. *atone*
28. *ghost*
29. *certainties*
30. *pieces*
31. formación… *fragmented education*

ya no me interesa. Porque contestar algo es llenar los espacios que uno espera que no estén llenos.

"Mucha gente me dice ¿por qué no haces una película sobre el mundo que más te corresponde, que es el mundo más cuico, más aristócrata, más clase alta? A mí ese mundo me parece enormemente aburrido, poco interesante, con una capacidad de abstracción limitada. Quizás algún día lo haga, lo redescubra y le vea un interés. Pero me metí a hacer un cine más político, porque a partir de ahí surgen[32] preguntas más interesantes. […]

"En *No* hay un diálogo en el que el personaje de la Antonia (Zegers) le dice al personaje de Gael (García): 'Huevón, votar en este plebiscito es decirle que sí a la Constitución de Pinochet'. Le dice que es aceptar su figura. Y eso tiene una idea un poco premonitoria[33], en el sentido de que la gente que se opuso al plebiscito, que no fue poca, se dio cuenta de que estaban negociando, que eso podía tener consecuencias negativas en el futuro.

"Eso es importante para mí en la película: cómo negociamos con un modelo del cual hemos abusado hoy día. La idea de que haya instituciones como las isapres[34], el sistema médico y la educación, que están diseñados por un sistema de lucro[35], versus un país que luchó por equilibrar las cosas. Ese pacto, con esa lógica social, se hizo en el plebiscito. O el modelo que tenía Pinochet del orden social, que hoy tiene al país con ocho o diez dueños. Uno de ellos es el Presidente de Chile [Sebastián Piñera].

"El mismo Piñera ve *No* y dice que la película estaba demasiado basada en el marketing, así es que no le gustó mucho. Es para tomarse la cabeza con las manos y decir 'este señor no entendió nada'. Está basada en el marketing porque desde ese lugar nos pareció interesante ver la alegoría. El era una persona rica [en] el '88. Hoy es billonario. ¿Qué no entendió? […]

"Al principio, cuando me dieron duro por la idea de ser una persona que viene de una familia de derecha, lo pasé muy mal porque no se me permitió, por un buen sector de la cultura, hacer películas. Como si la cultura fuera propiedad de alguien. […]

"Como siempre viví protegido[36], como nunca tuve miedo en dictadura ni estuve cerca de ninguna forma de violencia, como viví cómodo y seguro, y luego, cuando me tocó tener una identidad, me formulé mis propias ideas, tuve que enfrentar[37] ese trato que se me ha dado a ratos[38]. Porque no deja cómoda a la derecha, el lugar del cual provengo[39], ya que mis películas no dejan bien a ese sector. Y la izquierda reacciona mal también. Entonces me quedo sin lugar. Parte de ningún grupo.

"Con el tiempo he aprendido a vivir con las críticas que cuestionan mi

32. *arise, come up*
33. *portentous*
34. *private health insurance companies*
35. *profit*
36. *sheltered*
37. *face*
38. a... *at times*
39. el... *where my origins are*

origen. […] Me he acostumbrado a disfrutarlo también. A no llorar ni victimi-zarme[40], sino a entenderlo.

"Me interesa más el silencio en ese sentido. Por eso soy malo para las entrevistas. Prefiero defenderme con las películas, que es lo que hago. Quizás lo que más le irrita a cierta gente es que sean exitosas. Debe haber personas a quienes les parece inaceptable e injusto que tenga una nominación al Oscar, lo que me parece todavía más interesante".

—Andrew Chernin, "Entendiendo a Pablo Larraín", *La Tercera*, 20 de enero de 2013. http://www.latercera.com/noticia/cultura/ 2013/01/1453-504671-9-entendiendo-a--pablo-larrain.shtml

40. *play the victim*

Preguntas y opiniones

1. ¿Cuál es el tema de la película según su director? ¿Por qué le parece más interesante el trabajo de los publicistas que el trabajo de los políticos?

2. ¿Qué significa que Chile negoció con Pinochet? ¿Qué es lo que ha continuado a pesar del cambio político?

3. ¿Por qué dice Larraín que muchos chilenos de derecha o de izquierda lo atacan personalmente y lo descalifican como director de cine?

4. ¿Cómo se sintió al principio y cómo se siente ahora con respecto a esas críticas? ¿Ha llegado a entender a sus críticos? ¿Cómo se defiende de ellos?

5. ¿Cómo llegó a comprender y a adoptar una visión ideológica tan opuesta a la de su familia y clase social? ¿Le ha sido fácil o difícil?

6. ¿Por qué hace películas sobre la dictadura? ¿Está buscando "la verdad"? ¿Está buscando respuestas a sus preguntas?

¿Qué dice Larraín sobre Sebastián Piñera y los "dueños" de Chile? ¿Cree usted que existe un problema semejante en su país? Si es así, ¿cómo afecta la situación política?

¿Conoce usted una película estadounidense sobre la polarización política que existe en Estados Unidos? ¿Cómo se compara con *No*?

Boletín de noticias

Escriba un breve informe sobre el 5 de octubre de 1988 en Chile. Se podría presentar como un boletín de noticias. Informe al público de otras partes de Hispanoamérica sobre el general Pinochet, la Concertación, la franja del "Sí", la franja del "No" y los resultados del plebiscito. Escriba por lo menos ocho oraciones.

Chile, la alegría ya viene

Chile, la alegría ya viene.
Chile, la alegría ya viene.
Chile, la alegría ya viene.

Porque diga lo que diga, yo soy libre de pensar.
Porque siento que es la hora de ganar la libertad.
Hasta cuándo ya de abusos; es el tiempo de cambiar.
Porque basta de miseria, voy a decir que No.

Porque nace el arcoíris depués de la tempestad.
Porque quiero que florezcan mil maneras de pensar.
Porque sin la dictadura la alegría va a llegar.
Porque pienso en el futuro, voy a decir que No.

Vamos a decir que No, o-o, con la fuerza de mi voz.
Vamos a decir que No o-o, yo lo canto sin temor.
Vamos a decir que No o-o, todos juntos a triunfar.
Vamos a decir que No por la vida y por la paz.

Terminemos con la muerte; es la oportunidad
De vencer la violencia con las armas de la paz.
Porque creo que mi patria necesita dignidad.
Por el Chile para todos, vamos a decir que No.

Vamos a decir que No, con la fuerza de mi voz…
Chile, la alegría ya viene…

CAPÍTULO 12

El viaje de Carol

Presentación de la película: Carol, una chica de doce años que nació en Nueva York de padre norteamericano y madre española, viaja a España con su madre en 1938.
El país está en plena guerra civil *(all-out civil war)*. Su padre es piloto en las Brigadas Internacionales, las fuerzas internacionales que luchan *(are fighting)* contra el general Francisco Franco. Carol llega a la casa de su abuelo, don Amalio.

• *El viaje de Carol* (2002), película ganadora del Festival Internacional de Berlin en 2003, se basó en la novela *A boca de noche,* de Ángel García Rodán. El autor de la novela también escribió el guión original. La película fue filmada en España (Cantabria y Galicia) y Portugal.

• El director, Imanol Uribe, nació en El Salvador de padres españoles. También dirigió *La luna negra* (1989), *Días contados* (1994), *La carta esférica* (2007) y *Miel de naranjas* (2012).

• María Barranco interpretó a Aurora, la madre de Carol. Una de las actrices favoritas de Pedro Almodóvar, actuó en sus películas *Mujeres al borde de un ataque de nervios* y *Átame*. También trabajó en *El rey pasmado* (1991), *El efecto mariposa* (1995), *América* (2010) y *La vida empieza hoy* (2010). Tiene una hija con Uribe: Andrea, nacida en 1993. Rosa María Sardà hace el papel de Maruja; ha actuado en *Todo sobre mi madre* (1999, ver el capítulo 14), *Sin vergüenza* (2001), *Te doy mis ojos* (2003) y *Vete de mí* (2006). Álvaro de Luna (don Amalio) trabajó en *Dulces horas* (1982), *Maestros* (2000) y *El prado de las estrellas* (2007).

• Juan José Ballesta hace el papel de Tomiche; hizo su debut en *El bola* (2000) y actuó en *Ladrones* (2007),

La casa de mi padre (2008) y *Entre lobos* (2010). Clara Lago fue seleccionada entre 200 aspirantes para el papel de Carol. Trabajó en *El juego del ahorcado* (2008) y *Tengo ganas de ti* (2012).

PREPARACIÓN

Vocabulario preliminar

Note: All but a few of the following words occur at least twice in the film. In Spain, the plural **tú** form is **vosotros(as)**. The **vosotros** command form ends in -**ad**, -**ed**, or -**id** in the affirmative and in -**áis** or -**éis** in the negative.

Cognados	
acompañar	escapar
decidir	la libertad
el/la piloto (comercial)	

Los conflictos	
franquista	*supporter of Francisco Franco*
la guerra	*war*
hacer las paces	*to make peace, "bury the hatchet"*
matar	*to kill*
morir (ue)	*to die*
pelear	*to fight*
sufrir	*to suffer*
terminar	*to end*

Verbos	
caer	*to fall*
cazar	*to hunt*
contar (ue)	*to tell, recount*
dar permiso	*to give permission*
dejar; dejar de + infinitivo	*to allow or leave; to leave off or stop + infinitive*
esconderse	*to hide*
llevar de paseo	*to take for an outing, walk, or ride*
prometer	*to promise*
recordar (ue)	*to remember*
tener cuidado	*to be careful*

Otras palabras	
el balneario	*resort, spa*
el/la bicho raro	*oddball, weirdo*
el/la cabezota	*stubborn person*
el gorro	*cap*
el/la guardia (civil)	*police officer*
la mariposa	*butterfly*
el pájaro	*bird*
el recuerdo	*memory; souvenir*

 Un viaje a Brasil. Complete el párrafo con palabras apropiadas de la siguiente lista. Utilice todas las palabras.

balneario	mariposas	paseo	piloto
bicho	paces	pelear	prometieron
caza	pájaros	permiso	recuerdos
dejó			

En junio fui a Brasil con mis tíos. Al principio, mis padres no me querían dar su (1) _____ para hacer el viaje porque decían que sería muy caro. Pero mis tíos les (2) _____ que no costaría mucho: mi tío es (3) _____ comercial y me consiguió un pasaje gratis. Así que pude ir. Fuimos a Bahía y nos quedamos en un (4) _____ allí. Un amigo de mi tío vive en Bahía y nos llevó de (5) _____ a una reserva muy bonita. Allí vimos muchos (6) _____ exóticos. Desafortunadamente (*Unfortunately*), hay gente que los (7) _____ para vender; es un gran problema en esa parte de Brasil. También vimos (8) _____ de todos los colores. Fue un viaje maravilloso. El único problema fue que mi primo Juan es muy excéntrico, un (9) _____ raro; es muy cabezota. No (10) _____ de molestar (annoy) a sus padres y a mí. Tuve varios problemas con él, pero al final él y yo dejamos de (11) _____ e hicimos las (12) _____. Ahora sólo tengo buenos (13) _____ del viaje.

B **¿Qué le dice?** ¿Qué le dice a un amigo que...? Empareje las frases de manera lógica.

> **Modelo:**
>
> Tiene un secreto pero no te lo quiere contar. "Por favor,...."
>
> **e. cuéntamelo**

_____ 1. Nunca puede tomar una decisión. "Por favor,...."   a. acompáñame

_____ 2. No escucha a nadie. "Por favor,...."   b. decídete

_____ 3. Va a hacer paracaidismo (skydiving). "Por favor,...."   c. no seas tan cabezota

_____ 4. No quiere ir contigo a una reunión importante. "Por favor,...."   d. recuerda tu promesa

                                                                    e. cuéntamelo

_____ 5. Te prometió ayudar con la computadora. "Por favor,...."   f. ten cuidado

C **En la Guerra Civil Española.** Complete el párrafo con palabras apropiadas de la siguiente lista. Utilice todas las palabras.

cayó	franquistas	guerra	murió
escapar	gorro	libertad	sufrió
escondió	guardias	mataron	terminó

Karl Wolff, Heinrich Himmler, Francisco Franco, Ramón Serrano Súñer en España en octubre de 1940. Los alemanes habían apoyado al general Franco y sus fuerzas durante la Guerra Civil Española. Franco murió en 1975 a la edad de 82 años, y el actual rey de España, Juan Carlos de Borbón, empezó la transición hacia la democracia.

Según mi padre, mi abuelo (1) _____ en 1938, durante la (2) _____ civil. Durante varios meses fue prisionero de los (3) _____ (los seguidores de Franco) y (4) _____ mucho. De alguna manera pudo (5) _____ y llegó a nuestro pueblo en Castilla. Se (6) _____ en casa de su hermano. Pero no duró mucho su (7) _____. Después de una semana, los (8) _____ civiles lo encontraron y lo (9) _____. La guerra (10) _____ poco después, cuando Madrid finalmente (11) _____. Mi padre me dio algunas cosas de mi abuelo, como el (12) _____ que usaba. También tengo el diario de mi abuela, con descripciones de la vida de aquella época.

Antes de ver la película

Cambios (*Changes*). El director de la película, Imanol Uribe, nació en El Salvador y vivió allí hasta la edad de siete años, cuando sus padres decidieron mandarle a una escuela católica en España. Dice que fue un cambio muy difícil para él: "En ese primer año me encontré solo, muy solo. Y mi refugio, mi escapada, estaba en el cine, aunque yo fuera tan pequeño. Siempre que podía me iba al cine.... Realmente mi afición, o mejor mi vocación por el cine, tiene que ver con aquel sentimiento de soledad". Dice que los niños españoles se burlaban (*made fun*) de él por su acento salvadoreño y que la escuela católica era muy estricta: "La educación religiosa era terrible. Los ejercicios espirituales, ejercicios de terror. ... Fue una época en la que viví obsesionado con el pecado (*sin*)".*

1. ¿Ha tenido usted una experiencia importante, algo que le cambió la vida? Por ejemplo, ¿cambió de escuela? ¿de residencia?

2. ¿Qué problemas le causó este cambio?

3. ¿Cómo lo afectó después? ¿Pudo adaptarse a la nueva situación? ¿Hubo ventajas (*advantages*)?

Los personajes. Lea las descripciones y los nombres de los personajes. Después de ver la película, empareje cada personaje con su descripción.

a. Carol   b. Tomiche   c. Aurora   d. don Amalio   e. Maruja

f. Dolores   g. Robert   h. Alfonso   i. don Julio   j. Adrián

_____ 1. un cura (*priest*) católico

_____ 2. el abuelo de Carol

_____ 3. una niña española que ha vivido en Nueva York

---

* Javier Aguirresarobe, *Luces y sombras en el cine de Imanol Uribe* (Valladolid: Semana Internacional de Cine de Valladolid, 2004), pp. 19-20.

_____ 4. la tía de Carol

_____ 5. una maestra

_____ 6. el padre de Carol

_____ 7. el tío de Carol

_____ 8. un señor franquista que dice que Adrián será importante en el gobierno de Franco

_____ 9. un chico sin padre

_____ 10. la madre de Carol

Investigación

Busque información sobre uno de los temas que siguen. Su profesor(a) puede pedirle que trabaje con un(a) compañero(a) o en un grupo pequeño para hacer la investigación y que den un informe oral a la clase.

1. la Segunda República Española, 1931-39

2. el general Francisco Franco

3. la Brigada Abraham Lincoln

4. la Guardia Civil

Note: Your instructor may ask you to read over the exercises in the section **Exploración** before you see the film, in order to improve your understanding of it.

EXPLORACIÓN

Asociaciones. ¿Con qué personaje de la película se asocia cada una de las siguientes cosas? (Hay más de una respuesta posible.)

> *Modelo:*
>
> una bicicleta
>
> **Carol, Tomiche y sus amigos (Culovaso y Cagurrio)**

1. un balneario

2. un tirachinas (*slingshot*)

3. un gorro

4. un diario

5. unos pantalones

6. unos gusanos de seda (*silkworms*)

7. un vestido negro

8. un avión

9. un mapa de España

10. una llave *(key)* secreta

B La historia

1. ¿Por qué se enoja *(get angry)* Carol con Tomiche?

2. En la tumba de Aurora Quesada de Montalvo, la abuela de Carol, se ve que murió en 1937, el año anterior. ¿Por qué pelearon la madre y la abuela de Carol? ¿Por qué el abuelo ya no vive en la casa grande? ¿Dónde vive él?

3. ¿Por qué dice Blanca, la prima de Carol, que ella y Carol podrían ser hermanas?

4. ¿Por qué va Aurora a la casa de Maruja? ¿Qué noticia le da?

5. Carol baja la escalera y ve a Aurora y a don Amalio con un portugués. ¿Qué le da el portugués a Aurora?

6. Después de la muerte de Aurora , ¿adónde lleva el abuelo a vivir a Carol? ¿Le cuenta el abuelo a Robert que Aurora murió?

7. Tomiche le da un pájaro a Carol. ¿Cuál es la reacción de él cuando ella lo deja escapar, o sea, lo pone en libertad?

8. Cuando el tío de Tomiche, el guardia civil, ve a Tomiche con un pájaro muerto y lo acusa de robo, ¿qué le dice Carol?

9. ¿Por qué se enoja Dolores con Carol y Blanca? ¿Por qué va Carol al pueblo a buscar a su abuelo?

10. ¿Qué quiere hacer don Amalio cuando ve lo que escribieron en la pared de su casa: "Yanqui... al paredón *(to the firing squad)*"?

11. ¿Qué le dice Robert a Aurora en su carta? ¿Qué quiere Carol que Maruja haga?

12. ¿A quién ven Carol y Tomiche de noche en la calle? ¿Qué quiere decir "llevar a alguien de paseo", según Tomiche? ¿A quién "llevaron de paseo"?

13. Según Dolores, ¿por qué tiene Carol que dejar de ser protestante y hacer la primera comunión? ¿Cómo reaccionan los adultos cuando Carol dice que quiere ir vestida de marinero *(sailor)* para hacerla?

14. ¿Quiénes llegan tarde a la fiesta de cumpleaños de Carol? ¿Quién le da un avioncito de juguete *(toy plane)*? ¿Qué piensan los guardias cuando ven el paracaídas *(parachute)*?

15. ¿Qué pasa antes de que termine la ceremonia de la primera comunión?

16. ¿Qué quema *(burns)* el abuelo cuando llega a casa?

17. ¿Quién quiere "arreglar cuentas" *(settle accounts)* otra vez con Tomiche? ¿Quién dice "No está bien lo que haces con el chaval *(kid)*"?

18. ¿Quiénes quieren registrar *(search)* la casa de don Amalio? ¿Les da permiso él? ¿Por qué sí o por qué no?

19. ¿Quién le salva *(saves)* la vida a Robert?

20. Al final de la película, ¿adónde va Carol? ¿Qué le dice don Amalio de su padre? ¿Qué le promete?

ANÁLISIS Y CONTRASTE CULTURAL

Vocabulario

Cognados	
la comunión	la invitación
la decisión	invitar
la estación	responsable

Verbos	
acercarse	*to approach, go or come near*
asustar	*to frighten*
explicar	*to explain*
fumar	*to smoke*
jurar	*to swear (e.g., an oath), promise*
parecer (zc)	*to appear, seem, look like*
preocuparse	*to be worried*
regalar	*to give as a gift*
salir(le) a (alguien)	*to turn out like (someone)*

Otras palabras	
el beso	*kiss*
el/la cobarde	*coward*
el cuarto	*room*
la explicación	*explanation*
guapo(a)	*handsome, beautiful, good-looking*
la promesa	*promise*
el regalo	*gift, present*
el río	*river*
¡Arriba...!	*Hooray for . . .!*
¡Viva...!	*Long live . . .! Hooray for . . .!*

Expresiones regionales*	
el chaval	*guy, boy*
tener en el bote	*to have at one's beck and call (in most places,* **tener en el bolsillo** *to have in one's pocket)*
el/la tío (tía)	*guy (gal) (colloquial)*
Vale. ¿Vale?	*Okay. Okay?*
Venga.	*Come on.*

*These terms are not used exclusively in Spain—some are heard elsewhere as well.

 Pares de palabras. Complete la oración con el sustantivo que corresponde a la palabra subrayada.

1. Blanca dice que si Carol la <u>invita</u> a Nueva York aceptará la _____.

2. El abuelo no puede <u>decidir</u>. No toma ninguna _____.

3. Don Amalio le <u>regala</u> una bicicleta a Carol. A ella le gusta mucho el _____.

4. No le <u>explican</u> nada a Dolores. Dolores pide una _____.

5. Carol <u>promete</u> obedecer a sus tíos. Le hace una _____ a su abuelo.

6. Tomiche <u>besa</u> a Carol. Es su primer _____.

B

En resumen. Escoja la palabra apropiada para completar la frase.

1. Sin querer, Chana (la sirvienta) _____ (asusta/jura) a Carol.

2. Dolores dice que Carol ha _____ (salido/acercado) a su madre.

3. Carol dice que prefiere _____ (parecerle/preocuparse) a ella y no a Dolores.

4. Aurora no sabe que Maruja _____ (caza/fuma).

5. Alfonso quiere que la gente en la plaza diga, "¡_____ (Viva/Abajo) Franco!"
    y "¡_____ (Arriba/Cuidado) España!"

6. Tomiche le dice a Carol, "Estás muy _____ (responsable/guapa)".

7. Cuando Carol le dice a don Amalio "Quiero que me _____ (juras/jures)",
    don Amalio la corrige: "que me _____ (juras/jures)" porque hay que usar
    el subjuntivo.

8. Carol no quiere que don Amalio sea _____ (cobarde/valiente).

9. Dolores manda a las chicas a su _____ (río/cuarto).

10. Carol no hace la primera _____ (comunión/estación) porque Alfonso
    llega a la iglesia y dice "Madrid ha caído".

C

¿Y en España? Para cada palabra subrayada, dé una palabra que se podría oír en España. (Consulte
la sección "Expresiones regionales".)

> *Modelo:*
>
> La tienes <u>a tu disposición</u>, ¿no?
>
> La tienes en el bote, ¿no?

1. ¿Qué hago con esta <u>chica</u>?

2. Deja al <u>chico</u> en paz. (Hay dos respuestas posibles.)

3. Vamos al centro, <u>¿de acuerdo?</u>

4. <u>Vamos</u>, ¿qué estás esperando?

Notas culturales

- La República española se declaró en 1931. Ya no había monarquía. La clase media y los "librepensadores" *(freethinkers)* habían triunfado. Pero todo eso cambió en 1936, cuando el general Francisco Franco inició una guerra después de un período de violencia y anarquía. En la Guerra Civil Española, los republicanos defendían la República contra los nacionales o franquistas. Don Amalio y su familia están en una región de España controlada por las fuerzas de Franco.

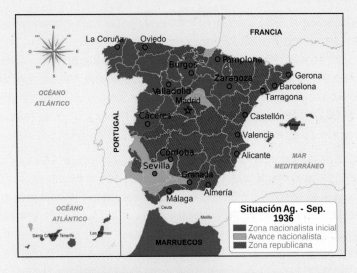

- Cuando Tomiche llega a la casa de Maruja, ella lo ayuda a hacer sus tareas (a cambio de un pastel *[pie]* de manzana). Tomiche escribe: "La libertad es el don *(gift)* más preciado *(precious)* que tienen los 'ombres' y las mujeres". Maruja le responde: "Está bastante bien. Hombres con *h*. Ahora me vas a escribir veinte veces la palabra *hombres* para que recuerdes". (La *h* es la única letra que es muda *[silent]* en español.) La libertad versus la autoridad es una idea central de la película. En general, los que defendían la República estaban a favor de más libertad individual y los nacionales querían más autoridad federal.

- Durante la Guerra Civil Española, se formaron brigadas internacionales para defender la República contra Francisco Franco y sus fuerzas nacionales. Más de 35.000 personas de 52 países participaron en este esfuerzo *(effort)*, entre ellos 2.800 norteamericanos, como el padre de Carol. La Brigada Abraham Lincoln luchó valientemente entre 1937 y 1938; 750 hombres perdieron la vida y pocos escaparon sin heridas *(injuries)*. Hitler y Mussolini apoyaron a Franco con tropas, tanques y fuerzas aéreas. En marzo de 1939 Madrid cayó.

- Después de la muerte de Aurora, los adultos de la familia de Carol llevan ropa negra o una banda negra en el brazo. La tía Dolores está vestida de negro de pies a cabeza. Note también que Dolores está muy preocupada por Carol: la lleva a la iglesia, insiste en que haga la primera comunión y al final le da un rosario que "está bendecido por Su Santidad *(blessed by His Holiness)*". Tiene miedo de que Carol se rebele contra la autoridad de la Iglesia. Hay varias expresiones en la película que muestran la influencia de la religión católica; por ejemplo, cuando el tío de Tomiche tiene que permitir que se vaya le dice, "Se te apareció la Virgen" o sea, tuvo suerte y la Virgen María lo ayudó.

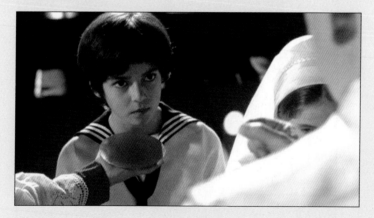

Temas de conversación o composición

Discuta con sus compañeros los temas que siguen. Su profesor(a) puede asignarle como tarea que escriba un párrafo sobre alguno(s) de ellos.

1. el personaje de Carol (¿Cómo es Carol? ¿Qué quiere decir su abuelo cuando dice que es una "personita"? ¿Por qué no quiere seguir las reglas de la sociedad española de la época? ¿Por qué se rebela contra sus tíos? ¿Por qué dice su tía que ella salió a Aurora, su madre? ¿Cómo reacciona Carol? ¿En qué se diferencia Carol de sus primos? ¿Qué experiencias ha tenido en Nueva York que ellos no han tenido?)

2. el personaje de Tomiche (¿Qué le pasó al padre de Tomiche? ¿Cómo ayuda a Justa, su madre? ¿Qué clase de trabajos hace? ¿Qué problema tiene con su tío, el guardia civil? ¿Es un chico valiente, en general?)

3. la relación entre Carol y su padre (¿Por qué está en España el padre de Carol? ¿Qué hace el día de su cumpleaños? ¿Es peligroso hacer eso?)

4. el papel de la religión (¿Quién es don Julio? ¿Qué quiere que Carol haga? ¿Qué dice su abuelo? ¿Qué condición pone ella? ¿Quién le da un rosario a Carol para que lo lleve a Nueva York de recuerdo?)

5. la familia de don Amalio (¿Quién de la familia está del lado de los franquistas? ¿Quién favorece a los republicanos? ¿Quién es religioso[a]? ¿Quién es librepensador[a] [*freethinker*]?)

6. el viaje de Carol (¿Se trata solamente de un viaje físico de un país a otro? ¿O es un viaje emocional y sentimental, de la niñez a la adolescencia? ¿Por qué la compara Maruja con una mariposa?)

Una escena memorable

¿Quién cumple años en esta escena? ¿Quiénes llegan a la fiesta? ¿Qué regalo especial recibe Carol? ¿De quién es?

Hablan los personajes

Analice las siguientes citas, explique de quién son y póngalas en contexto. (Para una lista de los personajes, ver "Antes de ver la película", ejercicio B.

1. "A mí esta guerra me importa un pimiento (*I couldn't care less about . . .*)".

2. "Estos gusanos (*worms*) comen hojas de morera y fabrican capullos de seda (*eat mulberry leaves and make silk cocoons*). Maravilloso, ¿verdad? Sabes, bien visto, tú también estás dentro de un capullo".

3. "No te imaginas el daño (*harm*) que me haces. Vete con tu prima. Castigadas las dos sin comer. Y quítate los pantalones que pareces una miliciera (*militia woman*)".

4. "Eres más cabezota que tu madre".

5. "¿Quieres que pase todos los días delante de eso, como si no sintiera nada? Sería de cobardes".

6. "No es un engaño (*deceit*); no quiero que sufra más. Está muy solo. A mi madre seguro que le parecería bien".

7. "Ésos sí van a cazar, pero pájaros más gordos".

8. "Es por el bien de su alma (*soul*) y hasta por su felicidad. Si no, corremos el riesgo (*risk*) de convertirla en un bicho raro".

9. "Alfonso, lleva bandera blanca, ¿no la ves?"

10. "La madre de Tomiche quiere que guardes esto (cl tirachinas, *slingshot*). Anda, vete. Y sé feliz".

11. "A tu padre no le va a pasar nada grave, estoy seguro. Prisionero de guerra y de un país poderoso. Es una garantía. Como mucho un par de meses retenido (*kept, held*). Ya lo verás".

Hablando de la cultura...

Carol y su madre han vivido en Estados Unidos y cuando llegan a España no aceptan todas las tradiciones de la cultura española de la época. ¿Qué contrastes culturales se ven en la película; es decir, cómo se diferencian Carol y su madre de los otros personajes? Puede hablar de su manera de vestirse, portarse (*behave*), interpretar las cosas que les pasan, etcétera.

Hablan los críticos y los directores

"El personaje del abuelo es el que más modificaciones sufre a lo largo de la película, con la ayuda de la niña se enfrenta (*he confronts*) a sus miedos (*fears*) y a su cobardía".

—Imanol Uribe, http://www.labutaca.net/films/11/elviajedecarol1.htm

¿Cambia el abuelo a lo largo de la película? Si es así, ¿de qué manera y qué papel tiene Carol en este cambio?

La película se caracteriza por "la sabia (*wise*) utilización de recursos narrativos (elipsis, como en la escena en que Carol descubre el cuerpo sin vida de su madre, que se corta abruptamente para no ahondar (*go deep*) en un momento excesivamente dramático; o contrapuntos, en que a una escena de tono triste sucede (*follows*) cualquiera de los gags que el trío infantil de chavales pone en práctica), con los cuales se evita que la película se sumerja (*with which the film avoids going down*) en un exceso dramático...."

—Manuel Márquez, http://www.labutaca.net/films/11/elviajedecarol2.htm

¿Qué papel tiene el trío de chicos (Tomiche, Culovaso, Cagurrio) en la película?

MÁS ALLÁ DE LA PELÍCULA

"El viaje de Carol: Más que una mirada"

En su libro *Luces y sombras*[1] *en el cine de Imanol Uribe*, Javier Aguirresarobe entrevista al director. En el capítulo *"El viaje de Carol:* Más que una mirada[2] ", le pregunta por qué hizo esta película. Uribe responde:

Hubo muchos elementos que ampararon[3] la decisión de hacerla. Uno de ellos, quizás el que más valoro[4], era mi ilusión por hacer una película con niños. *El viaje de Carol* coincidió en el tiempo con mi experiencia personal de ver cómo iba creciendo[5] mi hija Andrea. Tenía nueve años cuando se hizo la película, y en ese momento yo sentía una gran fascinación por descubrir el mundo de los adolescentes. Y, mira por donde, llegó a mis manos un guión que me cautivó[6], porque hablaba de "la historia de una niña con un padre ausente[7]". Mi infancia tuvo también mucho que ver[8] con eso. Y la secuencia en la que se describía el envío desde el cielo de un regalo de cumpleaños, de un paracaídas[9] rojo, en medio de la Guerra Civil, me emocionó[10]. El origen de todo el proceso de *El viaje de Carol* está ahí....

¿Hiciste cambios en el guión que llegó a tus manos?

Está basada en una novela de Ángel García Roldán. Él mismo me dijo que [yo] no leyera la novela, sino sólo el guión. Hice dos o tres cambios esenciales. ... En aquel primer texto, Carol era un personaje de setenta y tantos años que volvía al pueblo donde había estado hacía sesenta [años], con la determinación de descubrir quién había matado a su padre (en la nueva versión, el padre no muere). El relato tenía cierto aire de cine negro[11]. A mí no me interesaba el personaje de una Carol vieja, y me centré[12] sólo en los meses en los que la pequeña había pasado por aquel pueblo. [...]

...en la descripción [de los adultos] se percibe una actitud maniquea[13]. Gran parte de ellos son los malos, muy malos, y unos pocos son los buenos, aunque no tan buenos. ¿Querías justificar esa actitud a través de la mirada infantil, que tiene menos problemas en trazar una frontera ética[14] entre unos y otros?

Justifico ese maniqueísmo de otra manera. Los personajes son arquetipos. Por ejemplo, en la presentación de la familia "facha" [fascista], que es la familia de la madre de Carol, hice un "travelling" sobre sus caras y lo ambienté[15] con los sones del "Cara al sol"[16], hasta descubrir el rostro[17] de Adrián, que es Carmelo Gómez. Quiero que Alfonso (Alberto Jiménez) se parezca a Franco. Tengo una evidente voluntad maniquea. La guerra, para mí, la perdieron los buenos y la ganaron los malos. Esta película no intenta analizar en profundidad la Guerra Civil, pero sí esbozar[18] la imagen que yo mismo tengo de ese acontecimiento[19] terrible. Hay un personaje que me gusta mucho y es clave[20]

1. Luces... *Lights and shadows*
2. *glance, quick look*
3. *supported*
4. *value*
5. iba... *was growing up*
6. *captivated*
7. *absent*
8. tuvo... *had a lot in common*
9. *parachute*
10. *moved*
11. aire... *aspect of film noir*
12. me... *I focused*
13. *Manichean, dualistic*
14. trazar... *trace an ethical boundary*
15. *I set*
16. "Cara... *anthem of Franco's supporters*
17. *face*
18. *sketch, outline*
19. *event*
20. *key*

en esa frontera entre buenos y malos: el de la maestra. Una mujer que ejerció[21] ya durante la República, y que está tratada con mucho cariño[22]. En cambio, los personajes de la España que va a venir— Alfonso, Adrián y su mujer Dolores (interpretada por Lucina Gil)—están tratados con muy poco cariño.

El viaje de Carol *tiene detrás a la Guerra Civil. Y, según los que saben de distribución cinematográfica, una película sobre nuestra guerra vende muy poco.*

Antes del estreno[23] se contrató a una empresa[24] especializada en analizar el comportamiento[25] de los espectadores. Me invitaron a uno de los pases[26]. Oculto[27] detrás de un cristal semitransparente, fui testigo[28] de las reacciones de ocho o diez personas. El grupo que iba a "probar" el film estaba compuesto por jóvenes aparentamente liberales. Pero en aquella sala de proyección, cuando se enteraron[29] de que iban a ver una película española empezaron a decir que "si lo hubieran sabido no habrían ido a verla". Después de la sesión la puntuaron[30] con una buena nota, un 7'8, y se llegó a la conclusión de que en la publicidad de la película no debíamos hablar de la Guerra Civil en ningún momento. Haber sido[31] testigo de aquel proceso que medía[32] la reacción del espectador me tuvo deprimido[33] durante mucho tiempo. [...]

Tomiche, el amigo de Carol, es la víctima inocente del drama. Duele verle morir.

La muerte de Tomiche es simbólica. Para mí, es como si mataran algo de nosotros mismos. Tomiche son[34] todos los que perdieron la guerra. Todos los que ambicionaban[35] una forma de vivir en los terrenos[36] de las ideas y de la libertad, y que fueron cercenados[37] por la brutalidad fascista. *El viaje de Carol* es una película con vocación[38] simbolista en unas cosas y de cuento en otras.

El viaje de Carol es más que una mirada a nuestro pasado. Imanol escarba[39] otra vez en las debilidades[40] del ser humano, fabulando sobre los mundos de la inocencia y del oportunismo, de las revanchas[41] y del poder. Y, en medio, una historia de amor en la lejanía[42]. La historia de una niña que sufre la ausencia de su padre, cómplice de ese amor aéreo. Un paracaídas, pequeño y rojo, cae sobre nuestras cabezas con un mensaje de esperanza.

—**Javier Aguirresarobe, *Luces y sombras en el cine de Imanol Uribe* (Valladolid: Semana Internacional de Cine de Valladolid, 2004), pp. 211-221.**]

21. *practiced, taught*
22. *affection*
23. *premiere*
24. *se... a company was hired*
25. *behavior*
26. *showings*
27. *Hidden*
28. *witness*
29. *se... they found out*
30. *rated*
31. *Haber... Having been a*
32. *measured*
33. *depressed*
34. *is*
35. *aspired to*
36. *terrains, areas*
37. *cut off*
38. *calling*
39. *delves*
40. *weaknesses*
41. *revenge*
42. *distance*

Preguntas y opiniones

1. ¿Por qué quería Uribe hacer una película sobre los adolescentes? ¿Qué edad tenía Andrea—su hija con María Barranco, la actriz que hace el papel de Aurora—cuando la hicieron?

2. En el guión original, ¿qué edad tenía Carol?

3. ¿Qué dice el director de los personajes de la película? ¿Qué personaje le gusta mucho a Uribe? ¿A qué personajes trata con muy poco cariño?

4. ¿Qué hicieron antes del estreno de la película? ¿Qué empresa se contrató?

5. ¿Le dieron una mala nota a la película los jóvenes que participaron en el estudio?

6. ¿Por qué no hablaron de la Guerra Civil en la publicidad?

7. ¿Qué simboliza Tomiche para el director?

¿Por qué estaba deprimido Uribe después de la sesión con los jóvenes? En su opinión, ¿refleja ese episodio las tendencias del cine actual a nivel global? ¿Por qué sí o por qué no?

Para el entrevistador, ¿qué simboliza el regalo de cumpleaños que llega en el paracaídas? ¿Está usted de acuerdo?

Biografía de Carol

En el guión original, Carol tiene setenta años y vuelve a España después de unos sesenta años de ausencia. Trabajen en grupos y escriban una pequeña "biografía" de ella. ¿Qué hizo cuando volvió a Manhattan? ¿Llegó su padre allí? ¿Cómo eran sus abuelos? ¿Volvió a ver a don Amalio? ¿a Blanca? ¿Por qué vuelve a España y qué le pasa allí?

CAPÍTULO 13

Flores de otro mundo

Presentación de la película: Un autobús lleno de mujeres llega a Santa Eulalia, un pueblito español de la provincia de Guadalajara, para asistir a una fiesta organizada por los hombres solteros *(single)* del lugar. Entre ellas están Patricia, una inmigrante de República Dominicana, y Marirrosi, una española de Bilbao. Poco después Carmelo, uno de los solteros del pueblo, vuelve de un viaje a Cuba con la joven Milady.

• Icíar Bollaín, directora y co-guionista de *Flores de otro mundo,* nació en Madrid en 1967. Este filme, su segundo largometraje, recibió el premio a la mejor película en el Festival de Cannes de 1999. Ha dirigido otros cinco largometrajes, todos con gran éxito de crítica y público: *Hola, ¿estás sola?* (1995), *Te doy mis ojos* (2003), *Mataharis* (2007), *También la lluvia* (2010, ver el capítulo 9) y *Katmandú, un espejo en el cielo* (2011). Además de directora y guionista, es actriz y productora de cine. Hizo su debut como actriz en *El sur* (1983) de Víctor Erice y en 1991 fundó la compañía Producciones La Iguana junto a unos compañeros.

• Julio Llamazares, co-guionista de *Flores de otro mundo,* ha recibido una variedad de premios literarios y periodísticos.

• El conocido actor español Luis Tosar hace el papel de Damián. Es famoso internacionalmente por su papel de Arcángel de Jesús Montoya, el malo de la película *Miami Vice* (2006) de Michael Mann. Actuó en *También la lluvia* (2010). Ganó el premio Goya al mejor actor de reparto por *Los lunes al sol* (2002) y al mejor actor por *Te doy mis ojos* (2003) y *Celda 211* (2009).

```
▓▓▓▓▓▓▓▓▓▓▓▓▓▓▓▓▓▓▓▓▓▓▓▓▓▓▓▓▓▓▓▓▓▓▓▓▓▓▓▓▓▓▓
```

PREPARACIÓN

Vocabulario preliminar

Note: All but a few of the following words occur at least twice in the film. In Spain, the plural **tú** form is **vosotros(as).** The **vosotros** command form ends in -**ad, -ed,** or -**id** in the affirmative and in -**áis** or -**éis** in the negative. One of the characters, Milady, has a Cuban accent, and several have Dominican accents. In Cuba and the Dominican Republic, the **s** and **d** sounds sometimes go unpronounced, so that **Buenos días** may sound like **Bueno' día'** or **nada** may sound like **na'a.**

Cognados		
arruinar	desaparecer (zc)	el secreto
el/la cubano(a)	el/la dominicano(a)	

El matrimonio	
la boda (ir de boda)	*wedding (to go to a wedding)*
casarse	*to get married*
el marido	*husband*
el/la soltero(a)	*single man (woman)*

La inmigración	
los papeles	*(legal) documents*
el permiso de residencia	*residency permit*

Expresiones	
dar la bienvenida	*to welcome*
darse (un golpe) con	*to run into*
invitar (a alguien	*to treat; to buy, get (someone something*
a tomar algo)	*to eat or drink)*

Otras palabras	
el/la alcalde (*also* la alcadesa)	*mayor*
el armario	*cupboard, closet*
el/la blanco(a)	*white person*
el caldo	*broth*
el/la calvito(a)	*balding person*
la carretera	*highway*
dar miedo (tener miedo)	*to frighten (to be afraid)*
engañar	*to deceive*
las habichuelas	*beans*
marcharse	*to leave*
mentir (ie)	*to lie*
la mentira	*lie*
el/la negro(a)	*black person*
el/la peloncito(a)	*balding person*
sucio(a)	*dirty*
tacaño(a)	*miserly, stingy*

 Mini-conversaciones. Complete las oraciones con palabras de la siguiente lista.

armario	dominicana	mentira	tacaño
arruinar	invitas	soltero	

1. A. ¿Qué te pasó en la cara?

   B. Nada, me di con un _____ .

2. A. No gastes tanto dinero, ¡me vas a _____!

   B. ¡Hombre, no seas tan _____!

3. A. Me gustaría hablar con esa mujer, pero…

   B. ¿Por qué no la _____ a un refresco?

4. A. ¿No es ésa la cubana?

   B. No, hombre, es la _____.

5. A. Antonio me dijo que era _____.

   B. Pues es una sucia _____, está casado.

B **Fuera de lugar.** Para cada oración, indique cuál de las palabras está fuera de lugar y no tendría sentido en el contexto.

> *Modelo:*
>
> El _____ que nos dio la bienvenida es el alcalde.
>
> (a. calvito / b. peloncito / c. caldo)   **c. caldo**

1. Cuando hay trabajo que hacer, Amalia siempre _____.

   _____ a. se casa

   _____ b. se marcha

   _____ c. desaparece

2. Susana se casó con él para obtener _____.

   _____ a. los papeles

   _____ b. la habichuela

   _____ c. el permiso de residencia

3. Rodrigo se casó con _____ en secreto.

   _____ a. una carretera

   _____ b. una negra

   _____ c. una blanca

4. Gloria tiene miedo que su _____ la engañe.

   _____ a. esposo

   _____ b. marido

   _____ c. boda

Antes de ver la película

 Preguntas. Conteste las siguientes preguntas. Su profesor(a) puede pedirle que haga este ejercicio con un(a) compañero(a), utilizando la forma **tú** del verbo, y que den un informe oral a la clase.

1. ¿Cuáles son las ventajas y desventajas de vivir en una ciudad grande? ¿de vivir en un pueblo pequeño? En general, ¿prefiere usted la vida rural o la vida urbana? ¿Por qué?

2. Si estuviera soltero(a) y viviera en un lugar donde hubiera muy pocas personas de su edad, ¿qué haría para buscar novio o novia?

3. ¿Cómo reaccionaría si un miembro de su familia se casara con una persona desconocida (*stranger*) de otra cultura y raza?

4. ¿Qué obstáculos enfrentan (*face*) las personas que inmigran a otro país?

B **Los personajes.** Lea las descripciones y los nombres de los personajes. Después de ver la película, empareje cada personaje con su descripción.

| a. Patricia | b. Milady | c. Marirrosi | d. Damián | e. Carmelo |

| f. Alfonso | g. Gregoria | h. Óscar | i. Aurora | j. Fran |

_____ 1. agricultor de Santa Eulalia

_____ 2. persona de la que Patricia no quiere hablar

_____ 3. constructor (*builder*) de Santa Eulalia

_____ 4. dominicana, madre de dos hijos pequeños

_____ 5. española de Bilbao (ciudad del noroeste de España)

_____ 6. hermana de Alfonso, tiene un bar en Santa Eulalia

_____ 7. horticultor de Santa Eulalia

_____ 8. joven cubana

_____ 9. joven de Santa Eulalia, ayudante de Carmelo

_____ 10. madre de Damián

Marirrosi vive en Bilbao, un importante centro comercial e industrial de la comunidad autónoma del País Vasco.

Investigación

Busque información sobre uno de los temas que siguen. Su profesor(a) puede pedirle que trabaje con un(a) compañero(a) o en un grupo pequeño para hacer la investigación y que den un informe oral a la clase.

1. la despoblación del campo en España
2. la inmigración de mujeres a España
3. la violencia doméstica en España

Note: Your instructor may ask you to read over the exercises in the section **Exploración** before you see the film, in order to improve your understanding of it.

EXPLORACIÓN

 ¿Marirrosi, Milady o Patricia? Algunas de las siguientes oraciones describen a Patricia, otras describen a Marirrosi y todavía otras describen a Milady. Marque **P** (Patricia), **MR** (Marirrosi) o **ML** (Milady), según el caso.

_____ 1. Vive con Alejandro, su hijo adolescente.

_____ 2. Trabajó como empleada doméstica en Madrid.

_____ 3. Tiene un novio italiano.

_____ 4. Es enfermera (*nurse*) y trabaja en un hospital.

_____ 5. Tiene una tía y algunas amigas que viven en Madrid.

_____ 6. Extraña (*She misses*) a su familia.

B

¿Alfonso, Carmelo o Damián? Algunas de las siguientes oraciones describen a Alfonso, otras describen a Carmelo y todavía otras describen a Damián. Marque **A** (Alfonso), **C** (Carmelo) o **D** (Damián), según el caso.

____ 1. Es activista comunitario.

____ 2. Ha hecho varios viajes a Cuba.

____ 3. Ha vivido en una ciudad y prefiere la vida rural.

____ 4. Habla poco.

____ 5. Tiene una casa grande y nueva.

____ 6. Vive con su madre.

C

Patricia y Damián

1. ¿Cómo empieza la historia de esta pareja (*couple*)? ¿Dónde se conocen?

2. ¿Cuál es la actitud de Gregoria (la madre de Damián) hacia Patricia, sus hijos y sus amigas?

3. ¿Cuándo empieza a cambiar la actitud de Gregoria hacia Patricia?

4. ¿Cómo reacciona Damián cuando Patricia le habla de Fran? ¿Qué le dice que haga?

5. ¿Cómo termina la historia de esta pareja?

D

Milady y Carmelo

1. ¿Dónde conoce Carmelo a Milady?

2. ¿A Milady le gusta el clima de Santa Eulalia? ¿Se divierte con Carmelo? ¿Con quiénes habla por teléfono?

3. ¿Por qué trabaja Milady en el bar de Aurora? ¿Por qué deja de trabajar allí?

4. ¿Por qué les pega (*hit*) Carmelo a Milady y a Óscar, su ayudante?

5. ¿Cómo termina la historia de esta pareja?

E

Marirrosi y Alfonso

1. ¿Cómo empieza la historia de esta pareja? ¿Dónde se conocen?

2. ¿Dónde y cuándo se ven? ¿Cómo se comunican durante la semana?

3. ¿Qué le parece a Alfonso la idea de vivir en Bilbao?

4. ¿Qué le parece a Marirrosi la idea de vivir en Santa Eulalia?

5. ¿Cómo termina la historia de esta pareja?

ANÁLISIS Y CONTRASTE CULTURAL

Vocabulario

Expresiones	
Anda.	*Go on, come on.*
cargar con	*to take on, take responsibility for*
Chau.	*Bye, bye-bye.*
Claro que sí.	*Of course.*
corazón	*sweetheart*
Está feo…	*It's not nice to…*
guapo(a)	*honey*
mi amor	*sweetheart*
el/la tipo(a)	*guy (woman)*
Qué sé yo.	*I don't know. How should I know?*
Ya verás.	*You'll be in for it.*

Expresiones de España*	
el/la chaval(a)	*kid, youngster; (form of address) kid, buddy, honey*
Me haces (cantidad).	*I like you (a lot). I think you're cool.*
pasarse de	*to be indifferent to*
la patata	*potato*
el/la tío(a)	*guy (woman)*
Venga.	*Come on. Go on.*
¡Vale! (¿Vale?)	*Sure, fine, OK. (OK?)*

Expresiones del Caribe*	
Dale.	*Come on. Go on. (Cuba)*
el/la gallego(a)	*Spaniard*
m'hijo (m'hija)	*dear, sweetie, darling, honey*
negro(a)	*dear, darling, honey*
la plata	*money, cash*

* These terms are not used exclusively in Spain or the Caribbean—some are heard elsewhere as well. All of them are colloquial.

A **¿Cómo se dice?** Complete las oraciones con palabras o expresiones de la lista "Expresiones".

1. Javier es un _____ sensacional.

2. ¿Va a querer _____ dos niños pequeños?

3. _____, por favor, llévame al cine, Abuelo.

4. _____ contar mentiras.

5. Cuando llegue tu papá _____.

6. _____, mi amor, pregúntale a tu mamá.

7. ¿Quieres saber si te quiero? Pues _____, corazón.

8. _____, guapa, hasta mañana.

B **¿Y en España?** Para cada palabra subrayada, busque una palabra o frase que se podría oír en España. (Consulte la sección "Expresiones de España".)

Modelo:

Me gustas mucho.

Me haces cantidad.

1. El hijo de Marirossi es indiferente a todo.
2. Gregoria le pregunta a Damián si quiere papas.
3. Unos tipos insultan a Milady en el bar.
4. Anda, dime el secreto.
5. No se lo cuentes a nadie, ¿de acuerdo?
6. Patricia está muy ocupada con su trabajo y los dos niños.

C **¿Y en el Caribe?** Para cada palabra subrayada, busque una palabra o frase que se podría oír en Cuba o República Dominicana. (Consulte la sección "Expresiones del Caribe".)

1. Ese señor tiene bastante dinero.
2. ¡Anda, vámonos, que ya es tarde!
3. Ese español sólo piensa en trabajar.
4. Alicia, ven acá, hija.
5. Oye, Pablo, corazón, ¿me invitas a un café?

Notas culturales

Los autores del guión de *Flores de otro mundo* ponen en boca de algunos personajes dos refranes tradicionales *(old sayings):* "Cada oveja *(sheep)* con su pareja *(mate)*" y "Quien lejos va a casar, o va engañado o va a engañar".

Santa Eulalia es un pueblo ficticio de la provincia de Guadalajara. La película fue rodada en Cantalojas.

Muchos de los españoles que inmigraron a Latinoamérica eran de la región de Galicia. Por eso en muchas partes de Latinoamérica la palabra "gallego" (persona de Galicia) es sinónimo de "español".

Cerca del final de la película Janay hace la primera comunión junto a otra niña del pueblo. La primera comunión es una ceremonia católica en la que participan los niños de entre siete y quince años.

En la Nochebuena, mientras Carmelo cena solo en su casa, se escucha el mensaje de Navidad del rey Juan Carlos I de Borbón. España es una monarquía parlamentaria.

Temas de conversación o composición

Discuta con sus compañeros los temas que siguen. Su profesor(a) puede asignarle como tarea que escriba un párrafo sobre alguno(s) de ellos.

1. el título (¿Qué representan las "flores"? ¿A qué otro mundo se refiere? ¿Qué representan las orquídeas que cultiva Alfonso?)

2. la inmigración (¿Qué motiva a Patricia y Milady a inmigrar a España? ¿Qué dificultades tuvo Patricia durante el tiempo que vivió en Madrid? ¿Qué dificultades tienen las dos en Santa Eulalia? ¿Cómo se ayudan entre sí las mujeres inmigrantes?)

3. la despoblación del campo (¿Qué le pasó al pueblo donde creció Alfonso? ¿Por qué hay tan pocas mujeres jóvenes y niños en Santa Eulalia?)

4. las diferencias sociales y económicas (¿Qué diferencias y semejanzas [*similarities*] sociales y económicas existen entre los miembros de las tres parejas protagonistas?)

5. las diferencias culturales (¿En qué escenas hay un choque [*clash*] de culturas y mentalidades? ¿Reaccionan todos los personajes de la misma manera ante estas diferencias? Explique. ¿Hasta qué punto cree usted que la xenofobia demostrada por algunos personajes es producto de las diferencias culturales? ¿de las diferencias raciales?)

6. la soledad (¿Qué personajes se asocian con la soledad? ¿Se resuelve el problema o no? Explique.)

7. el engaño y la mentira (¿Cuál es el secreto de Patricia? ¿y de Milady? ¿Cuáles son las consecuencias del engaño en cada caso?)

8. el personaje de Gregoria (la madre de Damián) (¿Cómo evoluciona este personaje durante la película?)

9. el final (¿Es abierto o cerrado? ¿Es positivo o negativo para los protagonistas? ¿esperanzador para el pueblo? Explique.)

Una escena memorable

¿Dónde están Damián y Janay? ¿Cómo es la relación entre ellos? ¿Qué pasa inmediatamente después?

Hablan los personajes

Analice las siguientes citas, explique de quién son y póngalas en contexto. (Para una lista de los personajes, ver "Antes de ver la película", ejercicio B.)

1. "Pues porque todas éstas buscan lo mismo… Los papeles y el dinero y, cuando los tienen, aire (*they take off*)".

2. "Las cosas pequeñas no me gustan nada".

3. "Las judías (*beans*) de toda la vida de Dios se hacen con caldo".

4. "Sí, pero ni lo sueñes (*don't even think about it*), son muy tacaños… tacaños y sucios".

5. "Oye… Te quiero decir una cosa… que me haces cantidad".

6. "Mire… así no podemos seguir".

7. "Cuidándolo, crece todo".

8. "Qué sé yo. Supongo que si uno hace algo malo, pues tiene que pagarlo, ¿no?"

9. "Me da como miedo… tanta tierra… y tanto silencio… me siento pequeña…"

10. "¡Huuuy, qué feo está eso de contar mentiras! ¿Eh, negra?"

Hablando de la cultura...

La visita de la tía y las amigas de Patricia muestra el choque de culturas y mentalidades entre las inmigrantes caribeñas y los habitantes del pueblo. Gregoria no puede aceptar la comida o la música caribeña. Para ella, Patricia y sus visitas bailan, se visten y hablan de una manera demasiado desinhibida.

Hablan los críticos y los directores

Ivan Cavielles-Llamas opina que "*Flores de otro Mundo* presenta una nueva visión del romance intercultural. En primer lugar, no serán hombres inmigrantes los que mantienen relaciones con mujeres españolas…, sino a la inversa y estas parejas generan familias híbridas que no hacen sino reforzar (*only reinforce*) la idea del futuro de diversidad étnica de una España pluricultural que es la realidad hoy en día".

—Ivan Cavielles-Llamas, "De Otros a Nosotros: El Cine Español sobre Inmigración y su Camino hacia una Visión Pluricultural de España (1990–2007)" (2009). *Master's Thesis*. Paper 246. p. 102.

¿Opina usted que en *Flores de otro mundo* se refuerza la idea de un futuro de diversidad étnica para España? Explique. ¿Ha visto una película que presente una visión pluricultural de Estados Unidos o Canadá? Compárela con *Flores de otro mundo*. ¿En qué se parece? ¿En qué se diferencia?

Según José María Caparrós Lera y Jerónimo José Martín, "La honda (*profound*) mirada femenina—no feminista—está presente a lo largo del amoral relato. Icíar Bollaín llega a emocionar (*manages to move*) al espectador con su introspección psicológica de esas mujeres desdichadas (*unfortunate*) a quienes los rudos (*rough*) protagonistas—a excepción de Damián, al final—no saben comprender, ni querer de verdad, más allá (*beyond*) del mero interés egoísta (*selfish*)".

—Jose María Caparrós Lera, Jerónimo José Martín,
El cine de fin de milenio (1999–2000), p. 50.

¿Está usted de acuerdo en que el punto de vista de la directora es femenino, pero no feminista? ¿en que el relato es amoral? ¿en que Damián es el único protagonista masculino que sabe comprender y querer de verdad, y sólo al final? Explique.

Dice Icíar Bollaín: "Me atrajo (*appealed*) pensar que se podían tocar muchos temas a la vez. No solamente la emigración, sino también la soledad en el campo, la xenofobia; y por el lado de los hombres, el hecho que la soledad también supone la muerte".

—J. Salvat, "Entrevista a Icíar Bollaín: 'L'amor te l'has de currar'",
Avui, 28 de mayo de 1999.

¿Por qué dirá la directora que la soledad supone la muerte para los hombres y no para las mujeres? ¿Está usted de acuerdo? Explique.

MÁS ALLÁ DE LA PELÍCULA

Este texto es un fragmento de "Vidas de película", un reportaje periodístico en el que Icíar Bollaín cuenta la vida de tres parejas que le inspiraron para *Flores de otro mundo*.

Icíar Bollaín: "Diana y Fernando: De La Habana a Soria"

Aquí la gente es diferente, no sé, rara[1]. Aquí una no puede salir a la ventana y gritarle a la vecina: ¡ooooye, qué hay, vente para acáaaa y nos tomamos un cafelitoooooo!, porque la miran a una como a una loca. Diana hace un gesto con la mano, las cejas y la boca, todo a la vez, para zanjar[2] la explicación. Llegó de La Habana hace cuatro años. Vive con su marido, Fernando, de 35 años, en San Esteban de Gormaz (Soria). Tienen un niño de 10 meses, Gabriel. Diana suelta la risa[3] y ataca de nuevo: Y es que estoy de marujona[4], oye, desde que nació éste, que no salgo de la casa, acostumbrada a pisar sólo la calle[5], a ir al trabajo, a inventar[6], a ganarme mi dinerito, a tener mi independencia, qué sé yo…

Así conoció a Fernando, mientras inventaba en Varadero para pagarse lo que no le alcanzaba[7] con su trabajo en un supermercado. Vendiendo a los turistas cajas de puros[8] a 25 dólares que previamente alguien había distraído[9] de la fábrica, se fijó en Fernando porque dice que tenía una cara de perro[10] hasta aquí. Fernando aprovecha un momento de pausa de su mujer para contar que se fue de vacaciones a Cuba con un amigo que iba a lo que iba, y que, recién llegados, entró en la habitación del hotel con una maleta en cada mano y una chica a cada lado. Nada más llegar[11], ¿eh?, subraya[12] Fernando, que se pone otra vez de mal humor[13] al recordarlo. Todo cambió cuando Diana le asaltó, entre carcajadas[14], en el bar del hotel internacional en Varadero. ¡Oye, ésa no es cara para estar de fiesta! ¿Qué te pasa a ti, chico?

Después de ese encuentro continuaron viéndose cada día hasta que Fernando tuvo que volver a España, a su trabajo en Caja Duero[15]. Antes del año regresó un mes completo para arreglar los papeles y casarse. Dice que más de uno y más de una en el pueblo le preguntaron que por qué tenía que irse a casar a Cuba habiendo chicas aquí. Pero todo eso no fue casualidad[16], ¿eh?, interrumpe Diana, sino que a los 20 me senté un día a pensar y me dije: me voy a casar a los 23 con un europeo y a los 27 tendré un niño allá, en Europa, porque en Cuba la cosa está fea, y eso que a mí no me faltó nunca de nada[17], que yo me dije que no iba a pasar nunca necesidad[18].

Y aquí está Diana, sin inventar nada, porque dice que aquí está todo inventado. En Cuba vivimos pensando en mañana, no en el futuro como aquí… no sé, hay muchas diferencias y no me he acostumbrado[19], qué va[20],

1. *strange*
2. *finish*
3. suelta… *bursts out laughing*
4. *housewife*
5. acostumbrada… *only used to being out of the house*
6. *eke out a living*
7. lo… *what she couldn't afford*
8. *cigars*
9. *stolen*
10. cara… *angry expression*
11. Nada… *As soon as he arrived*
12. *emphasizes*
13. se… *gets in a bad mood again*
14. *peals of laughter*
15. Caja… *a savings bank*
16. *coincidence*
17. eso… *even though I never lacked for anything*
18. pasar… *never suffer hardship*
19. no… *I haven't gotten used to them*
20. qué… *no way*

más bien me he conformado[21]. Aquí me siento cohibida[22], me falta como…, como libertad para expresarme. Al principio me pareció que nada tenía color. Fíjate[23] que me puse rapidito a pintarlo todo, y ya viste: el salón anda de un color, la cocina de otro, y ya verás tú cuando vayamos para la casa nueva. ¡Aquello sí que va a ser una casita de colores! Diana, que no ha vuelto a Cuba, asegura que aquí conoció el significado de la palabra depresión, aunque viendo su vitalidad cuesta trabajo imaginarla[24] en ese estado. ¿Has pensado en volver?, le pregunto. ¿A qué, a darle qué vida a éste?, señala a Gabriel. Luego se contradice: Sí, he ganado un marido y un hijo, pero nada tapa[25] tu país, tu gente, tu familia. Me falta mi mamá, me falta sentarme por la mañana a la mesa con ella y charlar mientras bebemos café…

Me pregunto cómo sería la vida de Fernando sin este ciclón caribeño.

—Icíar Bollaín, "Vidas de película", *El País Semanal*, 30 de mayo de 1999, pp. 66-72

Playa de Varadero, el principal destino turístico de Cuba

21. más… *rather, I've accepted them*
22. *inhibited*
23. *Notice*
24. cuesta… *it's hard to imagine her*
25. *makes up for*

Preguntas y opiniones

1. ¿De dónde es Diana? ¿Dónde vive ahora, y con quiénes?
2. ¿Cómo ha cambiado la vida de Diana?
3. ¿Cómo llegó Fernando a Cuba?
4. ¿Qué hacía Diana para complementar (*supplement*) el salario que ganaba en el supermercado?
5. ¿Cómo se conocieron Diana y Fernando?
6. ¿Dónde se casaron Fernando y Diana?
7. ¿Por qué dice Diana que no fue casualidad que ella y Fernando se casaran?
8. ¿Qué dice Diana sobre las diferencias entre Cuba y España?
9. ¿Cuáles son las ventajas (*advantages*) de vivir en España, según Diana?
10. ¿Cuáles son las desventajas? ¿Qué extraña?

Si usted viviera en un país con pocas oportunidades económicas, ¿se quedaría o emigraría a otro país con más oportunidades? Explique sus motivos.

Todos somos guionistas

A diferencia de (*Unlike*) las otras dos parejas protagonistas de *Flores de otro mundo*, no sabemos exactamente dónde ni cómo se conocieron Milady y Carmelo. Escriba la parte del guión que corresponde a su primer encuentro.

> ***Modelo:***
>
> Discoteca de Varadero. Interior noche.
>
> Una banda toca merengue y salsa. Carmelo se acerca a la mesa donde está sentada Milady. Ella parece estar esperando a alguien.
>
> Carmelo: Hola. Me llamo Carmelo, ¿y tú?
>
> Milady: Milady. Oye, tú eres gallego, ¿no?
>
> …

CAPÍTULO 14

Todo sobre mi madre

Presentación de la película: Para celebrar su cumpleaños número diecisiete, Esteban y su madre Manuela van al teatro para ver *Un tranvía llamado Deseo (A Streetcar Named Desire)* de Tennessee Williams. El mayor deseo de Esteban es conocer a su padre, del que no sabe nada. Manuela le promete contarle todo sobre él cuando lleguen a casa, pero Esteban muere atropellado *(run over)* por un coche al tratar de conseguir un autógrafo de la gran actriz Huma Rojo. Hace dieciocho años, Manuela llegó a Madrid huyendo *(running away)* de su marido; ahora vuelve a Barcelona en su busca…

• *Todo sobre mi madre* ha recibido numerosos premios internacionales, incluso el Oscar y el Golden Globe a la mejor película extranjera (2000).

• Pedro Almodóvar se independizó de su familia a los diecisiete años y fue a Madrid, donde consiguió un trabajo administrativo en la Compañía Telefónica Nacional. Empezó a escribir guiones para historietas gráficas y a actuar y rodar películas en super-8. Eran los años de "la Movida", un movimiento que representó la "nueva ola *(wave)*" y la estética punk y post-moderna que llegó a Madrid después de la muerte del dictador Francisco Franco en 1975. Almodóvar fue tan popular

dentro de este movimiento que lo llamaron "el Andy Warhol español". Su película *Mujeres al borde de un ataque de nervios* (1988) lo convirtió en el director español más conocido internacionalmente. Otros filmes suyos: *Hable con ella* (2002), *Volver* (2006, ver el capítulo 16), *La piel que habito* (2011) y *Los amantes pasajeros* (2013). Hoy lo llaman "Almodólar".

• Cecilia Roth hace el papel de Manuela, el personaje central de la película. Nació en Argentina y pasó los años de su formación artística como exiliada en España. Allí comenzó su carrera de actriz en películas de Pedro Almodóvar y otros directores. Al terminarse la dictadura militar en Argentina, Roth volvió a su país, donde trabajó con éxito en el cine, el teatro y la televisión. En 1977 recibió el premio Goya a la mejor actriz por su actuación en *Martín (Hache)* del director argentino Adolfo Aristarain y en 1992 recibió el Cóndor de Plata a la mejor actriz por su actuación en *Un lugar en el mundo* del mismo director. Tras el éxito internacional de *Todo sobre mi madre,* Roth apareció junto a Javier Bardem en la película española *Segunda piel* (2000). Sus películas más recientes son *Los amantes pasajeros* (2013, Almodóvar) y *Matrimonio* (2013, Carlos Jaureguialza).

• Después de ganar fama internacional por su trabajo en *Belle Epoque* y *Todo sobre mi madre,* Penélope Cruz ha protagonizado una serie de películas norteamericanas: *All the Pretty Horses* (con Matt Damon, 2000), *Woman on Top* (2000), *Blow* (con Johnny Depp, 2001), *Vanilla Sky* (de Cameron Crow, 2001) y *Sahara* (con Matthew McConaughey, 2005). Sus películas más recientes son *Pirates of the Caribbean: On Stranger Tides* (2011, Rob Marshall), *To Rome with Love* (2012, Woody Allen) y *Los amantes pasajeros.*

• En la película se hace referencia a *Eva al desnudo* (*All About Eve,* 1950), la clásica película de Joseph Mankiewicz que cuenta la historia de Eva Harrington, una joven ambiciosa que reemplaza *(supplants)* a una actriz veterana.

PREPARACIÓN

Vocabulario preliminar

Note: All but a few of the following words occur at least twice in the film. In Spain, the plural **tú** form is **vosotros(as).** The **vosotros** command form ends in **-ad, -ed,** or **-id** in the affirmative and in **-áis** or **-éis** in the negative. One of the characters (Agrado) has an Andalusian accent; in this accent, an **s** or **d** sound may go unpronounced (**Buenos días** may sound like **Bueno' día'**). Two other characters (Manuela and Lola) are Argentinian. For information on Argentinian pronunciation, see p. 158.

Cognados		
el alcohol	maravilloso(a)	la silicona
auténtico(a)	el órgano	el transplante
el autógrafo	los resultados	el virus

Profesiones	
el actor (la actriz)	*actor (actress)*
el/la asistente personal	*personal assistant*
el/la camionero(a)	*truck driver*
el/la cocinero(a)	*cook*
el/la enfermero(a)	*nurse*
el/la escritor(a)	*writer*
el/la médico(a)	*doctor*
la monja	*nun*

En el hospital	
el análisis	*(medical) test*
el caso	*case*
el corazón	*heart*
la donación (el/la donante)	*donation (donor)*
el embarazo (embarazada)	*pregnancy (pregnant)*
negativizar	*to neutralize (e.g., a virus)*
la sangre	*blood*
seropositivo(a) (con el VIH)	*(HIV) positive*
el sida	*AIDS*

La drogadicción	
el caballo	*heroin (colloquial, Spain)*
el chino	*lump, piece (of hashish) (colloquial, Spain)*
desintoxicarse	*to undergo detoxification*
enganchado(a)	*hooked*
fumar(se)	*to smoke*

Otras palabras	
atropellar	*to knock down, run over*
la bondad	*kindness*
confiar en	*to trust; to rely or depend on*
el/la desconocido(a)	*stranger*
huir (de)	*to escape, run away (from)*
el marido	*husband*
ocultar	*to hide*
la paliza	*beating*
el travesti	*transvestite, cross-dresser*

 Profesiones. Dé el nombre de una o más personas famosas para cada categoría, si puede. ¿Cuáles son las ventajas y desventajas de cada profesión? Explique.

1. actor (actriz)
2. asistente personal
3. camionero(a)
4. cocinero(a)
5. enfermero(a)
6. escritor(a)
7. médico(a)
8. monja

B **¿Cuál es?** Indique con un círculo la palabra que no pertenece al grupo y explique por qué.

1. la silicona	el transexual	maravilloso	el travesti
2. el autógrafo	el análisis	los resultados	el embarazo
3. el caballo	el chino	el marido	fumarse
4. el órgano	la donación	el transplante	huir
5. seropositivo	atropellar	el sida	el virus
6. el corazón	la sangre	el oxígeno	el caso
7. desintoxicarse	el alcohol	enganchado	negativizar

C **Padres e hijos.** Complete las oraciones de manera lógica con palabras de la lista.

auténtica	confiar	ocultan
bondad	desconocidos	paliza

1. Los padres les dicen a los niños que no hablen con _____ porque no se puede _____ en ellos.

2. A veces un niño recibe una _____ a manos de otro niño en la escuela.

3. Los niños pueden ser crueles y los padres tratan de enseñarles la importancia de la _____ .

4. Hay ciertas cosas que los padres les _____ a los niños porque creen que no entenderán la verdad.

5. No se recomienda comprarles ropa de diseñador _____ a los niños porque crecen muy rápido.

Antes de ver la película

 Relaciones personales. Conteste las siguientes preguntas. Su profesor(a) puede pedirle que haga este ejercicio con un(a) compañero(a), utilizando la forma **tú** del verbo, y que den un informe oral a la clase.

1. ¿Cómo se lleva (get along) o llevaba usted con sus padres? ¿Ha deseado alguna vez que sus padres fueran otras personas?

2. ¿A usted le han ocultado alguna vez algo muy importante que lo (la) afectaba? ¿Cómo se sintió cuando se enteró (found out)?

3. ¿A usted le han hecho alguna vez una ofensa que consideraba imperdonable? ¿Pudo perdonar por fin a esa persona? Si es así, ¿cómo se sintió después? Si no es así, ¿le gustaría poder hacerlo?

4. ¿Ha confiado usted alguna vez en la bondad de un(a) desconocido(a)? ¿Cómo lo (la) ayudó esa persona?

B **Los personajes.** Lea los nombres y las descripciones de los personajes. Después de ver la película, empareje cada personaje con su descripción.

a. Manuela   b. Huma Rojo   c. Nina   d. Agrado   e. Rosa

f. madre de Rosa   g. padre de Rosa   h. Lola   i. Esteban

_____ 1. actriz

_____ 2. actriz principal

_____ 3. enfermera

_____ 4. enfermo de alzheimer

_____ 5. ex-esposo de Manuela

_____ 6. hijo de Manuela

_____ 7. monja

_____ 8. pintora

_____ 9. vieja amiga de Manuela

Investigación

El taxi en que va Manuela se para delante de la Basílica de la Sagrada Familia, obra del gran arquitecto catalán Antoni Gaudí.

Busque información sobre uno de los temas que siguen. Su profesor(a) puede pedirle que trabaje con un(a) compañero(a) o en un grupo pequeño para hacer la investigación y que den un informe oral a la clase.

1.   Barcelona
2.   la Sagrada Familia (catedral de Antoni Gaudí)
3.   el idioma catalán
4.   el sida

Note: Your instructor may ask you to read over the exercises in the section **Exploración** before you see the film, in order to improve your understanding of it.

EXPLORACIÓN

¿Quién es quién? ¿Con qué personaje, o personajes, se asocian las siguientes profesiones, adicciones y enfermedades? Explique.

1. el actor, la actriz
2. el/la asistente personal
3. el/la camionero(a)
4. el/la cocinero(a)
5. el/la enfermero(a)
6. el/la escritor(a)
7. la monja
8. el/la pintor(a)
9. la prostituta
10. el alcohol
11. el hachís
12. el caballo
13. el tabaco
14. las complicaciones del embarazo
15. el sida

B **Lola**

1. ¿Cuál es la historia de Lola y Manuela?

2. ¿Qué pasó entre Lola y Agrado?

3. ¿Qué pasó entre Lola y Rosa?

4. ¿Quiénes son los tres Estébanes?

5. ¿Qué pasa entre Lola y Manuela al final de la película?

C **Los viajes de Manuela.** Explique el motivo de los viajes de Manuela. ¿Por qué va…

1. de Madrid a La Coruña?

2. de Madrid a Barcelona?

3. de Barcelona a Madrid?

4. de Madrid a Barcelona otra vez?

ANÁLISIS Y CONTRASTE CULTURAL

Vocabulario

El teatro	
el/la aficionado(a) (de aficionados)	*fan (amateur)*
el altavoz	*loudspeaker*
el camerino	*dressing room*
el espectáculo	*show*
el éxito	*success*
la función	*performance, show*
hacer de	*to play the part of (e.g., a character)*
el papel (hacer un papel)	*role (to play a role)*
suspender	*to cancel*
sustituir	*to replace; to stand in for*

Otras palabras	
el/la bruto(a) (bruto[a])	*brute (ignorant, stupid; rude)*
coger	*to take; to catch**
conducir	*to drive (Spain)*
contar (ue)	*to tell*
cuidar	*to take care of*
despedirse (i)	*to say goodbye*
enterarse	*to find out*
instalarse	*to move in*
Lo siento.	*I'm sorry.*
molestar (molestarse)	*to disturb (to bother, trouble oneself; to get upset)*
pedir perdón	*to ask for forgiveness*
Perdón.	*Excuse me.*
perdonar	*to forgive*
preocupado(a)	*worried*
prometer	*to promise*
quienquiera	*whoever*
la vida	*life*

*   This word has a vulgar meaning in many parts of Latin America.

 Asistente personal. Complete el párrafo con palabras de la lista.

aficionados	bruto	conducir	espectáculo	preocupada
altavoces	camerino	cuenta	hacía	quienquiera

Después de ver *Un tranvía llamado Deseo* en Barcelona, Manuela se dirige al (1) _____
de Huma Rojo cuando ve a Nina salir corriendo del teatro. Manuela le (2) _____
a Huma que Nina se ha ido. Huma se pone muy (3) _____ y le pregunta a
Manuela si sabe (4) _____ . Las dos mujeres consiguen un coche y van en busca
de Nina. Huma le repite a Manuela las famosas palabras de Blanche DuBois: "Gracias.
(5) _____ que seas, siempre he confiado en la bondad de los desconocidos". Así
Manuela empieza a trabajar para Huma como asistente personal. En el camerino de Huma,
Manuela escucha el (6) _____ por los (7) _____ . De joven ella
(8) _____ de Stella en una producción de (9) _____ . Allí conoció a
su marido, que hacía el papel del (10) _____ Stanley Kowalski.

B **Enfermera otra vez.** Complete el párrafo con palabras de la lista.

cuidar	papel	siento
despedirse	perdón	suspender
éxito	promete	sustituye
función	se entera	vida
instalado	se molesta	

Un día Nina está tan drogada que no puede actuar. Parece que habrá que (1) _____

la (2) _____ , pero Manuela (3) _____ a Nina y hace muy bien el

(4) _____ de Stella. Su actuación es un gran (5) _____ . Nina

(6) _____ cuando (7) _____ de lo ocurrido y parece que Manuela

ha perdido su trabajo. El día siguiente Huma va a la casa de Manuela para pagarle y para

pedirle (8) _____ . Quiere que Manuela siga como su asistente personal, pero

Manuela tiene que (9) _____ a Rosa, quien se ha (10) _____ en

su casa. En el hospital Manuela (11) _____ que no le ocultará nada al niño si

algo le pasa a Rosa. En el cementerio, Manuela le informa a Lola de la existencia y muerte

de su hijo Esteban. "Vine a Barcelona sólo para decírtelo. Lo (12) _____ ",

le dice. Manuela vuelve a Madrid con el pequeño Esteban sin (13) _____

de Agrado y Huma. La (14) _____ con los abuelos del niño se ha hecho

insoportable *(unbearable)*.

Notas culturales

Cuando Agrado necesita asistencia médica durante la noche, Manuela la lleva a una farmacia de guardia (*duty pharmacy*). En España, las farmacias se turnan para atender a la gente durante la noche y los días festivos. Agrado saluda al farmacéutico con "bona nit" (buenas noches) porque en Barcelona y en el resto de Cataluña se habla catalán. En La Coruña (Galicia), la ciudad adonde va Manuela para ver al receptor del corazón de Esteban, se habla gallego.

Huma ensaya (*rehearses*) un parlamento (*speech*) de *Haciendo Lorca* de Lluís Pasqual en el que se combinan pasajes de *Bodas de sangre* y *Yerma*, dos dramas del gran poeta y dramaturgo español Federico García Lorca (1898-1936).

Manuela habla del antiguo dictador militar de Argentina, Jorge Rafael Videla, que ordenó la desaparición, tortura y asesinato de miles de sus oponentes, así como también el secuestro (*kidnapping*) de los niños nacidos en centros de detención clandestinos. Videla murió en prisión en Buenos Aires el 17 de mayo de 2013.

Temas de conversación o composición

Discuta con sus compañeros los temas que siguen. Su profesor(a) puede asignarle como tarea que escriba un párrafo sobre alguno(s) de ellos.

1. la bondad de los desconocidos (¿Qué personajes ayudan a gente desconocida? ¿Qué personajes reciben ayuda de gente desconocida?)

2. la verdad oculta (¿Por qué le oculta Manuela la verdad a Esteban? ¿Por qué no quiere Rosa que se oculte la verdad a su hijo? ¿Por qué le oculta Rosa la verdad a su madre? ¿Por qué no quiere la madre de Rosa que se sepa la verdad sobre el embarazo de su hija y los anticuerpos de su nieto?)

3. la maternidad (¿Cómo se llevan Manuela y Esteban? ¿Rosa y su madre? ¿A qué personajes sirve Manuela como figura materna? ¿y Mamen? ¿y Agrado? ¿y la madre de Rosa? ¿y Huma? ¿Le gustaría tener una madre como Manuela? Según su opinión, ¿hay hombres que quieren ser madres?)

4. el cine, el teatro y la vida (¿Cuál es la relación entre la acción de *Todo sobre mi madre* y las escenas de *Eva al desnudo*, *Un tranvía llamado Deseo* y *Yerma*? ¿Hay personajes que

actúan aun cuando no están sobre un escenario *(stage)* o delante de una cámara? ¿Le parece que la mentira puede ser más atractiva que la verdad? ¿incluso más auténtica?)

5. la intolerancia (¿Qué personajes son víctimas de la intolerancia? ¿Qué personajes se muestran tolerantes? ¿intolerantes? ¿Cómo se manifiestan su tolerancia o intolerancia? ¿Cómo interpreta usted las rejas *(bars)* de la farmacia que separan a Manuela y Agrado del farmacéutico?)

6. el sida, la droga y el sexo (¿Cómo contrajo el virus Lola? ¿la hermana Rosa? ¿el hijo de Rosa? ¿Qué les pasa a los tres? ¿Qué ideas equivocadas tiene la madre de Rosa sobre la transmisión del virus?)

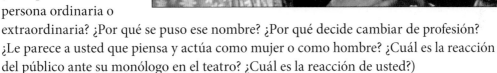

7. el perdón (¿Quiénes perdonan a quiénes? ¿Cuáles son las ofensas perdonadas? Si usted estuviera en la misma situación, ¿perdonaría o no? Para usted, ¿hay ofensas imperdonables?)

8. el personaje de Agrado (¿Cómo es Agrado? ¿Se la presenta como persona ordinaria o extraordinaria? ¿Por qué se puso ese nombre? ¿Por qué decide cambiar de profesión? ¿Le parece a usted que piensa y actúa como mujer o como hombre? ¿Cuál es la reacción del público ante su monólogo en el teatro? ¿Cuál es la reacción de usted?)

9. el melodrama (Comente los elementos intencionalmente melodramáticos de *Todo sobre mi madre*: acumulación de calamidades, mentiras, coincidencias improbables. Según su opinión, ¿funciona la película? ¿trasciende el melodrama? Explique.)

Una escena memorable

¿Por qué lleva Rosa a Manuela a conocer a su madre? ¿Cuál es la reacción de su madre? ¿Qué pasa más tarde entre Manuela y la madre de Rosa?

Hablan los personajes

Analice las siguientes citas, explique de quién son y póngalas en contexto. (Para una lista de los personajes, ver "Antes de ver la película", ejercicio B.)

1. "El éxito no tiene sabor ni olor y cuando te acostumbras es como si no existiera".

2. "Ese perro se va con cualquiera".

3. "No me atrevo a decirle la verdad. Tampoco la entendería".

4. "Prométeme que no le ocultarás nada al niño".

5. "Sé mentir muy bien, y estoy acostumbrada a improvisar".

6. "Una es más auténtica cuanto más se parece a lo que ha soñado de sí misma".

7. "A los padres no se les elige. Son los que son".

8. "Tú no eres un ser humano…, eres una epidemia".

9. "Tengo que hacerle comprender… que no me importa quién sea ni cómo sea ni cómo se portó (behaved) con ella. No puede quitarme ese derecho".

10. "¿Ese monstruo es el que ha matado a mi hija?"

Hablando de la cultura...

Comente los medios de transporte que se usan en la película. ¿En qué viaja Manuela entre Madrid y Barcelona? ¿Cómo van los personajes por la ciudad? ¿Hay personajes que no tienen auto? ¿que no saben manejar? ¿Sería diferente si ésta fuera una película norteamericana?

¿En qué tipo de vivienda viven Manuela y Esteban en Madrid? ¿Manuela y los padres de Rosa en Barcelona? Si la acción de esta película tuviera lugar en una gran ciudad norte-americana o canadiense, ¿serían similares o diferentes las viviendas? Imagine cómo serían.

Hablan los críticos y los directores

Roger Ebert afirma que "Self-parody is part of Almodóvar's approach, but *All About My Mother* is also sincere and heartfelt; though two of its characters are transvestite hookers, one is a pregnant nun and two more are battling lesbians, this is a film that paradoxically expresses family values."

http://www.rogerebert.com/reviews/all-about-my-mother-1999

¿Cree usted que la película expresa valores familiares? Explique.

Leonel Delgado Aburto dice de Manuela: "La madre móvil, angélica, apegada a *(close to)* la tierra (Manuela siempre viaja por vía terrestre), aceptadora, vital y moderna, es casi un sueño de revista femenina. Pero es también el trasvase *(channel)* para un futuro más aceptable".

http://www.geocities.com/Paris/Villa/2989/todo.html

¿Le parece exacta esta descripción de Manuela? ¿Cuál es su contribución a un futuro mejor?

MÁS ALLÁ DE LA PELÍCULA

Las chicas de Pedro: Seis perfiles[1] escritos por Pedro Almodóvar

Cecilia Roth

Goya a la mejor actriz de 1997 por **Martín (Hache)**, *vuelve a rodar con Almodóvar después de veinte años.*

Cecilia Roth es Manuela. Trabaja como coordinadora en la Organización Nacional de Trasplantes. Sólo vive para su hijo. Podrían ser hermanos, les separan únicamente dieciocho años. De origen argentino, buena cocinera, posee ese tipo de solidez que proporciona el haberse hecho a sí misma[2] desde muy pronto. Hasta que una noche de lluvia, un coche atropella a su hijo adolescente delante de sus narices[3]. Ante un hecho semejante[4] no hay solidez que se mantenga sólida. Huye de Madrid y se va a Barcelona, vagamente en busca del padre del chico. Ese mismo trayecto[5] lo hizo dieciocho años antes; también venía huyendo, pero entonces huía, paradójicamente, del padre. Cecilia es una enciclopedia de aflicción. Físicamente más bella y más delicada que en los ochenta[6], como actriz el tiempo la ha convertido en[7] una virtuosa.

Candela Peña

La gran revelación de **Días contados** *(Imanol Uribe) y* **Hola ¿estás sola?** *(Icíar Bollaín) se estrena[8] con Almodóvar.*

Nina es tan esquiva[9] que sólo se lleva bien con[10] Agrado. La película no refleja su mejor momento. Es difícil estar a la sombra[11] de la estrella, especialmente si estás empezando. En el escenario[12] del *Tranvía…* Nina es Stella. Un ama de casa enamorada de su marido, el bruto e insensible[13] Kowalski, lo cual la hace estar muy pegada a lo real[14]. Al contrario de su hermana Blanche. Fuera del escenario, Nina es una chica que tontea cada vez con más frecuencia[15] con El Gran Analgésico[16], el antídoto por excelencia de cualquier desazón[17]…: la heroína. Esta circunstancia la hace ser antipática, mezquina[18], estar todo el tiempo rebotada[19], como con prisa. Borde[20] sin causa. Su relación con Huma está condenada[21], pero Huma nunca la olvidará. Con este personaje, Candela Peña demuestra un registro inédito[22] en ella. Es lo contrario a Candela, lo opuesto a una colega. Y me consta[23] que Candelita se ha dejado los ovarios[24] para hacerlo. Gracias, tronquita[25].

Penélope Cruz

La flamante[26] ganadora del Goya por **La niña de tus ojos** *repite con el director manchego[27] tras* **Carne trémula.**

1. *profiles*
2. posee… *she has the kind of solidity that comes with being a self-made woman*
3. delante… *right in front of her*
4. hecho… *such an event*
5. *journey*
6. los… *the eighties*
7. la… *has turned her into*
8. se… *makes her debut*
9. *aloof*
10. sólo… *she gets along only with*
11. a… *in the shadow*
12. *stage*
13. *insensitive*
14. pegada… *in touch with reality*
15. tontea… *fools around more and more*
16. *Painkiller*
17. *unease, anxiety*
18. *petty*
19. *on the rebound*
20. *A jerk*
21. *doomed to failure*
22. *unprecedented*
23. me… *I know for a fact*
24. se… *gave her all*
25. *buddy*
26. *new*
27. *from La Mancha*

La hermana Rosa es Penélope Cruz… Penélope reúne[28] en ella sola las cualidades que más me interesan de las tres actrices que han reinado[29] sucesivamente en mi filmografía. Esta hermana Rosa es un hueso duro de roer[30], y a Penélope le ha costado horas de preparación. E insistencia artesana. Pero no se nota[31]. Niña extraviada[32] desde pequeña, errática y rara[33], lo único que tiene claro[34] es que ayudar a la gente es bueno. Lo demás es un absoluto caos. Va tan a la deriva como[35] Manuela. La pareja[36] que forma con Cecilia me emociona[37] enormemente. Penélope va a hacer un carrerón[38], ya lo está haciendo. No importa lo que venga después, estoy seguro de que su personaje en *Todo sobre mi madre* será una de sus cimas[39].

Marisa Paredes

La actual reina[40] almodovariana (Tacones lejanos, La flor de mi secreto) protagoniza el último filme del maestro.

Marisa Paredes es Huma Rojo. Diva del teatro. Su nombre basta para llenarlo, en una época en que las divas son cantantes babosas[41] o deportistas tan expresivas como un bloque de cemento. Huma no ejerce de diva[42]. En *Un tranvía llamado Deseo* interpreta a Blanche Dubois. Una Blanche menos loca y más crispada[43] que en versiones anteriores, pero condenada sin remisión[44]. En el escenario, Huma reina. Aunque lama el suelo[45] con la lengua, hay una majestad inherente en ella (cualidad exclusiva de la actriz que la interpreta, Marisa Paredes). Frágil desde su majestad, tal vez más elegante de lo que Williams la imaginó, no concibo otra Blanche que Marisa. Huma fumó desde niña, como Bette Davis. Por eso se autobautizó[46] Huma: humo es lo único[47] que ha habido en su vida. También tiene éxito, pero, como ella misma dice, "el éxito no tiene sabor ni olor[48], y cuando te acostumbras es como si no existiera". Ama a Nina, su compañera de función. La ama tanto y tan dolorosamente como Nina ama la heroína. No hay nada más espectacular que ver a una diosa caída[49] sufrir y tratar inútilmente[50] de salvar lo insalvable. Marisa borda el fracaso cotidiano[51] de esta diosa.

Antonia San Juan

La nueva chica Almodóvar acredita[52] un buen currículo[53] cómico: **La primera noche de mi vida** *y* **El grito[54] en el cielo.**

28. *has*
29. *reigned*
30. hueso… *tough nut to crack*
31. no… *you can't tell*
32. *unruly*
33. *strange*
34. lo… *the only thing she's sure of*
35. Va… *she's as directionless as*
36. *pair*
37. *moves*
38. hacer… *have a big career*
39. *peak performances*
40. actual… *present queen*
41. *dimwitted*
42. no… *doesn't act like a diva*
43. *tense*
44. condenada… *doomed*
45. lama… *she may lick the floor*
46. *named herself*
47. humo… *smoke is the only thing*
48. sabor… *taste or smell*
49. diosa… *fallen goddess*
50. *to no avail*
51. borda… *portrays brilliantly the daily failure*
52. *has to her credit*
53. *résumé*
54. *shout*

55. *youth*
56. *harsh*
57. *wanted*
58. hasta…*disconcertingly*
59. *rough manners*
60. *tenderness*
61. *end up*
62. les… *she may drive them crazy*
63. prestarle… *pay too much attention*
64. *tits*
65. *tail*
66. *combination*
67. *butler*
68. *sassy*
69. *genre*
70. *side-splitting*
71. Bregada… *A battle-seasoned veteran*
72. se… *makes her grand debut with Almodóvar*
73. especie… *kind of*
74. ha… *has procreated*
75. *nature*
76. *characteristic*
77. Su… *Her husband holds the mortgage on her affections*
78. se… *devotes herself*
79. le… *turned out to be prickly*
80. *concern*
81. *judgment*
82. *enormous*

Amiga de juventud[55] de Manuela, de cuando Manuela estaba casada, Agrado es una bruta adorable. Tono bronco[56], pero relajante, le llaman la Agrado porque en toda su vida sólo pretendió[57] hacer la vida agradable a los demás. Espontánea hasta el desconcierto[58], su rudeza[59] es una forma de ternura[60]; todos los personajes de la película acaban[61] adorándola, aunque les saque de quicio[62] con frecuencia. La vida ha sido muy dura con ella, pero Agrado trata de no prestarle demasiada atención[63] a las cosas malas. Es un ángel, o una niña con tetas[64] y rabo[65]. Acaba siendo para Huma una mezcla[66] del mayordomo[67] de *Arthur, el soltero de oro* (John Gielgud) y la Thelma Ritter más respondona[68] de *Eva al desnudo*. Con Agrado, la película cambia de género[69]. *Todo…* se convierte en una comedia tierna y dura, desternillante[70] y patética, en caso de que todo eso sea posible. Antonia San Juan es la Gran Revelación; bueno, todo el mundo lo sabe antes de verla.

Rosa María Sardá

Bregada en mil batallas[71], la gran actriz catalana se estrena con Almodóvar por la puerta grande[72].

Rosa María Sardá es la Madre. En una película sobre la maternidad, Rosa es la única madre real, quiero decir que tiene una hija y está viva (la hermana Rosa); sin embargo, es una especie de[73] madre estéril; su cuerpo ha fecundado[74], pero la naturaleza[75] no le ha regalado los sentimientos propios[76] de una madre. Su pasión está hipotecada por su marido[77], un hombre mayor que ella y enfermo (demencia senil) a cuyo cuidado ella se entrega[78] sin límites. A su hija no la entiende. No es que sea fácil. La niña le ha salido cardo[79] y con inquietud[80] social. En un momento crucial, la Madre le pregunta qué espera de ella. La hija le responde que nada. Debe ser muy duro para una madre oír semejante consejo[81] de labios de su hija enferma. Es necesario que los problemas sean descomunales[82]… se acerque, entienda y ame a su hija.

— *El País semanal*, Número 1.174.
Domingo 28 de marzo de 1999, págs. 28-35.

Preguntas y opiniones

El apartamento de Agrado está justo enfrente del Palacio de la Música Catalana, obra del arquitecto catalán Lluís Domènech i Montaner.

1. ¿Cómo es Manuela, el personaje que interpreta Cecilia Roth? ¿De dónde es este personaje? ¿Cuál es su relación con su hijo? ¿Qué opina Almodóvar de Cecilia Roth como actriz?

2. ¿Cómo es Nina, el personaje que interpreta Candela Peña? ¿Cómo es Stella, el personaje que interpreta Nina en el escenario? ¿Con qué tontea Nina fuera del escenario? ¿Ha interpretado Peña a personajes similares en el pasado? Según Almodóvar, ¿se parece Candela Peña al personaje que interpreta?

3. ¿Cómo es la hermana Rosa, el personaje que interpreta Penélope Cruz? ¿Qué opina Almodóvar de Penélope Cruz como actriz? ¿y de su actuación en *Todo sobre mi madre*?

4. ¿Cómo es Huma Rojo, el personaje que interpreta Marisa Paredes? ¿A quién ama este personaje? ¿Qué opina Almodóvar de la actuación de Marisa Paredes en esta película?

5. ¿Cómo es Agrado, el personaje que interpreta Antonia San Juan? ¿Cuál es su relación con Manuela? ¿Qué opina Almodóvar de Antonia San Juan como actriz?

6. ¿Cómo es la madre de la hermana Rosa, el personaje que interpreta Rosa María Sardá? ¿Cuál es su relación con su hija? ¿y con su esposo?

Manuela le promete a Rosa que no le ocultará nada al niño (el hijo que tuvo con Lola). ¿Opina usted que Manuela debe decirle todo sobre sus padres? Si es así, ¿cuándo? Defienda su posición.

Un tráiler

Escriba el guión de un tráiler para promocionar la película *Todo sobre mi madre*. Puede inspirarse en el tráiler que aparece en http://www.imdb.com/.

CAPÍTULO 15

Mar adentro

Presentación de la película: Ramón, un ex-marinero *(sailor)* gallego (de Galicia) que amaba el mar, los viajes y las mujeres, lleva *(has been)* veintiséis años en cama tras un accidente que lo dejó tetrapléjico *(a quadriplegic).* Desde entonces su único deseo es terminar con su vida dignamente. Pero un día su mundo es alterado por la llegada de dos mujeres: Julia, una abogada que desea apoyar su lucha *(support his fight)* por la muerte; y Rosa, una mujer de pueblo que quiere convencerlo de que la vida vale la pena *(is worth it)…*

• *Mar adentro* es el resultado de la lectura que Alejandro Amenábar hizo de *Cartas desde el infierno*, libro escrito por Ramón Sampedro y publicado en 1996. La acción del filme ocurre en Porto do Son, un pueblo de Galicia situado en el extremo noroeste de España, en los años noventa *(nineties)*. El protagonista, Ramón, es un personaje real que ha pasado la mitad de su vida en cama desde aquel 23 de agosto de 1968 cuando fue con su novia a la playa y lo que iba a ser un día de descanso y diversión se convirtió en tragedia. Ramón cree que su vida de tetrapléjico no es digna *(has no dignity)*; por eso pide a la justicia que permita que alguien lo ayude a morir, pero no tiene éxito *(success)*.

• Alejandro Amenábar nació en Santiago de Chile en 1972 de padre chileno y madre española quienes, tras el golpe militar de Augusto Pinochet, decidieron residir en España. Su gusto por el suspense y el *thriller* dio por resultado *Tesis* (1996) y *Abre los ojos* (1997), películas de género "a la americana", muy novedoso en España. Su tercer largometraje, *Mar adentro*, fue galardonado con numerosos premios Goya en España y con el Oscar a la mejor película extranjera en 2005. Hizo *Agora* en 2009.

• Javier Bardem (Ramón), hijo de la actriz Pilar Bardem y sobrino del conocido cineasta Juan Antonio Bardem, nació en Las Palmas de Gran Canaria en 1969. Ha recibido numerosos premios prestigiosos, incluso cuatro Goyas al mejor actor principal por su trabajo en: *Boca a boca* (1995), *Los lunes al sol* (2002), *Mar adentro* (2004) y *Biutiful* (2010). Ganó un Goya al mejor actor de reparto por su actuación en *Días contados* (1994) y un Oscar por mejor actor de reparto en *Sin lugar para los débiles (No Country for Old Men*, 2007). Otras películas suyas: *Antes de que anochezca* (2000), *Goya's Ghosts* (2006), *El amor en los tiempos del cólera* (2007), *Vicky Cristina Barcelona* (2008) y *Skyfall* (2012).

• Belén Rueda (Julia) debutó en cine con *Mar adentro*. Amenábar la había visto actuar en televisión y dice que "sabía que tenía complejidad emocional y capacidad de imaginación e improvisación para hacer frente a Bardem". Actuó en *El orfanato* (2007), *Los ojos de Julia* (2010), *El mal ajeno* (2010) y *El cuerpo* (2012).

• Lola Dueñas (Rosa) era una actriz sólo conocida en Galicia hasta que realizó el papel de antiheroína convertida en heroína en *Mar adentro*. Dice el director: "Cuando aparece en pantalla sabes que alguien reirá o llorará". Otros filmes suyos: *Volver* (2006, ver el capítulo 16), *Fuera de carta* (2008), *Los abrazos rotos* (2009), *Yo también* (2009) y *Sin ella* (2010).

PREPARACIÓN

Vocabulario preliminar

Note: All but a few of the following words occur at least twice in the film. In Spain, the plural **tú** form is **vosotros(as).** The **vosotros** command form ends in -**ad, -ed,** or -**id** in the affirmative and in -**áis** or -**éis** in the negative.

Cognados		
el caso	la dignidad	publicar (la publicación)
convencer	la eutanasia	suicidarse (el suicidio)

Términos legales	
el/la abogado(a)	*attorney*
la audiencia provincial	*provincial hearing*
declarar(se)	*to testify (to declare oneself)*
el derecho	*right*
el juez, la juez(a)	*judge, justice*

Términos médicos	
la enfermedad (degenerativa)	*(degenerative) illness*
el infarto cerebral	*stroke*
la silla de ruedas	*wheelchair*
el/la tetrapléjico(a)	*quadriplegic*

Expresiones	
depender de	*to depend on*
los demás	*other people*
(no) ser digno(a)	*to have (no) dignity*
valer la pena	*to be worth it*

Otras palabras	
apoyar (el apoyo)	*to support (support)*
el cariño	*affection*
la conservera	*cannery*
el/la cuñado(a)	*brother-in-law (sister-in-law)*
dispuesto(a)	*willing*
el ejemplar	*copy (e.g., of a book)*
la ensoñación	*daydream, fantasy*
huir	*to run from*
el infierno	*hell*
juzgar	*to judge*
el/la marinero(a)	*sailor*
las migajas	*crumbs*
el ordenador	*computer (Spain)*
quitarse la vida	*to take one's own life*
volar (ue)	*to fly*

¿Cuál es? Indique con un círculo las palabras apropiadas para completar las oraciones.

1. El autor me dedicó (una ensoñación / un ejemplar) de su libro.
2. El libro se (publicó / convenció) hace un mes.
3. No voy a aceptar (cuñados / migajas) por el trabajo que hice.
4. No me gusta (volar / juzgar) a las personas que no piensan como yo.
5. Tengo demasiada dignidad para (convencer / huir) de mis problemas.
6. Mi cuñada Begoña es (abogada / marinera) y prepara muy bien sus casos.
7. Un cliente de Begoña declaró ayer ante una (juez / conservera) en la audiencia provincial.

B **Luisa.** Complete el párrafo con palabras apropiadas de la lista.

cariño	eutanasia	pena	ruedas
derecho	ordenador	quitarse	

Hace año y medio Luisa tuvo un accidente y desde entonces solamente puede mover la cabeza. Al principio quería morir, pero gracias al (1) _____ de toda su familia y amigos tiene muchas ganas de vivir y amar. En su cuarto hay un póster que dice "Los tetrapléjicos también tienen (2) _____ a enamorarse". Anda por la universidad con su silla de (3) _____ eléctrica y tiene un (4) _____ especialmente adaptado. Aunque para Luisa la vida vale la (5) _____ , comprende a otras personas que quieran (6) _____ la vida y sigue con mucho interés el debate sobre la (7) _____ .

C **Carlos.** Complete el párrafo con palabras apropiadas de la lista.

apoyo	digna	infartos	los demás
degenerativa	dispuestos	infierno	suicidio

Hace varios años que Carlos sufre del CADASIL, una enfermedad (1) _____ que le ha provocado una serie de (2) _____ cerebrales. Aunque recibe mucho (3) _____ de sus familiares y amigos, quienes están muy (4) _____ a cuidarlo, para él la vida es un (5) _____ . Depende de (6) _____ para todo, y considera que la vida así no es (7) _____ . Carlos busca el (8) _____ y está en contacto con la asociación Derecho a Morir Dignamente.

Antes de ver la película

 ¿Conoce usted… ? Conteste las siguientes preguntas. Su profesor(a) puede pedirle que haga este ejercicio con un(a) compañero(a), utilizando la forma **tú** del verbo, y que den un informe oral a la clase.

1. ¿Conoce usted a alguien que haya tenido un accidente y se haya quedado paralítico(a)? ¿Cuáles fueron las circunstancias?

2. ¿Cómo cree usted que se siente esa persona? ¿Está deprimida o tiene esperanzas? ¿Es feliz? ¿Puede amar?

3. ¿Cómo la ayuda su familia? ¿sus amigos? ¿la religión? ¿Qué podría hacer usted para ayudarla?

4. ¿Conoce a alguien que sea paralítico(a) de nacimiento? ¿Hay alguna diferencia entre los paralíticos por accidente y los que lo son de nacimiento en cuanto a cómo se sienten, cómo actúan, qué esperan de la vida…?

B Los personajes

Lea las descripciones y los nombres de los personajes. Después de ver la película, diga con qué personaje se asocia más apropiadamente cada cosa y explique por qué. Sólo puede usar una vez a cada personaje.

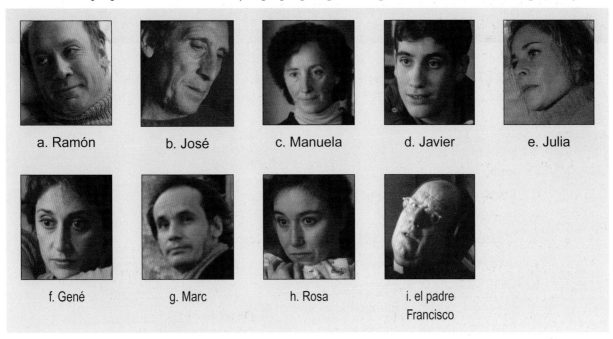

a. Ramón   b. José   c. Manuela   d. Javier   e. Julia

f. Gené   g. Marc   h. Rosa   i. el padre Francisco

_____ 1. la abnegación (*selflessness*) y la comprensión

_____ 2. la asociación Derecho a Morir Dignamente

_____ 3. la audiencia provincial

_____ 4. la conservera

_____ 5. la grabadora (*tape recorder*)

_____ 6. la oposición a la eutanasia

_____ 7. el ordenador

_____ 8. la silla de ruedas

_____ 9. la sonrisa y el humor

Investigación

Busque información sobre uno de los temas que siguen. Su profesor(a) puede pedirle que trabaje con un(a) compañero(a) o en un grupo pequeño para hacer la investigación y que den un informe oral a la clase.

1. Galicia: su historia, su cultura, su lengua

2. Las leyes sobre la eutanasia o el auxilio al suicidio (*assisted suicide*) en Estados Unidos

3. Las células madre (*stem*): ¿posible cura para la parálisis?

Note: Your instructor may ask you to read over the exercises in the section **Exploración** before you see the film, in order to improve your understanding of it.

EXPLORACIÓN

A **Las circunstancias.** Ponga en orden cronológico los siguientes hechos. Después explique las circunstancias de cada uno.

____ a. Ramón le dedica un poema a Javier.

____ b. Gené va a la casa de Julia.

____ c. Rosa visita a Ramón por primera vez.

____ d. Ramón sale en un reportaje en la televisión.

____ e. Ramón va a La Coruña.

____ f. Llega por correo un paquete a la casa de los Sampedro.

____ g. Julia se cae en casa de los Sampedro.

____ h. Gené y Ramón se despiden.

____ i. El padre Francisco y Ramón tienen un debate.

____ j. Julia y Ramón hacen un pacto.

____ k. Ramón tiene ensoñaciones con Julia.

____ l. Ramón va a Boiro.

B **Los porqués.** Explique por qué pasan estas cosas.

1. ¿Por qué Ramón se quiere quitar la vida?
2. ¿Por qué Ramón no se casó con su novia?
3. ¿Por qué Ramón no quiere la silla de ruedas?
4. ¿Por qué Ramón sonríe tanto?
5. ¿Por qué Rosa le dedica una canción a Ramón?
6. ¿Por qué Julia necesita saber tantos detalles de la vida de Ramón?
7. ¿Por qué Julia quiere que se publiquen las poesías de Ramón?
8. ¿Por qué las palabras del padre Francisco en televisión le causan dolor a la familia Sampedro?
9. ¿Por qué discuten Rosa y Manuela?

ANÁLISIS Y CONTRASTE CULTURAL

Vocabulario

El mar	
mar adentro	*out to sea, out at sea*
la resaca	*undertow*
tirarse	*to dive*

Términos legales	
el delito	*crime*
la demanda	*lawsuit*
el juicio (ir a juicio)	*trial, case (to go to court)*
el juzgado	*court, courthouse*
Señoría	*your Honor*
la sentencia	*ruling*

Otras palabras	
el cianuro	*cyanide*
claro	*of course; clear*
tener claro	*to be sure of*
darle ganas de…	*to make someone feel like…*
disponer de	*to do what one likes with*
la dosis	*dose*
echarse atrás	*to back out*
el estado	*condition; state*
frustrado(a)	*frustrated*
hacer el amor	*to make love*
intentar	*to try*
llevar… (período de tiempo)	*to have been… (for a period of time)*
el olor	*smell*
rechazar	*to reject*
sentir (ie)	*to feel*
volver a (caminar, hablar, ver)	*to (walk, talk, see) again*

Expresiones regionales*	
¡Hala!	*Come on! Wow!*
írsele la cabeza / la olla	*to lose one's head, to "lose it"*
Vale.	*Okay. Sure. Fine.*
Venga.	*Come (Go) on.*

*   These terms are not used exclusively in Spain—some are heard elsewhere as well.

 ¿Qué dicen? Complete los diálogos con palabras apropiadas de la lista "Expresiones regionales".

1. Ramón: Y no me llame "amigo". Y déjeme en paz.
    El padre Francisco (a los jóvenes que lo acompañan): _____ .
    Vámonos.

2. Gené: O sea que esto es… es la… la despedida.
    Ramón: Sí. Es mejor así.
    Gené: _____ .

3. Manuela: Tu tío se va a Boiro. Se va con la mujer esa… Rosa.
   Javi: _____ ¿Se van a casar?

4. Javi: ¿Y el abogado?
   Ramón: Es abogada. Por allí anda, con Gené y con Abuelo. Se los llevó a la playa.
   Javi: A ver si van a acabar en Coruña. Con lo que se le va la _____ .

B **La justicia.** Complete las oraciones con palabras apropiadas de la lista.

adentro	demanda	juzgado	sentencia
cianuro	disponer	lleva	tiró
claro	juicios	Señorías	volver

1. Ramón busca la legalización de la eutanasia desde el día que se _____ al mar y la resaca se llevaba el agua mar _____ .

2. Ramón tiene _____ que no quiere seguir viviendo.

3. Según José, Ramón se morirá como un perro si gana los _____ y Javi no lo volverá a ver.

4. Delante del _____ hay una manifestación a favor de la legalización de la eutanasia.

5. Según Marc, las personas tienen derecho a _____ de su propia vida.

6. Marc les dice a los jueces, "_____ , yo les pido una respuesta racional y humana".

7. La _____ de Ramón es rechazada otra vez.

8. Según la _____ de la audiencia provincial, sería un delito ayudar a morir a Ramón.

9. Ramón _____ esperando veintiocho años y ha perdido la paciencia. Sabe que no va a _____ a caminar.

10. Con la ayuda de Rosa y de otros amigos, Ramón toma una dosis de _____ en secreto.

Galicia es la comunidad autónoma más marinera de España y también la más verde. Situada sobre el Océano Atlántico, cuenta con unos 1.500 kilómetros de costa. Es famosa por ser una de las zonas pesqueras (*fishing*) más importantes del mundo, y su gastronomía se caracteriza por ricos platos de mariscos y pescados. En su capital, Santiago de Compostela, se encuentra la famosa catedral del mismo nombre, desde la Edad Media el santuario más importante de la Europa cristiana después de San Pedro de Roma. Miles de peregrinos (*pilgrims*) y turistas llegan allí todos los años por el Camino de Santiago.

C Un triángulo amoroso. Complete las oraciones con palabras apropiadas de la lista.

| darle ganas | frustrada | olor | siente |
| estado | hacer el amor | se echa atrás | |

1. Ramón no puede moverse y no quiere amar en ese _____ .
2. El _____ de Julia le provoca fantasías a Ramón.
3. En sus ensoñaciones, Ramón _____ las manos de Julia y se le va la cabeza.
4. Julia le promete a Ramón que se quitarán la vida juntos, pero _____ .
5. Rosa intenta _____ de vivir a Ramón.
6. Ramón se enoja con Rosa y le dice que es una mujer _____ .
7. Ramón le promete a Rosa que van a _____ en los sueños de ella.

Notas culturales

En esta película hay varios personajes que hablan gallego a veces, sobre todo José, el hermano mayor de Ramón. Muchos lingüistas consideran que el gallego y el portugués son variedades o dialectos del mismo idioma. La mayoría de los habitantes de Galicia hablan gallego además del español. El gallego es una de las cuatro lenguas oficiales de España. Las otras son el castellano o español, el catalán o valenciano y el vasco.

Rosa quiere comprarle un telescopio a Ramón para Reyes; para él, la visita por sorpresa de Julia es un maravilloso regalo de Reyes. Para una explicación del Día de los Reyes Magos, véase la sección "Hablando de la cultura" en la página 47.

Temas de conversación o composición

Discuta con sus compañeros los temas que siguen. Su profesor(a) puede asignarle como tarea que escriba un párrafo sobre alguno(s) de ellos.

1. el derecho a la libertad (¿Somos libres para decidir el momento de nuestra muerte, como cree Ramón?)
2. el derecho a la muerte (¿Debe considerarse la muerte como un derecho fundamental, igual que la vida?)
3. la muerte como solución al dolor (¿Debe considerarse la muerte como solución al dolor físico? ¿al dolor psicológico, como en el caso de Ramón?)

4. la despenalización (*decriminalization*) de la eutanasia y el auxilio al suicidio *(assisted suicide)* (¿Deben despenalizarse o no? En caso afirmativo, ¿cuáles son los posibles riesgos y abusos? ¿Qué condiciones, garantías y límites serían necesarios para evitarlos?)

5. las consideraciones morales (¿Cuáles son algunas de las consideraciones morales que mantienen muchas iglesias para prohibir la eutanasia y el auxilio a quien desea quitarse la vida?)

6. casos particulares y generales (¿Se puede legislar para la generalidad de la gente a partir de un caso excepcional? ¿Cree usted que la mayoría desea lo que Ramón Sampedro deseaba?)

7. el futuro de la eutanasia (¿Cree usted que la eutanasia va a ser aprobada pronto? ¿Por qué sí o por qué no?)

8. el personaje de Ramón (¿Cómo es? ¿Qué argumentos emplea para defender su deseo de morir? ¿Le parecen convincentes o no? Explique. ¿Por qué cree él que la Iglesia Católica mantiene una postura de temor ante la muerte? ¿Por qué aceptó Ramón que Julia llevara su caso? ¿Por qué la llama "mi Julieta"? ¿Por qué hace el video? ¿Por qué es importante su caso?)

9. el personaje de Julia (¿Cómo es? ¿Por qué lleva el caso de Ramón gratis [*free of charge*]?) ¿Por qué se enamora de él? ¿Por qué se echa atrás con respecto a su promesa de morir con él?)

10. el personaje de Rosa (¿Cómo es? ¿Por qué se enamora de Ramón? ¿Por qué decide ayudarlo a morir?)

11. el personaje de Marc (¿Qué argumentos emplea para defender a Ramón ante la audiencia provincial? ¿Le parecen convincentes o no? Explique.)

Una escena memorable

¿Qué le dice el padre Francisco a Ramón en el "debate" que tienen? ¿Qué le responde Ramón? ¿Cuál es el papel del hermano Andrés? ¿Cuál es la opinión de Manuela? ¿Qué le dice ella al padre Francisco? ¿Cómo usa el director el humor en estas escenas?

Hablan los personajes

Analice las siguientes citas, explique de quién son y póngalas en contexto. (Para una lista de los personajes principales, ver el ejercicio B en la sección "Antes de ver la película".) También hay Joaquín, el padre de Ramón.

1. "Sólo hay una cosa peor que se te muera un hijo… que quiera morirse".

2. "Ya no pasa un minuto sin que entre una mujer en esta casa".

3. "Por eso quería venir… para darte ganas de vivir. Para decirte que la vida… que vale la pena, ¿no?"

4. "Una libertad que elimina la vida no es libertad".

5. "Te he llamado porque quiero hacerme socia del DMD. […] Es que no puedo más. Esto no es vida".

6. "No, lo que nosotros apoyamos es la libertad, la de los que quieren vivir y la de los que quieren morir".

7. "Considero que vivir es un derecho, no una obligación".

8. "Yo quiero lo mejor para él, todos en esta casa queremos lo mejor para él. Entonces ¿por qué va a querer morirse?"

9. "Señorías, mi cliente desea dirigirse a ustedes directamente para que oigan de su propia voz…"

10. "Cuando uno no puede escapar y depende constantemente de los demás, aprende a… a llorar riendo, ¿no?"

Hablando de la cultura

Ramón vive en casa de su hermano mayor y su cuñada lo cuida con devoción. Viven también en la misma casa el abuelo y el nieto. Aunque de vez en cuando a Javi le molestan la presencia del abuelo y el mal humor de Ramón, parece que todos aceptan la situación como normal y desean que continúe. ¿Cómo refleja esta situación familiar las costumbres de la sociedad gallega? ¿Cómo sería en Estados Unidos?

Hablan los críticos y directores

"Una reconstrucción a ratos casi documental, pero privilegiando el lado humano y no la lucha política o discusión ideológica".

—Daniel Olave. *La tercera*, Cultura, Crítica de cine, Santiago de Chile, 27/1/2005

"La historia de Ramón Sampedro... está contada con destreza (*skill*), pero carece de un contrapeso (*it lacks a counterweight*) que represente a los millones de atribulados (*suffering people*) que apuestan por la vida... Lo malo es que en *Mar adentro* no hay debate, sólo exposición ideológica".

—Eva Latonda. "*Mar adentro:* arte magistral para una ideología desoladora", Forumlibertas.com, 9 de agosto, 2004. http://www.forumlibertas.com/frontend/forumlibertas/noticia.php?id_noticia=512

"...la nueva obra de Alejandro Amenábar ofrece una óptica nada imparcial: presentada con un enorme aparato de propaganda como una defensa de la libertad... para elegir el tipo de vida deseada, en la práctica se convierte en una sentimental apología de la eutanasia".

—Julio Rodríguez Chico. "Sentimiento para una ideología". Crítica. *La Butaca Revista de Cine*, http://www.labutaca.net/films/27/maradentro3.htm

¿Es la obra de Amenábar parcial o imparcial? ¿Con cuál de los tres críticos está usted más de acuerdo? Explique.

"Si Mateo [Mateo Gil, co-autor del guión con Alejandro Amenábar] hubiera escrito solo esta película, hubiera sido una historia completamente fragmentada con muchos saltos en el tiempo. A él le atraía el Ramón de antes del accidente, sus viajes y sus mujeres, lo que había vivido, mientras que a mí me interesaba más el Ramón de después, que empieza a leer filosofía. Pero no hemos renunciado a *(given up)* nada y en el presente de Ramón está muy presente su pasado".

—Alejandro Amenábar. *Mar adentro*
http://www.clubcultura.com/clubcine/clubcineastas/amenabar/mar06.htm

Y ahora, su opinión: ¿Está usted de acuerdo con el director? ¿Le hubiera gustado más la mirada de Mateo Gil? Entonces, ¿qué aspectos de la personalidad de Ramón y qué otros detalles de su vida le hubiera gustado conocer?

MÁS ALLÁ DE LA PELÍCULA

Ramón Sampedro: Los ensueños

Mar adentro, mar adentro,
y en la ingravidez[1] del fondo,
donde se cumplen[2] los sueños,
se juntan dos voluntades
para cumplir un deseo.

Un beso enciende[3] la vida
con un relámpago[4] y un trueno[5],
y en una metamorfosis
mi cuerpo no era ya mi cuerpo;
era como penetrar al centro del
   universo:

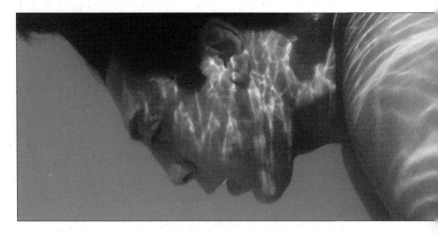

El abrazo más pueril
y el más puro de los besos,
hasta vernos reducidos
en un único deseo:

Su mirada y mi mirada
como un eco repitiendo, sin palabras:
mar adentro, mar adentro,
hasta el más allá del todo
por la sangre y por los huesos.

Pero me despierto siempre
y siempre quiero estar muerto
para seguir con mi boca
enredada[6] en tus cabellos.

Carta de Ramón Sampedro

[Lo siguiente son fragmentos de una carta de Ramón Sampedro a una periodista que tratará de ayudarlo.]

Querida Laura:

Me dices que te escriba y que te cuente lo que pienso sobre dios, la vida, el amor y la muerte. También me preguntas en la última carta—o te preguntas—

1. *lightness*
2. *se... are fulfilled*
3. *lights, kindles*
4. *lightning bolt*
5. *thunderclap*
6. *entangled*

con la lógica curiosidad de la periodista—si lloro, si me desespero o si deseo tanto la muerte que no hay nada que me haga cambiar de idea….

De la vida pienso que comienza por el amor; y todo lo que se entiende por amor es en la ley universal de la vida un placer: una llamada tuya por teléfono es una forma de amarme porque me agrada[1] escuchar tu voz. Y si tú me dices que te agrada recibir alguna de mis cartas, ésa es una forma de amarte, pues a mí me satisface saber que mis tonterías[2] pueden hacerte alguna ilusión. La ilusión de un ensueño que dure un momento, no porque yo diga nada interesante, sino por el simple hecho de saber que hay alguien que idealiza nuestra imagen en sus pensamientos.

Después hay el placer de contemplar el mar, oler[3] su perfume de algas y ensoñar con miles de otros placenteros[4] recuerdos—los desagradables se dejan a un lado[5]—, y oler el perfume del bosque y de la tierra, y escuchar los sonidos de la naturaleza toda. Todo eso es placer, como es un placer recibir en la cara, un día de invierno, la cálida ternura de un rayo de sol[6] como si fuera una caricia de la naturaleza—madre cósmica que nos parió[7]. Sin embargo, todo ese placer, para mí, no equilibra[8] el peso[9] entre el deseo de vivir y la necesidad de morir. No es amor suficiente el que me da la vida….

El día que me tiré al mar—más bien me caí—estaba pensando, precisamente, en el otro amor: en uno que había durado justo veintidós días. Ella tenía dieciocho años y yo veinticuatro. Hacía casi un año, en un pequeño puerto de Fortaleza (Brasil). Comparaba aquel amor de marinero, loco, libre, sin ningún prejuicio moral, con éste de ahora, honesto y atemorizado[10] por perder el virgo[11], y pensaba en que tenía que cenar en compañía de su familia aquella noche. Si te digo la verdad, tenía dudas sobre si dejar plantada[12] la formal cena de compromiso[13], esposa y cadenas[14], y largarme al Brasil donde las putas no cobraban tarifa[15].

En el reportaje que me hiciste sobre la eutanasia (morir para vivir), cuando me preguntaste por la novia, lo primero que me vino a la memoria fue lo que te acabo de contar, por eso dudaba entre narrar la anécdota o dejarlo en lo esencial de la última mujer en la que se había detenido mi barco, como si fuese el último puerto que tocase en busca de un amor de mujer. Tal vez eso que tanto idealizamos no sea más que una simple ley universal, la de la gravedad, que nos lleva siempre, inexorablemente, a girar[16] alrededor de la figura de la mujer, y la mujer del hombre….

Me preguntas si me desespero. No, sólo que ya no tengo nada que hacer aquí. Sólo recordando la vida no se puede vivir. Tiene que haber un equilibrio entre el cuerpo y la mente. Si uno de los dos falla, falla el mismo proyecto que la vida ideó[17]. ¿De qué sirve que se conserven en la memoria intactos todos los sentimientos, fantasías y pasiones intrínsecas a todo ser humano, si sólo sirven para atormentarme con deseos que jamás se podrán realizar? No es desesperación. Es lógica racional. La idea de la muerte en estas circunstancias es

1. me… *it gives me pleasure*
2. *silly remarks*
3. *to smell*
4. *pleasant*
5. se… *are set aside*
6. cálida… *warm caress of a sunbeam*
7. *gave birth*
8. *balance*
9. *weight*
10. *fearful*
11. *virginity*
12. si… *whether to forget about*
13. cena… *engagement dinner*
14. *chains*
15. putas… *prostitutes didn't charge [such] a price*
16. *revolve*
17. falla… *the project that life conceived fails*

más que un simple deseo de separarse de la vida. Es el deseo de terminar una existencia que no encaja[18] dentro de las leyes de mi razón.

No hay belleza posible, porque no queda esperanza. Y cuando a la vida no le queda belleza, nos ofrece la muerte, la poesía del sueño que busca la razón. No hay que darle más vueltas[19]. El ser humano no acepta su mortalidad porque la ley universal del miedo a la muerte no se lo permite. Una persona puede sobrevivir con la ayuda de sus semejantes[20]. Puede y debe ser así, si él solicita su ayuda. Pero, cuando uno no puede sobrevivir por sus propios medios[21], y solicita ayuda de los demás, los demás deben prestarle esa ayuda que él solicita, no la que los demás quieran darle de acuerdo con sus prejuicios morales….

Cuando se debate el derecho de la persona a terminar su vida, siempre aparecen en la escena los médicos—menos en tu reportaje—y siempre repiten la misma irracionalidad: nosotros estamos para salvar vidas.

Los médicos no salvan vidas. Reparan accidentes o curan enfermedades, y esperan, como lógica consecuencia, prolongar la vida un poco más de tiempo. Pero cuando no se puede reparar el accidente o curar la enfermedad, su autoridad moral o sus juicios de valor sobre cómo y cuándo una persona puede terminar su vida, su influencia sobre las decisiones judiciales o sobre la conciencia de los legisladores no debería tener más peso que las mías—en este caso—o las de otro ciudadano cualquiera que reclame[22] el derecho a su muerte….

Mi incapacidad física me causa un sufrimiento del que no puedo liberarme. Eso me causa una humillación que mi concepto de la dignidad no admite[23]. ¿Quién me causa esta humillación? La vida, la circunstancia. No es dios, ni su voluntad porque yo no la creo. Pero en un informe que pidió el Ministerio de Asuntos[24] Sociales a no sé qué consejeros, o autoridades sobre el tema de la eutanasia, el portavoz[25] de dicho consejo dice que no se puede saber cuándo un sufrimiento es o no insoportable. ¿Cómo pueden juzgar entonces?…

Si alguien me quiere, me ama y me respeta, que me preste la ayuda que yo le pida, que me ame con el respeto que yo le solicito. Si no es así, será una violación de mis principios, de mi personalidad, de mis creencias, de mi dios. Lo mejor será aquello que yo amo y comprendo. Y lo mejor que todo ser humano—y no humano—comprende es el amor. Y el amor es dar como dan el sol, el agua, la mar y el aire. ¿Dios? ¿La naturaleza? No piden nada a cambio. Sólo el equilibrio. No hay error o crimen más atroz[26] que negarle[27] a una persona el derecho de poner fin a su vida para terminar su sufrimiento incurable. …

— **Poema y carta de Ramón Sampedro**, *Cartas desde el infierno*
(Barcelona: Editorial Planeta, 2004).

18. *fit*
19. No… *It's just as it looks, no need to turn it around.*
20. *fellow beings*
21. *means*
22. *claims, demands*
23. *allow*
24. *Affairs*
25. *spokesperson*
26. *atrocious*
27. *denying*

Artículo de periódico sobre Ramona Maneiro

[Ramona Maneiro es la amiga que ayudó a Ramón Sampedro a morir; el siguiente artículo salió en 2005, cuando la causa[1] contra ella fue sobreseída.[2]]

Viernes, 18 de marzo, 2005

Extinguida[3] la responsabilidad penal

Sobreseída la causa contra Ramona Maneiro por la muerte de Sampedro

El Juzgado de Instrucción número 2 de Ribeira ha sobreseído de manera provisional la causa contra Ramona Maneiro por un delito[4] de cooperación al suicidio del tetrapléjico gallego Ramón Sampedro…

En su casa de Boiro (A Coruña), Ramona Maneiro se encontraba "muy contenta" y "agradecida[5]" a la justicia tras conocer[6] la noticia. "Siempre he estado aliviada[7] y muy tranquila", aseguró[8] la amiga del tetrapléjico gallego.

Ramona Maneiro, que el pasado 10 de enero confesó en un programa de televisión haberle ayudado[9] a morir, indicó que "hay muchos casos más importantes para gastarse el dinero y resolver"…

Maneiro comentó que su vida a partir de ahora seguirá "como siempre" y apostó[10] por continuar con la lucha de Sampedro . "Ahora, la lucha de Ramón tiene que seguir, pero quienes la tienen que llevar[11] son los políticos", apuntó…

Ramona consideró la decisión de la justicia "una victoria" de su amigo Ramón Sampedro. "Lo más importante está por venir, que sería que se legalice la eutanasia", sentenció…

Por su parte, la familia del tetrapléjico gallego no ocultaba[12] su malestar por la decisión de la justicia, que consideran "equivocada[13]". "Por mí, la querría encerrar[14] toda la vida por ser tan mentirosa, pero si la justicia lo cerró, está cerrado", manifestó la cuñada de Sampedro, Manuela Sanlés.

Así, la cuñada de Sampedro, visiblemente afectada, señaló a Ramona como "la mujer más asesina[15] que hay en el mundo". "Debería pagar como todos…"

— **"Sobreseída la causa contra Ramona Maneiro por la muerte de Sampedro",** *Ciencia,* **18 de marzo de 2005.**

1. *case*
2. *dismissed*
3. *Nullified*
4. *crime*
5. *grateful*
6. tras… *after learning*
7. *relieved*
8. *said with assurance*
9. haberle… *having helped him*
10. *pledged*
11. *carry on*
12. *hide*
13. *wrong*
14. *lock up*
15. *murderous*

Preguntas y opiniones

Ramón Sampedro: Los ensueños

1. ¿Qué significan las palabras "mar adentro"?
2. ¿A qué deseo se refiere el poeta?
   ¿Por qué "único"?
3. ¿Cómo se representa metafóricamente el encuentro?
4. ¿Qué imágenes tiene el poeta del cuerpo?
5. ¿Por qué quiere el poeta estar muerto?

Carta de Ramón Sampedro

1. Para Ramón la vida se relaciona con el placer y el amor. ¿Cuáles son algunos de los placeres que menciona? ¿Cómo entiende él esta relación?
2. Según Ramón, ¿cuál es la mejor opción cuando ya no hay esperanza?
3. ¿Entre qué cosas tiene que haber un equilibrio, según Ramón?
4. Para Ramón, ¿cuál es el resultado de tener memorias de los sentimientos y fantasías del pasado?
5. Según Ramón, ¿por qué no acepta el ser humano su mortalidad?

La Coruña, que se menciona en la película, es una ciudad importante y puerto histórico, sede *(seat)* del Tribunal Superior de Justicia de Galicia. Entre sus muchos sitios de interés está el Castillo de San Antón, construido en 1587, donde se encuentra el Museo Arqueológico, que contiene piezas de las culturas y civilizaciones prehistóricas de la región. La Torre de Hércules, símbolo de la ciudad, es el faro en funcionamiento más antiguo del mundo. La ciudad también es famosa por sus playas, su paseo marítimo y sus iglesias antiguas, algunas de las cuales datan del siglo XII.

Ramón habla del miedo a la muerte física como una ley universal del ser humano; sin embargo, ¿cómo define Ramón la muerte? ¿Qué es la muerte física para él? En este sentido, ¿puede usted explicar su opinión sobre la ciencia médica y legal?

¿Qué visión tiene Ramón de Dios y de la naturaleza? ¿Cree que para él son lo mismo? En ese sentido, Ramón no cree que Dios quiera que él sufra; ¿cómo justifica él su deseo a morir físicamente desde su visión del mundo?

Artículo de periódico sobre Ramona Maneiro

Comente usted la actitud de Ramona ante el caso de Ramón. Compárela con la actitud de la familia de Ramón. Explique su reacción personal ante la noticia.

CAPÍTULO 16

Volver

Presentación de la película: Dos hermanas, Raimunda y Sole, están de visita en su pueblo natal de La Mancha, España. En el cementerio *(cemetery),* ven a Agustina, una vecina de su tía Paula. Al volver al pueblo, las dos hermanas han vuelto a su familia, a las tradiciones del pueblo y a un pasado lleno de secretos y misterios.

• Pedro Almodóvar, el director de la película, nació en La Mancha en 1949. Ver el capítulo 14, *Todo sobre mi madre.*

• *Volver* fue nominada a más de 90 premios prestigiosos y ganó 44 (incluso cinco Goyas).

• Penélope Cruz (Raimunda) fue nominada al Oscar y al Globo de Oro. Cruz ha protagonizado películas en España, Italia y en Estados Unidos *(Belle Epoque, All the Pretty Horses, Blow, Vanilla Sky, Pirates of the Caribbean: On Stranger Tides).* En 2009 ganó un Oscar por su actuación en *Vicky Cristina Barcelona.* También actuó en *Los abrazos rotos* (2009) y *Los amantes pasajeros* (2013), dirigidas por Almodóvar.

• Carmen Maura (Irene) nació en Madrid en 1945. Formó parte de "la Movida" y trabajó con Almodóvar en seis películas anteriores, incluso *Mujeres al borde de un ataque de nervios.* Otros filmes de Maura: *La ley del deseo* (Almodóvar, 1987), *¡Ay, Carmela!* (Carlos Saura, 1990), *Lisboa* (Antonio Hernández, 1999), *La comunidad* (Alex de la Iglesia, 2000), *Valentín* (Alejandro Agresti, 2002), *Al otro lado* (Gustavo Loza, 2004), *Tetro* (Francis Ford Coppola, 2009) y *Sofía y el terco* (Andrés Burgos, 2012).

• Además de Cruz y Maura, las siguientes "chicas Almodóvar" participaron en el filme: Lola Dueñas (Sole), Blanca Portillo (Agustina) y Chus Lampreave (la tía Paula).

```
██████████████████████████████████████████████████████████
█  █  █  █  █  █  █  █  █   PREPARACIÓN   █  █  █  █  █  █  █
██████████████████████████████████████████████████████████
```

Vocabulario preliminar

Note: All but a few of the following words occur at least twice in the film. In Spain, the plural **tú** form is **vosotros(as)**. The **vosotros** command form ends in -**ad, -ed,** or -**id** in the affirmative and in -**áis** or -**éis** in the negative. Notice in the conversations in this film that often the letter **d** disappears between vowels: e.g., **dado** becomes **dao** or **pesado** becomes **pesao**. Note also the many diminutives (**regularcilla, poquito**), and especially the diminutive –**ico(a): igualicos (iguales), tened cuidaíco (cuidado), dinerico (dinero), deseandico (deseando)**. One of the characters, Regina, has a Cuban accent: see page 104.

Cognados		
el cáncer	el espíritu	el tupperware
la clínica	el/la hippie	

La muerte y los muertos	
la aparición	ghost, apparition
el cementerio	cemetery
descansar en paz, descansar tranquilo(a)	to rest in peace
echar de menos a alguien	to miss someone
enterrar (ie)	to bury
el entierro	funeral
el fantasma	ghost
limpiar una tumba	to clean up (the area around) a tomb or grave
llorar	to cry
matar	to kill
morir(se) (ue)	to die
el recuerdo	memory
velar	to watch over; to have a vigil or wake

Otras palabras	
abusar de algo o alguien	*to take advantage of something or someone*
aparecer(se) (zc)	*to appear*
arreglar	*to fix, fix up, arrange*
arreglarse	*to fix oneself up, get ready*
arreglárselas	*to manage*
ciego(a)	*blind*
la costumbre	*custom*
desaparecer (zc)	*to disappear*
el disparate	*nonsense, senseless idea*
echarle una mano a alguien	*to lend someone a hand, help out*
enterarse de	*to find out (about)*
el frigorífico *(Spain),* el congelador	*freezer*
el incendio	*fire*
el maletero	*trunk (of a car, for **maletas,** suitcases)*
la peluquería	*hair salon*
quedarse con algo	*to keep or hold onto something*
robar	*to steal, rob*
la rosquilla	*ring-shaped pastry, doughnut*
ruso(a)	*Russian*
la sequía	*drought*
sordo(a)	*deaf*
la "telebasura"	*"telegarbage" (low-quality programs)*
tener miedo	*to be afraid*
el viento	*wind*

 Un paseo a Almagro. Complete el párrafo con palabras de la siguiente lista.

arregló	maletero	rosquillas
enteramos	mató	sequía
incendio	recuerdo	viento

El sábado pasado fuimos a Almagro, un pequeño pueblo de La Mancha. Allí hace mucho sol y mucho (1) _____. Ahora hay una (2) _____ porque no ha llovido durante varios meses. Nos dijeron que hace un mes hubo un (3) _____ terrible en La Mancha que (4) _____ a varias personas. Pero el sábado hacía un tiempo magnífico; el cielo estaba azul y el aire muy limpio. Fuimos en coche por un camino muy

bonito y al mediodía paramos para comer. Llevábamos comida en el (5) _____:
una tortilla de patatas en un tupperware, unas (6) _____ y fruta. Al llegar a
Almagro, nos (7) _____ de que habría una presentación de *La Celestina* esa
noche en el famoso "Corral de Comedias". Mi amigo se las (8) _____ para
conseguir entradas *(get tickets)*. Lo pasamos muy bien, y nos quedamos con el (9) _____
de un paseo muy bonito.

B **Fuera de lugar.** Para cada oración, indique cuál de las palabras está fuera de lugar y no tendría
sentido en el contexto.

> *Modelo:*
>
> Mi abuela tiene un problema: es _____ (a. sorda / b. rusa / c. ciega).
> **b. rusa**

1. Mucha gente supersticiosa cree en _____ (a. las apariciones / b. los
   fantasmas / c. los frigoríficos).

2. Don Eduardo, el único hippie del pueblo, se murió hace una semana. Que descanse
   _____ (a. en paz / b. ciego / c. tranquilo).

3. Recogimos medicinas en la _____ (a. peluquería / b. farmacia / c. clínica).

4. Oye, ¿me puedes _____ (a. ayudar / b. echar una mano / c. robar)?

5. El hombre que _____ (a. abusó de / b. mató a / c. murió) esa chica está
   muerto.

6. ¿No te _____ (a. das cuenta / b. enteras / c. entierras) de nada?

7. ¿Piensas _____ (a. arreglar / b. desaparecer / c. quedarte con) la casa
   de tus abuelos?

8. Mucha gente no quiere ir a los cementerios de noche porque tienen miedo de _____
   (a. los fantasmas / b. las tumbas / c. los espíritus de los muertos).

C **Un entierro.** Escoja las palabras apropiadas para completar el párrafo.

Hace unos meses _____ (1. se murió / desapareció) mi tío Rafael, el hermano de

mi padre, de cáncer. Volví a mi pueblo natal para el _____ (2. entierro / miedo).

Cuando llegué, mis familiares y sus vecinos y amigos estaban _____ (3. velando /

apareciendo) a mi tío en su casa. Todos _____ (4. lloraban / se arreglaban) y

rezaban *(were praying)*. Al día siguiente del velorio, fuimos al _____ (5. congelador /

cementerio), donde _____ (6. enteraron / enterraron) a mi tío al lado de sus

padres y abuelos. Unos meses después, mi tía regresó allí para limpiar la _____

(7. telebasura / tumba), como es _____ (8. disparate / costumbre) en el pueblo.

Echamos mucho de _____ (9. menos / lejos) a mi tío, que fue un hombre muy

bueno y muy generoso.

Antes de ver la película

Preguntas. Conteste las siguientes preguntas. Su profesor(a) puede pedirle que haga este ejercicio con un(a) compañero(a), utilizando la forma **tú** del verbo, y que den un informe oral a la clase.

1. ¿Ha vuelto usted alguna vez a un lugar después de mucho tiempo? ¿Estaba igual que antes o había cambiado? ¿Le sorprendió algo que vio? Describa la experiencia.

2. Muchos habitantes de las grandes ciudades buscan la tranquilidad en los pueblos pequeños porque quieren escaparse del "corre corre" *(rat race)* de la ciudad. En cambio, mucha gente de los pueblos pequeños se aburre y va a las grandes ciudades en busca de diversiones, actividades culturales o deportivas, etc. ¿Cuáles son las ventajas y desventajas de vivir en una ciudad grande? ¿de vivir en un pueblo pequeño o en el campo *(country)*? ¿Dónde hay más peligro *(danger)*? ¿tolerancia? ¿libertad? En general, ¿prefiere usted la vida del campo o la vida urbana? ¿Por qué?

B

Los personajes. Lea las descripciones y los nombres de los personajes. Después de ver la película, empareje cada personaje con su descripción.

a. Raimunda   b. Sole   c. la tía Paula   d. Irene

e. Agustina   f. Paco   g. Regina   h. Emilio

____ 1. una mujer que tiene una peluquería

____ 2. un hombre que toma mucho y que no tiene trabajo

____ 3. la hermana de Irene

____ 4. una mujer cubana que vive en Madrid

____ 5. la abuela de Paula

____ 6. la vecina de la tía Paula

____ 7. una mujer que vive en Madrid y tiene una hija

____ 8. un hombre que tiene un restaurante en Madrid

Investigación

Busque información sobre uno de los temas que siguen. Su profesor(a) puede pedirle que trabaje con un(a) compañero(a) , o en un grupo pequeño, para hacer la investigación y que den un informe oral a la clase.

1. "la Movida" madrileña de los años ochenta (1980)

2. el sol y el viento de La Mancha y los famosos molinos de viento *(windmills)* del *Quijote* (la novela de Miguel de Cervantes)

3. la canción "Volver", música de Carlos Gardel y letra de Alfredo Lepera (1935)

Note: Your instructor may ask you to read over the exercises in the section **Exploración** before you see the film, in order to improve your understanding of it.

Madrid, capital de España, es un importante centro cultural, con teatros, cines, numerosos museos (e.g., el Museo del Prado y el Museo Reina Sofía), varias universidades, parques y jardines famosos (e.g., el Parque del Retiro, el Real Jardín Botánico) y monumentos antiguos. También es un destino turístico muy popular, con una vida nocturna muy activa.

EXPLORACIÓN

¿Agustina o Raimunda? Algunas de las siguientes oraciones describen a Agustina y otras describen a Raimunda. Marque **A** (Agustina) o **R** (Raimunda), según el caso.

_____ 1. No está casada.

_____ 2. Se casó cuando era muy joven.

_____ 3. Busca a su madre.

_____ 4. Vela a la tía Paula en su casa.

_____ 5. Canta bien.

_____ 6. Su hermana trabaja en un programa de televisión (la "telebasura").

_____ 7. Está enferma.

_____ 8. Trabaja en el aeropuerto de Madrid y en un restaurante.

_____ 9. Su padre fue a Venezuela a trabajar.

_____ 10. Vive en un pueblo pequeño.

B La historia

1. ¿Cómo murieron los padres de Raimunda y Sole?

2. ¿Qué hace Agustina en el cementerio?

3. Cuando la tía Paula ve a Raimunda, la reconoce *(recognizes)*. ¿A quiénes no reconoce?

4. Según la tía Paula, ¿quién pasa por su casa todos los días y le lleva pan? ¿Quién le hace la comida?

5. ¿A quién busca Agustina? ¿Cómo era esa persona?

6. ¿Qué hace Paula cuando su padre, borracho *(drunk)*, intenta abusar de ella sexualmente?

7. Sole llama a Raimunda por teléfono. ¿Qué le dice?

8. Un señor que trabaja con un equipo de filmación pasa por el restaurante. ¿Qué le pide a Raimunda?

9. ¿Tiene Raimunda dinero? ¿Cómo obtiene los ingredientes para la comida?

10. ¿Qué hace Raimunda con el cadáver de Paco?

11. ¿Adónde va Sole? ¿Por qué? ¿A quiénes ve allí?

12. ¿Quién se esconde *(hides)* en el maletero del coche de Sole? ¿Cómo reacciona Sole?

13. ¿Qué tipo de negocio *(business)* tiene Sole en su apartamento? ¿Quién es "la rusa"?

14. ¿Por qué se enoja *(get angry)* Raimunda cuando, en casa de Sole, ve las cosas de la tía Paula en la maleta?

15. ¿A quién visita Raimunda en el hospital? ¿Qué favor le pide esta persona? ¿Cómo reacciona Raimunda?

16. Cuando Paula le pregunta a Irene, "¿Por qué te apareces, abuela?", ¿qué le contesta Irene?

17. ¿Adónde van Raimunda y Regina de noche? ¿Qué hacen allí?

18. Agustina aparece en la televisión en el programa de su hermana Beatriz. ¿De quién quiere la locutora *(host)* que ella hable? ¿Lo hace?

19. ¿Qué le había contado la tía Paula a Irene el día del incendio?

20. ¿Qué le había prometido *(promised)* la gente que trabaja en el programa de televisión a Agustina? ¿Qué decide ella?

ANÁLISIS Y CONTRASTE CULTURAL

Vocabulario

Cognados	
el buffet	justificar
la coincidencia	el purgatorio

Otras palabras	
agradecer (zc)	to appreciate, be grateful
aprovecharse de	to take advantage of
cuidar	to take care of
cumplir una promesa	to fulfill a promise
despedir (i)	to fire (from a job)
despedirse (i)	to say good-bye
extrañarse	to be surprised
funcionar	to work, function
harto(a) de	sick of, fed up with
la mentira	lie
mentir (ie)	to lie
molestar	to bother (with); to annoy
ocultar	to cover up, hide
ocupado(a)	busy
pedirle perdón a alguien	to ask someone's forgiveness

Expresiones	
¿A cómo tiene los tomates (mangos, etc.)?	How much are the tomatoes (mangos, etc.)?
contar (ue) con alguien (e.g., Cuenta conmigo.)	to count on someone (e.g., You can count on me.)
quitarle a alguien un peso (e.g., Me quitas un peso.)	to take a load or weight off someone's shoulders (e.g., You're taking a weight off my shoulders.)
venirle bien a alguien (e.g., Eso me vendría muy bien.)	to suit someone, fill the bill or work well (e.g., That would work very well for me.)
hacerse a la idea (e.g., No se hace a la idea.)	to get used to the idea (e.g., He/She can't get used to the idea.)
¡Qué poca vergüenza!	What a lot of nerve! (literally, "How little shame!")

Expresiones regionales*	
fatal	*bad, terrible, awful; terribly, badly*
flipar	*to flip out (over), be astonished about*
liado(a)	*linked, hooked up with (romantically); busy*
mogollón (de)	*a lot, huge number (of)*
estar molido(a)	*(literally, "to be ground down") to be beat, exhausted*
ser pesado(a) (pesa'o)	*to be a pain, pest*

* These terms are not used exclusively in Spain—some are heard elsewhere as well. All of them are colloquial.

A Resumen. Escoja las palabras apropiadas para completar las oraciones.

1. Raimunda _____ (oculta / miente) la identidad del padre biológico de Paula.

2. Agustina dice que la tía Paula no se _____ (cuenta / hace) a la idea de la muerte de Irene.

3. A Paco lo _____ (despiden / se despiden) del trabajo.

4. Raimunda dice que Paco no es el padre biológico de Paula pero que eso no _____ (justifica / aprovecha) lo que hizo.

5. Agustina parece muy sola cuando _____ (despide / se despide) de Sole después del entierro.

6. Sole le pregunta a su mamá si volvió para hacer algo: por ejemplo, para _____ (cumplir / agradecer) una promesa.

7. Irene volvió para _____ (velar / cuidar) a su hermana, la tía Paula.

8. Irene también volvió para pedirle _____ (perdón / ayuda) a Raimunda y para acompañar a Sole (Soledad), que vive sola.

9. Irene y la madre de Agustina desaparecieron el mismo día, una gran _____ (coincidencia / mentira).

10. Cuando Sole lleva la maleta de la tía Paula a Raimunda, Raimunda le dice que no se hubiera _____ (molestado / arreglado).

11. Irene dice que ha vivido en un auténtico _____ (liado / purgatorio).

B Pequeñas conversaciones. Complete las conversaciones con palabras de la siguiente lista.

agradezco	extraño	quitas
aprovecha	funciona	tiene
buffet	harta	vendrían
conmigo	miente	vergüenza

A: Juan, ¿tienes algunas estampillas? Tengo que mandar varias cartas hoy.

B: Sí, ¡cómo no! ¿Cuántas necesitas?

A: Cuatro o cinco me (1) _____ muy bien.

B: Te doy cinco, pues.

A: Gracias. Te lo (2) _____ mucho.

A: Oye, tengo un problema con la computadora. ¿Me puedes echar una mano mañana para arreglarla?

B: Sí, cuenta (3) _____.

A: Mil gracias. La necesito para el trabajo. Estoy (4) _____ de tener tantos problemas con ella. Me (5) _____ un peso.

A: ¿A cómo (6) _____ los tomates?

B: A tres euros el kilo.

A: Me pone dos kilos, por favor. Hoy tengo que preparar un (7) _____ para veinte personas.

La región de La Mancha es famosa por sus molinos de viento, el queso manchego y sus productos agrícolas como el trigo *(wheat)*, el aceite de oliva, el azafrán *(saffron)* y el melón. Es conocida también por la famosa novela de Miguel de Cervantes, *El ingenioso hidalgo don Quijote de la Mancha*. Sancho Panza y Dulcinea del Toboso, personajes de la novela, son símbolos de esta región. En la foto se ve un monumento a Dulcinea y don Quijote en el pueblo de El Toboso.

A: Enrique me pidió cien euros y me dijo que me los pagaría hoy, pero ¡mentiras! No me
     ha dado nada.

B: No me (8) _____ en lo más mínimo.

A: Pero, ¡qué poca (9) _____!

B: Se (10) _____ de la gente. Y (11) _____ mucho. Así es.

A: Buenos días. Necesito alquilar un coche.

B: ¿De qué clase y por cuánto tiempo?

A: Lo más barato que tenga. Sólo por el día. El mío no (12) _____ y hoy está
     en el taller *(shop)*.

¿Y en España? Para cada palabra subrayada, busque una palabra que se podría oír en España.
(Consulte la sección "Expresiones regionales".)

> ***Modelo:***
>
> Te vas a extrañar mucho.
>
> **Vas a flipar.**

1.   Me siento muy mal.

2.   ¿Tienes mucha comida? — Sí, muchísima.

3.   Trabajé diez horas y estoy muy cansada.

4.   ¿Qué te pasa? ¿Estás muy ocupado?

5.   Ese chico me pide ayuda todo el tiempo. Molesta mucho.

Notas culturales

- Al principio de la película, cuando se ve "Pedro Almodóvar" en los créditos, el director aparece, vestido de mujer, limpiando una tumba en el cementerio. La película fue filmada en Almagro, un pueblo cerca del pueblo natal de Almodóvar. La costumbre de limpiar y arreglar las tumbas de los muertos es un acto de respeto y amor; las mujeres siguen cuidando a sus familiares como si todavía vivieran. También representa

el deseo de preservar la historia de la familia, el recuerdo de las generaciones anteriores (aunque en esta escena, el viento sigue cubriendo las tumbas de polvo [dust]).

- La Mancha es famosa por sus molinos de viento desde la época del *Quijote*, la novela de Miguel de Cervantes. Ahora existen molinos modernos, como los que se ven en la película. España es un líder mundial de la "revolución verde"; produce grandes cantidades de energía solar y a veces hay que desconectar los molinos de viento porque no se puede utilizar toda la energía que producen.

- En esta película, hay varias escenas relacionadas con la comida (y, en especial, las comidas típicas de La Mancha). La hermana de Almodóvar, María Jesús, preparó los barquillos (*wafer-like cookies*).

Temas de conversación o composición

Discuta con sus compañeros los temas que siguen. Su profesor(a) puede asignarle como tarea que escriba un párrafo sobre alguno(s) de ellos.

1. la sobrevivencia *(survival)* en condiciones adversas (¿Cómo es el clima de La Mancha? ¿Cómo se ayudan los personajes principales? Por ejemplo, ¿cómo ayuda/ayudó la tía Paula a Irene? ¿Irene a la tía Paula? ¿Agustina a la tía Paula? ¿Sole a Raimunda y Paula? ¿Qué hace Raimunda cuando tiene que hacer una comida y no tiene dinero para los ingredientes? ¿Cómo protege [*protect*] Raimunda a Paula? Cuando la tía Paula muere, ¿qué hace la gente del pueblo?)

2. las mentiras (¿Qué mentiras dice Raimunda acerca de: Paco, el restaurante, el congelador, el motivo por el que no puede ir al entierro de la tía Paula? ¿Qué mentiras dice Sole sobre: la maleta de la tía Paula, la "rusa"? ¿Qué secretos tenía el esposo de Irene? ¿Cuáles son "mentiritas blancas" que se dicen para proteger o ayudar a alguien? ¿Es necesario o preferible mentir en ciertas situaciones?)

3. las drogas (¿Cómo reaccionan Sole y Raimunda cuando Agustina empieza a fumar marijuana delante de ellas, con Paula allí en la casa? ¿Qué dice Agustina sobre los "porros" [cigarillos de marijuana]? Más tarde, Agustina se entera de que tiene cáncer y dice que los "porros" la ayudan a sentirse mejor. ¿Cree usted que se debe permitir el uso medicinal de la marijuana? ¿que se debe legalizar? ¿Por qué sí o por qué no?)

4. la maternidad (La madre de Pedro Almodóvar, Francisca Caballero, apareció en varios de sus filmes; murió en 1999. El director dice que con esta película, volvió al tema de la maternidad. ¿Es Raimunda una buena madre? ¿Irene? ¿la madre de Agustina? ¿Por qué sí o por qué no?)

5. los fantasmas (¿Qué papel tienen los fantasmas en la cultura estadounidense, por ejemplo en los días de fiesta? ¿Qué películas conoce sobre los fantasmas, o las apariciones? ¿Le gusta esa clase de película? ¿Es Irene un fantasma?)

6. la "patria chica" (En España, mucha gente se identifica con su pueblo o región, su "patria chica", más que con España o Europa. ¿Qué influencia tiene el pueblo manchego sobre los personajes de la película? ¿Es distinta según la generación del personaje? ¿Tiene usted una "patria chica"? ¿Se identifica usted con el estado o con el pueblo en que vive? ¿con el país en que nació?)

7. los "reality shows" y la "telebasura" (¿Cómo es el programa de televisión "Dondequiera que estés"? ¿Está nerviosa Agustina en el programa? ¿Cómo reacciona el público cuando Agustina confiesa que su madre nunca se casó? ¿cuando dice que era hippie? ¿Por qué pide la locutora [host] un aplauso para Agustina? ¿Cómo reacciona Agustina cuando la locutora dice, "Para ir a Houston, tienes que hablar claro"? ¿Conoce usted algún "reality show" similar a "Dondequiera que estés", en inglés o en español? ¿Cómo se llama? Descríbalo. ¿Le gustan a usted los "reality shows", en general?)

8. la comida (¿Qué papel tiene la comida en esta película? Describa las escenas del mercado, del restaurante y del velorio. ¿Por qué se sorprenden Raimunda y Sole cuando ven los barquillos [wafer-like cookies] en casa de la tía Paula y la otra comida en el tupperware? ¿Hay alguna comida típica de su pueblo o región natal? ¿Qué es? ¿A usted le gusta?)

9. la justicia (¿Quiere Agustina llamar a la policía para ayudarla a encontrar a su madre? ¿Por qué no quiere hablar de Irene durante la entrevista en el programa de televisión? ¿Qué crímenes o delitos se cometen en esta película? ¿Qué transgresiones [actos malévolos que no son ilegales] se ven? ¿Cómo pagan las personas que los cometen? ¿Por qué dice Irene que ha "vivido en un auténtico purgatorio"? ¿Qué quiere decir Agustina cuando dice que "los trapos sucios debemos lavarlos entre nosotras"? En esta película, ¿se responsabilizan los personajes de sus propias acciones?)

Una escena memorable

Después de la muerte de Paco, Raimunda abre el restaurante de Emilio para servirles comida a un equipo que rueda una película. El último día de la filmación, después de dar las gracias a los miembros del equipo, decide cantar. ¿Sabía Paula que su madre cantaba cuando era niña? ¿De qué se trata la canción? ¿Cree usted que Raimunda se siente liberada? ¿triste? ¿Dónde está Irene y cómo reacciona?

Hablan los personajes

Analice las siguientes citas, explique de quién son y póngalas en contexto. (Para una lista de los personajes, ver "Antes de ver la película", ejercicio B.)

1. "Muchos días me vengo sola y me siento aquí, y se me pasan las horas muertas (spare time)".

2. "¿Qué tal el cementerio? ¡Vuestra madre se ha puesto tan contenta! ¿Habéis fregoteado (scrubbed) bien la lápida (tombstone)?… A ella le gusta que esté muy limpia. Si pudiera, ella misma la limpiaría, pero, claro, la pobre no puede".

3. "Recuerda que fui yo quien lo mató, y que tú no lo viste, porque estabas en la calle. ¡Es muy importante que recuerdes eso!"

4. "Dile lo bien que ha salido todo, y que ha venido el pueblo entero".

5. "Pero se le apareció a tu tía Paula y la cuidó hasta que se murió. Lo sabe todo el pueblo. Si se os aparece a vosotras, pregúntale por mi madre".

6. "¡Qué remedio! ¡Ahora soy tu cómplice!"

7. "¿Quién crees que hacía los barquillos y los ponía en un tupperware, uno para ti y otro para mí? ¿Quién crees que se trajo las muñecas (dolls) y las cosas de valor de la tía…?"

8. "He vuelto para pedirte perdón".

9. "Ella, cuando me vio, no se extrañó en lo más mínimo *(in the least)*. Yo venía del pasado, que era donde ella vivía, y me recibió como si acabara de salir por la puerta. La tragedia le hizo perder la poquita razón que tenía".

10. "Los fantasmas no lloran".

Hablando de la cultura...

En esta película se ven las costumbres locales de La Mancha relacionadas con el tema de la muerte; por ejemplo, un **velorio**. Los amigos y vecinos de la tía Paula llegan a la casa de

Agustina para acompañar a Agustina y Sole, consolarlas y rezar por el alma *(pray for the soul)* de la tía. Agustina les sirve comida y bebida. Según la tradición hispana, el velorio es parte del **novenario**, nueve días de rezos por el alma del muerto. Algunas personas creen que el alma camina entre los seres humanos, quizás despidiéndose o apareciéndoseles para pedirles algo. En *Volver*, los vecinos de la tía Paula dicen que su espíritu llevó a Agustina a su puerta; Agustina le cuenta a Sole que el espíritu de su abuelo no pudo descansar en paz porque tenía que cumplir una promesa. Describa la escena del velorio. ¿Dónde están los hombres? ¿Dónde están las mujeres? ¿Qué hacen? ¿Cómo saludan a Sole? Describa la próxima escena, la de la procesión fúnebre. ¿Quién está a la cabeza de la procesión? ¿Quiénes caminan directamente detrás del ataúd *(coffin)*? ¿Hay costumbres semejantes en el país de usted?

Hablan los críticos y los directores

"Sé que decir que *Volver* puede ser la película más sincera de Almodóvar desde hace años es un atrevimiento *(presumption, bold statement)*. Pero es que no puedo dejar de conmoverme *(help but be moved)* al ver lo bien que retrata *(he portrays)* ese pueblo castellano asolado *(devastated)*, por el viento y la locura de sus habitantes. Todos aquéllos que venimos de pueblo, más o menos directamente, deberíamos estar agradecidos por ver cómo Almodóvar ha retratado un paraíso casi en descomposición".

—Alejandro G. Calvo, "*Volver*: Un film de Almodóvar", *Miradas de Cine*, No. 46, enero, 2006.
http://www.miradas.net/2006/n48/actualidad/articulo4.html

¿Qué piensa usted del retrato del pueblo manchego? ¿Cree que los pueblos pequeños de Estados Unidos o Canadá también están "casi en descomposición"? ¿Por qué sí o por qué no?

Blanca Portillo (Agustina) "representa fielmente a todas las vecinas a las que el director quería rendir tributo".

—Carlos Aguilar Sambricio, "Aventuras de un fantasma en La Mancha", cinestrenos.com
http://foros.acb.com/viewtopic.php?f=3&t=89766&start=570

Almodóvar ha dicho que las vecinas de su madre la ayudaron cuando estaba muy mayor, que las mujeres de los pueblos españoles se ayudan mucho entre sí. Describa al personaje de Agustina. ¿Es un ejemplo de "la buena vecina"? ¿Tiene (o ha tenido) usted alguna vecina como Agustina? Si no, ¿tiene (o ha tenido) algún (alguna) vecino(a) problemático(a)? ¿Cómo es esa persona?

"Sólo más tarde, descubriremos que se trata del pueblo español que presenta mayor índice *(rate)* de locura por habitante, en una España siempre árida, porque sus ríos, como nos enteramos por una de las secuencias centrales de la película, están ahora completamente secos. Es ese viento lo que hace enloquecer a la gente, un viento que consigue incluso mover y arrastrar *(drag along)* los contenedores de basura, pero que es también el aliento *(breath)* de la vida...."

—Jean-Max Méjean, *Pedro Almodóvar* (Barcelona: Ediciones Robinbook, 2007), p. 168.

¿Qué papel tiene el viento en la película? ¿Y el río?

"It is refreshing to see [Penélope] Cruz acting in the culture and language that is her own. As it did with Sophia Loren in the 1950s, Hollywood has tried to force Cruz into a series of show-biz categories, when she is obviously most at home playing a woman like the ones she knew, grew up with, could have become. For Almodóvar, too, *Volver* is like a homecoming. Whenever we are most at ease, we fall most easily and gracefully into our native idioms. Certainly as a young gay man in Franco's Spain, he didn't feel at home, but he felt displaced in a familiar way, and now he feels nostalgia for the women who accepted him as easily as if, well, he had been a ghost."

—Roger Ebert, *"Volver" Chicago Sun-Times*, 22 de noviembre, 2006.
http://rogerebert.suntimes.com/apps/pbcs.dll/article?AID=/20061121/
REVIEWS/611210302/1023

¿Ha visto otra película con Penélope Cruz? ¿Qué opina de ella, como actriz? (En *Volver* está vestida de manera provocativa, como Sophia Loren en los años 1950.)

Muchos críticos interesados en el cine de Almodóvar han mencionado su rechazo (*rejection*) de la autoridad y la familia patriarcal, muy frecuentes en la época de Francisco Franco. ¿Qué película estadounidense muestra el rechazo de la autoridad o de la familia patriarcal? Compárela con *Volver*. ¿En qué es semejante? ¿En qué se diferencia?

MÁS ALLÁ DE LA PELÍCULA

Entrevista con Pedro Almodóvar: "La muerte en La Mancha está llena de vida y de gracia"

El abuelo de Pedro Almodóvar volvió un día a su pueblo para arreglar algunos asuntos pendientes[1]. Llevaba años muerto, pero durante un tiempo volvió. Al menos, eso les contaba a sus hijos Francisca Caballero. Historias de fantasmas y cementerios que no le daban miedo a nadie y que la madre contaba como si tal cosa[2] a sus cuatro hijos. De aquellos recuerdos arranca[3] gran parte de *Volver*, la nueva película de Almodóvar: la historia de una madre que un día decide volver, la historia de unas vecinas que sobreviven en los suburbios de Madrid y la historia de mujeres de pueblo que limpian y cuidan sus futuras tumbas como parte del rito de la vida. Una comedia naturalista, explica él, con "mucho humor y, ¿cómo no?, con un drama de fondo[4]". […]

Volver, con la frente marchita[5]... título de tango.

Sí. El tango *Volver* tiene su importancia. *Volver* tiene múltiples sentidos, más allá de mi vuelta al trabajo con Carmen Maura y Penélope Cruz. Hay un momento en el que Penélope, que es un ama de casa con multitud de problemas, canta *Volver* a ritmo de bulerías[6] en una fiesta. *Volver* era una canción que le había enseñado su madre de pequeña. En esa secuencia, que no voy a destripar[7], vuelve su madre, Carmen Maura, con la frente marchita. Su madre vuelve… del más allá[8].

¿Del más allá?

Sí. *Volver*, además de hablar de las complicadísimas relaciones entre madres e hijas, además de mostrar ese puente geográfico que se crea entre las ciudades y los pueblos, habla de la cultura de la muerte, de esa cultura que está muy arraigada[9] en pueblos como donde yo nací y donde viví los primeros ocho años de mi vida. Yo, por ejemplo, viví con el fantasma de mi abuelo… Yo no me lo creía, pero mis hermanas sí. Vivir con fantasmas era algo cotidiano[10] en mi infancia.

¿Y no le daba miedo?

No. Y era algo admirable. La muerte era algo cotidiano, social, algo que se compartía[11]. El dolor estaba dentro de las personas, pero fuera, en las casas, en los cementerios, lo que había era otra cosa, un rito social tan festivo como una boda o un bautizo[12]. Se convivía[13] con la muerte sin miedo.

1. *unresolved*
2. como… *in a matter of fact way*
3. *starts out*
4. de… *as a background*
5. con… *with wrinkles on one's forehead*
6. *type of Andalusian music*
7. *reveal, spoil*
8. del… *from beyond the grave*
9. *rooted*
10. *day to day, routine*
11. *shared*
12. *baptism*
13. *lived*

¿Y por qué volvió su abuelo?

Él murió cuando mi madre era muy pequeña, de un accidente. Por eso dejó muchas cosas sin resolver. Luego se le apareció a un cuñado[14] suyo, que se puso enfermo por las apariciones. Hasta que un día las mujeres le dijeron que no tuviera miedo, que le preguntara al fantasma que qué quería. La cosa es tan increíble que un día el pueblo entero acompañó al cuñado de mi abuelo y al espíritu de mi abuelo hasta el cementerio para despedirlo. A mí esa imagen de una comitiva[15] acompañando a un fantasma al cementerio me parece genial[16]. El cementerio es fundamental en esta película, como el viento, que es otro de los protagonistas de esta película.

¿Y por qué el viento?

El viento ensucia[17] las tumbas, las llena de polvo y yerbajos[18]. En mi pueblo, las mujeres iban a los cementerios a cuidar y limpiar su tumba. Pero con alegría, sin miedo, como una actividad más. La muerte en La Mancha está llena de vida y de gracia[19].

Y esta relación con la muerte, ¿es siempre más de mujeres que de hombres?

Desde luego[20]. Las mujeres son las que se sienten realizadas en el dolor y en duelo[21]. Y lo digo como algo muy positivo. Las mujeres de los pueblos hablan del último viaje con mucha naturalidad, con mucho valor. Ellas saben que es un ciclo y allí están ellas para hacerlo más fácil.

¿Y cuál es su relación con la muerte?

Nada fácil. No la tengo resuelta. Es algo que todavía tengo pendiente con el psiquiatra.

Pero, ¿cree en el más allá?

Bueno, yo no soy creyente[22], soy agnóstico. Pero a mí me gusta que la gente crea. Además, desde que murió mi madre quiero creer que ella está aquí conmigo, que vive con nosotros, y no de una manera abstracta y psicológica, sino de una manera física. Creo que es algo muy bueno, muy analgésico, pensar que los muertos nos acompañan. Con la muerte de mi padre no fue así, era muy joven, estaba rodando *Pepi, Luci...* y casi no lo recuerdo. Pero con la muerte de mi madre ha sido diferente. De hecho[23] hago esta película sólo para invocarla a ella. Mi madre es la inspiradora, porque mi relación con el pueblo es siempre a través de ella. Me fui de La Mancha muy niño y mis recuerdos son los suyos. La Mancha es mi madre. Todos los ritos, todo lo que yo cuento, me viene de su voz. Esta película nace de las cosas que mi madre nos contó de los duelos, de los cementerios...

14. *brother-in-law*
15. *procession, delegation*
16. *funny*
17. *gets...dirty*
18. *weeds*
19. *quality of being amusing*
20. Desde... *Of course*
21. *grief*
22. *believer*
23. De... *In fact*

¿Y se han perdido esas tradiciones?

Ni muchos menos[24]. Mis hermanas todavía viven esas costumbres, aunque soy yo el que le está sacando partido[25] [se ríe]. Ésta es una película muy familiar. Mis hermanas me están ayudando mucho.

¿Qué le cuentan?

Todos los detalles. Ellas son muy manchegas. Me ayudan en todo, en los detalles de las mujeres de Madrid también. Me dan muchas ideas, de sus amigas de Parla[26].

Entonces hace trabajo de campo.

Pues claro. Yo voy a las casas de sus amigas para observar. Esa relación con las vecinas es fundamental. El mundo de las vecinas está lleno de ideas. Mis hermanas me llaman y me dicen "hemos encontrado a una peluquera que te va a encantar". Pues yo voy y allí encuentro unos detalles que es imposible inventarse. Hay que documentarse. No se puede renunciar a la calle[27]. Las películas deben inspirarse siempre en cosas reales. Y a mí las vecinas me fascinan. Mi madre, ya de mayor, tenía un grupo de vecinas en el pueblo que habían sido sus amigas del colegio[28] de pequeña. Todas viudas y todas juntas otra vez. Se cuidaban, se hacían la compra o tocaban cada mañana a la ventana de al lado para comprobar[29] que todo estaba bien. [...]

Con Penélope Cruz lo que transmite es una relación que casi parece paterno-filial. Para tener dos mundos tan distintos parecen muy unidos.

Es verdad que no tenemos nada que ver[30], por la edad, por nuestros gustos, pero nos queremos muchísimo. Y siempre fue así, desde que nos conocimos. Tiene mucha fuerza, es algo que va más allá de ser buena actriz o no. Es arrolladora[31]. Esa mezcla[32] de inocencia y pasión. Y, además, me divierte mucho. Tiene un punto disparatado[33] que me encanta. Sí, tenemos una relación muy especial, y sé que hay algo de figura paterna en mí. Evidentemente[34], no se relaciona conmigo como con un padre, porque tiene el suyo y se lleva muy bien con él, pero es verdad que confía en[35] mí como sólo se puede confiar en un padre. [...]

— Elsa Fernández-Santos, "La muerte en La Mancha está llena de vida y de gracia", *El País*, 26 de junio de 2005.

24. Ni... *Far from it*
25. sacando... *making the most of it*
26. *small town near Madrid*
27. renunciar... *disregard the real world (literally, "the street")*
28. *school*
29. *make sure*
30. no... *we have little in common*
31. *captivating*
32. *mixture*
33. punto... *wild, crazy side*
34. *Obviously*
35. confía... *trusts*

Preguntas y opiniones

1. Según Almodóvar, ¿por qué es importante para la película *Volver* el tango que tiene ese mismo título?

2. ¿Qué nos cuenta Almodóvar sobre la relación entre la muerte, los fantasmas y la gente de los pueblos manchegos? ¿Cómo explica que "la muerte en La Mancha está llena de vida y de gracia"?

3. ¿Cómo murió el abuelo del director? ¿Qué historia oyó el director de niño sobre él? ¿Cree la historia Almodóvar? ¿Su familia?

4. ¿Quién le inspiró la película, según el director? ¿Qué quiere creer Almodóvar?

5. En la entrevista, Almodóvar afirma que sus hermanas lo ayudaron mucho en la realización de *Volver*. ¿Cómo lo ayudaron?

6. Se dice que Almodóvar es un "director de mujeres". A las actrices de sus películas se las conoce como "las chicas Almodóvar". Penélope Cruz es una de ellas, probablemente la más conocida. ¿Cómo la describe el director? ¿Qué tipo de relación los une?

Dice el director: "Las mujeres de los pueblos hablan del último viaje con mucha naturalidad, con mucho valor" (como Agustina). Además de Agustina, ¿qué personaje (literario, histórico o del cine) conoce usted que enfrenta o enfrentó la muerte con valor? Describa a ese personaje.

En el sitio web de Pedro Almodóvar, el director habla de *Volver*: "A pesar de mi condición de no creyente, he intentado traer al personaje (de Carmen Maura) del más allá. Y la he hecho hablar del cielo, (d)el infierno *(hell)* y del purgatorio. Y, no soy el primero en descubrirlo, el más allá está aquí. El más allá está en el más acá. El infierno, el cielo o el purgatorio somos nosotros, están dentro de nosotros…." ¿Está usted de acuerdo? Explique.

La maternidad

Almodóvar dice que en *Volver*, "He vuelto a la maternidad, como origen de la vida y de la ficción. Y naturalmente, he vuelto a mi madre. Volver a La Mancha es siempre volver al seno *(bosom, breast)* materno". Compare a Raimunda con una figura materna en *Todo sobre mi madre*, *La misma luna*, *Como agua para chocolate* u otra película en español. ¿Qué tienen en común? ¿En qué se diferencian?

Appendix

The following films are related thematically and/or by country of origin to those in the chapters. You can compare or contrast the films, point of view of the directors, or one or more characters and their situations. You may want to focus on a very specific topic such as immigrants in the United States, the Spanish Civil War, or life in Castro's Cuba; you could also choose a more general theme such as the role of religion, social justice, class systems, or political polarization. Your instructor may provide a specific assignment, oral or written, individual or in pairs or groups. Note that many of these films are R-rated.

Capítulo 1: La misma luna

Entre nos (2009)
Dirección: Paola Mendoza y Gloria Herrera de La Morte
Guión: Paola Mendoza y Gloria Herrera de La Morte
Actuación: Paola Mendoza, Sebastián Villada, Laura Montana

No se aceptan devoluciones (2013)
Dirección: Eugenio Derbez
Guión: Guillermo Ríos, Leticia López Margalli, Eugenio Derbez
Actuación: Eugenio Derbez, Karla Souza, Jessica Lindsey

Al otro lado (2004)
Dirección: Gustavo Loza
Guión: Alejandro Gómez Monteverde, Patrick Million, Leo Severino
Actuación: Carmen Maura, Héctor Suárez, Vanessa Bauche
(Sugerencia: Tres historias paralelas sobre niños cuyos padres han inmigrado a otro país. La primera parte trata de un niño mexicano cuyo padre está en Estados Unidos. Compare la situación de Carlitos con la situación del niño mexicano de *Al otro lado*.)

Nueba Yol (1995)
Dirección y guión: Ángel Muñiz
Actuación: Luisito Martí, Caridad Ravelo, Raúl Carbonell

Mi familia (1995)
Dirección: Gregory Nava
Guión: Gregory Nava, Anna Thomas
Actuación: Jimmy Smits, Esai Morales, Edward James Olmos

A Day without a Mexican (2004)
Dirección: Sergio Arau
Guión: Sergio Arau, Yareli Arizmendi, Sergio Guerrero
Actuación: Caroline Aaron, Tony Abatemarco, Melinda Allen

Bella (2006)
Dirección: Alejandro Gómez Monteverde
Guión: Alejandro Gómez Monteverde, Patrick Million, Leo Severino
Actuación: Eduardo Verástegui, Tammy Blanchard, Manny Pérez

English as a Second Language (2005)
Dirección y guión: Youssef Delara
Actuación: Kuno Becker, Danielle Camastra, John Michael Higgins

Espiral (2008)
Dirección y guión: Jorge Pérez Solano
Actuación: Iazua Larios, Mayra Serbulo, Ángeles Cruz
(Sugerencia: Esta película tiene lugar en un pueblo pequeño de Oaxaca, México. La mayoría de los hombres han ido al norte y las mujeres que quedaron atrás luchan por sobrevivir. Compare a Rosario con uno de los personajes femeninos de *Espiral*.)

Capítulo 2: Arráncame la vida

María Candelaria (1944)
Dirección: Emilio Fernández
Guión: Emilio Fernández, Mauricio Magdaleno
Actuación: Dolores del Río, Pedro Armendáriz, Alberto Galán

La ley de Herodes (1999)
Dirección: Luis Estrada
Guión: Luis Estrada, Vicente Leñero, Fernando Javier, León Rodríguez, Jaime Sampietro
Actuación: Damián Alcázar, Pedro Armendáriz Jr., Delia Casanova

El crimen del padre Amaro (2002)
Dirección: Carlos Carrera
Guión: Vicente Leñero, Eça de Queirós
Actuación: Gael García Bernal, Ana Claudia Talancón, Sancho Gracia

Macario (1960)
Dirección: Roberto Gavaldón
Guión: B. Traven, Emilio Carballido, Roberto Gavaldón
Actuación: Ignacio López Tarso, Pina Pellicer, Enrique Lucero

Capítulo 3: Como agua para chocolate

La casa de Bernarda Alba (1987)
Dirección: Mario Camus
Guión: Mario Camus, Federico García Lorca, Antonio Larreta
Actuación: Irene Gutiérrez Caba, Ana Belén, Florinda Chico

Cuando los hijos se van (1941)
Dirección: Juan Bustillo Oro
Guión: Juan Bustillo Oro, Humberto Gómez Landero
Actuación: Fernando Soler, Sara García, Joaquín Pardavé

El crimen del padre Amaro (2002)
Dirección: Carlos Carrera
Guión: Vicente Leñero, Eça de Queirós
Actuación: Gael García Bernal, Ana Claudia Talancón, Sancho Gracia

Vámonos con Pancho Villa (1936)
Dirección: Fernando de Fuentes
Guión: Rafael F. Muñoz, Fernando de Fuentes, Xavier Villaurrutia
Actuación: Antonio R. Frausto, Domingo Soler, Manuel Tamés

¡Viva Zapata! (1952)
Dirección: Elia Kazan
Guión: John Steinbeck
Actuación: Marlon Brando, Jean Peters, Anthony Quinn

La soldadera (1966)
Dirección: José Bolaños
Guión: José Bolaños
Actuación: Silvia Pinal, Jaime Fernández, Narciso Busquets

Capítulo 4: Presunto culpable

El túnel (2006, documental)
Dirección: Roberto Hernández, Layda Negrete

Celda 211 (2009)
Dirección: Daniel Monzón
Guión: Jorge Guerricaechevarría, Daniel Monzón, Francisco Pérez Gandul
Actuación: Luis Tosar, Alberto Ammann, Antonio Resines

El secreto de sus ojos (2009)
Dirección: Juan José Campanella
Guión: Eduardo Sacheri, Juan José Campanella
Actuación: Ricardo Darín, Soledad Villamil, Pablo Rago

Capítulo 5: Hombres armados

Los colores de la montaña (2010)
Dirección y guión: Carlos César Arbeláez
Actuación: Hernán Mauricio Ocampo, Nolberto Sánchez, Genaro Aristizábel
(Tema: el conflicto armado en Colombia)

La historia oficial (1985)
Dirección: Luis Puenzo
Guión: Aída Bortnik, Luis Puenzo
Actuación: Norma Aleandro, Héctor Alterio
(Tema: Argentina y la "guerra sucia")

Machuca (2004)
Dirección: Andrés Wood
Guión: Eliseo Altunaga, Roberto Brodsky, Mamoun Hassan, Andrés Wood
Actuación: Matía Quer, Ariel Mateluna, Manuela Martelli
(Tema: el golpe de Estado en Chile en 1973)

Capítulo 6: El norte

Entre nos (2009)
Dirección: Paola Mendoza y Gloria Herrera de La Morte
Guión: Paola Mendoza y Gloria Herrera de La Morte
Actuación: Paola Mendoza, Sebastián Villada, Laura Montana

Al otro lado (2004)
Dirección: Gustavo Loza
Guión: Alejandro Gómez Monteverde, Patrick Million, Leo Severino
Actuación: Carmen Maura, Héctor Suárez, Vanessa Bauche
(Tres historias paralelas sobre niños cuyos padres han inmigrado a otro país.)

Nueba Yol (1995)
Dirección y guión: Ángel Muñiz
Actuación: Luisito Martí, Caridad Ravelo, Raúl Carbonell

Mi familia (1995)
Dirección: Gregory Nava
Guión: Gregory Nava, Anna Thomas
Actuación: Jimmy Smits, Esai Morales, Edward James Olmos

A Day without a Mexican (2004)
Dirección: Sergio Arau
Guión: Sergio Arau, Yareli Arizmendi, Sergio Guerrero
Actuación: Caroline Aaron, Tony Abatemarco, Melinda Allen

Bella (2006)
Dirección: Alejandro Gómez Monteverde
Guión: Alejandro Gómez Monteverde, Patrick Million, Leo Severino
Actuación: Eduardo Verástegui, Tammy Blanchard, Manny Pérez

English as a Second Language (2005)
Dirección y guión: Youssef Delara
Actuación: Kuno Becker, Danielle Camastra, John Michael Higgins

Espiral (2008)
Dirección y guión: Jorge Pérez Solano
Actuación: Iazua Larios, Mayra Serbulo, Ángeles Cruz

No se aceptan devoluciones (2013)
Dirección: Eugenio Derbez
Guión: Guillermo Ríos, Leticia López Margalli, Eugenio Derbez
Actuación: Eugenio Derbez, Karla Souza, Jessica Lindsey

Sin nombre (2009)
Dirección y guión: Cary Fukunaga
Actuación: Paulina Gaitán, Marco Antonio Aguirre, Leonardo Alonso

Voces inocentes (2004)
Dirección: Luis Mandoki
Guión: Luis Mandoki, Óscar Orlando Torres
Actuación: Carlos Padilla, Leonor Varela, Xuna Primus

El silencio de Neto (1994)
Dirección: Luis Argueta
Guión: Luis Argueta, Justin Chang
Actuación: Óscar Javier Almengor, Pablo Arenales, Héctor Argueta

Alsino y el cóndor (1983)
Dirección: Miguel Littín
Guión: Isidora Aguirre, Miguel Littín, Tomás Pérez Turrent
Actuación: Dean Stockwell, Alan Esquivel, Carmen Bunster

Capítulo 7: Guantanamera

Historias mínimas (2002)
Dirección: Carlos Sorín
Guión: Pablo Solarz
Actuación: Javier Lombardo, Antonio Benedicti, Javiera Bravo
(Tres personajes, cada uno viajando por separado, se encuentran y se vuelven
a encontrar en los paradores de su solitaria ruta de la Patagonia argentina.)

Por la libre (2000)
Dirección: Juan Carlos de Llaca
Guión: Antonio Armonía
Actuación: Osvaldo Benavides, Rodrigo Cachero, Ana de la Reguera

Viva Cuba (2005)
Dirección: Juan Carlos Cremata Malberti, Iraida Malberti Cabrera
Guión: Juan Carlos Cremata Malberti, Manuel Rodríguez
Actuación: Malú Tarrau Broche, Jorge Milo, Luisa María Jiménez Rodríguez

Lista de espera (2000)
Dirección: Juan Carlos Tabío
Guión: Arturo Arango, Senel Paz, Juan Carlos Tabío
Actuación: Vladimir Cruz, Tahimi Alvariño, Jorge Perugorría

Azúcar amarga (1996)
Dirección: León Ichaso
Guión: Orestes Matacena, Pelayo García
Actuación: René Lavan, Mayte Vilán, Miguel Gutiérrez

El cuerno de la abundancia (2008)
Dirección: Juan Carlos Tabío
Guión: Arturo Arango, Juan Carlos Tabío
Actuación: Paula Ali, Tahimi Alvariño, Vladimir Cruz

Fresa y chocolate (1994)
Dirección: Tomás Gutiérrez Alea, Juan Carlos Tabío
Guión: Senel Paz
Actuación: Jorge Perugorría, Vladimir Cruz, Mirta Ibarra

Habana Blues (2005)
Dirección: Benito Zambrano
Guión: Benito Zambrano, Ernesto Chao
Actuación: Alberto Yoel, Roberto San Martín, Yailene Sierra

Habana Eva (2010)
Dirección: Fina Torres
Guión: Julio Carrillo, Fina Torres, Jorge Camacho, Arturo Infante
Actuación: Prakriti Maduro, Yuliet Cruz, Juan Carlos García

Habanastation (2011)
Dirección: Ian Padrón
Guión: Felipe Espinet
Actuación: Claudia Alvariño, Rubén Araujo, Blanca Rosa Blanco

Capítulo 8: María llena eres de gracia

Nueba Yol (1995)
Dirección y guión: Ángel Muñiz
Actuación: Luisito Martí, Caridad Ravelo, Raúl Carbonell

Quinceañera (2006)
Dirección: Richard Glatzer, Wash Westmoreland
Guión: Richard Glatzer, Wash Westmoreland
Actuación: Emily Ríos, Jesse García, Chalo González
(Magdalena, una joven de un barrio de Los Ángeles, se queda embarazada unos meses antes de celebrar su cumpleaños número quince.)

Al otro lado (2004)
Dirección: Gustavo Loza
Guión: Alejandro Gómez Monteverde, Patrick Million, Leo Severino
Actuación: Carmen Maura, Héctor Suárez, Vanessa Bauche

Soñar no cuesta nada (2006)
Dirección: Rodrigo Triana
Guión: Jörg Hiller, Clara María Ochoa
Actuación: Diego Cadavid, Juan Sebastián Aragón, Manuel José Chávez

Técnicas de duelo: Una cuestión de honor (1989)
Dirección: Sergio Cabrera
Guión: Humberto Dorado
Actuación: Frank Ramírez, Humberto Dorado, Florina Lemaitre

La estrategia del caracol (1993)
Dirección: Sergio Cabrera
Guión: Sergio Cabrera, Humberto Dorado
Actuación: Fausto Cabrera, Frank Ramírez, Delfina Guido

Capítulo 9: También la lluvia

Cocalero (2007, documental)
Dirección y guión: Alejandro Landes
(Tema: Evo Morales y los cocaleros; los cocaleros participaron en la "guerra del agua" de Cochabamba.)

Bolivia (2001)
Dirección: Adrián Caetano
Guión: Adrián Caetano, Romina Lanfranchini
Actuación: Freddy Flores, Rosa Sánchez, Óscar Bertea
(Tema: la inmigración de bolivianos a Buenos Aires y la discriminación que sufren en esa ciudad)

El regalo de la Pachamama (2008)
Dirección y guión: Toshifumi Matsushita
Actuación: Christián Huaygua, Luis Mamani, Faniy Mosques

Hijos de la Montaña de Plata (2006, documental)
Dirección y guión: Juan Betancor

Zona sur (2009)
Dirección y guión: Juan Carlos Valdivia
Actuación: Ninón del Castillo, Pascual Loayza, Nicolás Fernández

Un lugar en el mundo (1992)
Dirección y guión: Adolfo Aristarain
Actuación: José Sacristán, Federico Luppi, Leonor Benedetto
(Sugerencia: Esta película tiene lugar en Argentina; una compañía multinacional,
"Tulsaco", construye un complejo hydroeléctrico cerca de un pueblo pequeño.
Compare la situación con lo que pasa en Cochabamba en 2000.)

Capítulo 10: Diarios de motocicleta

Che: Part One (2008)
Dirección: Steven Soderbergh
Guión: Peter Buchman, Ernesto "Che" Guevara
Actuación: Demián Bichir, Rodrigo Santoro, Benicio Del Toro

Che: Part Two (2008)
Dirección: Steven Soderbergh
Guión: Peter Buchman, Benjamin A. van der Veen, Ernesto "Che" Guevara
Actuación: Julia Ormond, Benicio Del Toro, Oscar Isaac

Che: Un hombre nuevo (2010, documental)
Dirección: Tristán Bauer

Capítulo 11: No

Machuca (2004)
Dirección: Andrés Wood
Guión: Eliseo Altunaga, Roberto Brodsky, Mamoun Hassan, Andrés Wood
Actuación: Matía Quer, Ariel Mateluna, Manuela Martelli

La batalla de Chile: La lucha de un pueblo sin armas (documental)
   La insurreción de la burguesía (Parte I, 1975)
    El golpe de estado (Parte II, 1976)
    El poder popular (Parte III, 1979)
Dirección: Patricio Guzmán

La frontera (1991)
Dirección: Ricardo Larraín
Guión: Jorge Goldenberg, Ricardo Larraín
Actuación: Patricio Contreras, Gloria Laso, Alonso Venegas

Calle Santa Fé (2007, documental)
Dirección: Carmen Castillo

Post Mortem (2010)
Dirección: Pablo Larraín
Guión: Eliseo Altunaga, Mateo Iribarren, Pablo Larraín
Actuación: Alfredo Castro, Antonia Zegers, Jaime Vadell

Nostalgia de la luz (2010, documental)
Dirección: Patricio Guzmán

La nana (2009)
Dirección: Sebastián Silva
Guión: Sebastián Silva, Pedro Peirano
Actuación: Catalina Saavedra, Claudia Celedón, Alejandro Goic
(Sugerencia: En Chile, una "nana" es una sirvienta. Compare el punto de vista de los directores en cuanto a las clases sociales y los problemas económicos del país en 1988 y veinte años después.)

Capítulo 12: El viaje de Carol

¡Ay, Carmela! (1990)
Dirección: Carlos Saura
Guión: Rafael Azcona, José Sanchís Sinisterra, Carlos Saura
Actuación: Carmen Maura, Andrés Pajares, Gabino Diego

La lengua de las mariposas (1999)
Dirección: José Luis Cuerda
Guión: Rafael Azcona, José Luis Cuerda, Manuel Rivas
Actuación: Manuel Lozano, Fernando Fernán Gómez, Uxía Blanco

El lápiz del carpintero (2003)
Dirección: Antón Reixa
Guión: Manuel Rivas (novela), Xosé Morais, Antón Reixa
Actuación: Tristán Ulloa, Luis Tosar, María Adánez

Las 13 rosas (2007)
Dirección: Emilio Martínez Lázaro
Guión: Pedro Costa, Ignacio Martínez de Pisón, Emilio Martínez Lázaro
Actuación: Pilar López de Ayala, Verónica Sánchez, Gabriella Pession

El laberinto del fauno (2006)
Dirección y guión: Guillermo del Toro
Actuación: Ivana Baquero, Ariadna Gil, Sergi López

El espíritu de la colmena (1973)
Dirección: Víctor Erice
Guión: Víctor Erice, Ángel Fernández Santos, Francisco J. Querejeta
Actuación: Fernando Fernán Gómez, Teresa Gimpera, Ana Torrent

Belle Epoque (1992)
Dirección: Fernando Trueba
Guión: Rafael Azcona, José Luis García Sánchez, Fernando Trueba
Actuación: Fernando Fernán Gómez, Jorge Sanz, Penélope Cruz
(Tema: la República, el período de tiempo justamente antes de la Guerra Civil,
y la ideología de los españoles de la época)

Capítulo 13: Flores de otro mundo

Al otro lado (2004)
Dirección: Gustavo Loza
Guión: Alejandro Gómez Monteverde, Patrick Million, Leo Severino
Actuación: Carmen Maura, Héctor Suárez, Vanessa Bauche

Nueba Yol (1995)
Dirección y guión: Ángel Muñiz
Actuación: Luisito Martí, Caridad Ravelo, Raúl Carbonell

Seres queridos (2004)
Dirección: Dominic Harari, Teresa Pelegri
Guión: Dominic Harari, Teresa Pelegri
Actuación: Guillermo Toledo, Marian Aguilera, María Botto

Babel (2006)
Dirección: Alejandro González Iñárritu
Guión: Guillermo Arriaga, Alejandro González Iñárritu
Actuación: Brad Pitt, Cate Blanchett, Gael García Bernal

Biutiful (2010)
Dirección: Alejandro González Iñárritu
Guión: Alejandro González Iñárritu, Nicolás Giacobone
Actuación: Javier Bardem, Maricel Álvarez, Hanaa Bouchaib

Capítulo 14: Todo sobre mi madre

Fresa y chocolate (1994)
Dirección: Tomás Gutiérrez Alea, Juan Carlos Tabío
Guión: Senel Paz
Actuación: Jorge Perugorría, Vladimir Cruz, Mirta Ibarra

Danzón (1991)
Dirección: María Novaro
Guión: Beatriz Novaro, María Novaro
Actuación: María Rojo, Carmen Salinas, Tito Vasconcelos

Capítulo 15: Mar adentro

Cinco días sin Nora (2008)
Dirección: Mariana Chenillo
Guión: Mariana Chenillo
Actuación: Fernando Luján, Enrique Arreola, Ari Brickman
(Sugerencia: Al principio de la película Nora se suicida, pero esta película es una comedia.
Compare las familias de Nora y de Ramón Sampedro, los dos suicidios y el papel de la
religión. Mariana Chenillo basó *Cinco días sin Nora* en la vida de sus abuelos; su abuela se
suicidió.)

Antes que anochezca (2000)
Dirección: Julian Schnabel
Guión: Cunningham O'Keefe, Lázaro Gómez Carriles, Julian Schnabel, Reinaldo Arenas,
Jana Bokova
Actuación: Javier Bardem, Johnny Depp, Olatz López Garmendia
(Sugerencia: Compare el auxilio al suicidio en las dos películas.)

Biutiful (2010)
Dirección: Alejandro González Iñárritu
Guión: Alejandro González Iñárritu, Nicolás Giacobone, Armando Bo
Actuación: Javier Bardem, Maricel Álvarez, Hanaa Bouchaib

Capítulo 16: Volver

Mujeres al borde de un ataque de nervios (1988)
Dirección y guión: Pedro Almodóvar
Actuación: Carmen Maura, Antonio Banderas, Julieta Serrano

La nana (2009)
Dirección: Sebastián Silva
Guión: Sebastián Silva, Pedro Peirano
Actuación: Catalina Saavedra, Claudia Celedón, Alejandro Goic
(Sugerencia: En Chile, una "nana" es una sirvienta. El personaje de Penélope Cruz en *Volver* y el personaje principal de *La nana* viven en situaciones difíciles. ¿Cómo enfrentan las condiciones adversas de la vida estos dos personajes? ¿Qué elementos cómicos utilizan los directores para mostrar el carácter de sus protagonistas? ¿Qué aprende la "nana" al final de la película?)

Te doy mis ojos (2003)
Dirección: Icíar Bollaín
Guión: Icíar Bollaín, Alicia Luna
Actuación: Laia Marull, Luis Tosar, Candela Peña
(Una mujer, víctima de la violencia doméstica, lucha por cambiar su vida y sobrevivir.)

¿Qué he hecho yo para merecer esto? (1984)
Dirección: Pedro Almodóvar
Guión: Pedro Almodóvar
Actuación: Carmen Maura, Gonzalo Suárez, Luis Hostalot

Credits

We have made every effort to trace the ownership of all copyrighted material and to secure permission from the copyright holders. In the event of any questions arising as to the use of the material, we will be pleased to make the necessary corrections in future printings. Thanks are due to the following authors, publishers and agents for use of the material included.

Texts

16-17   "Patricia Riggen aborda el tema de los migrantes por el desemebramiento," by Jorge Caballero/LA JORNADA/MÉXICO, 12 Sept. 2007. Used with permission from *La Jornada*.

32-34   Extracto de "Deberíamos hacer menos cine de ese que imita mal la fórmula de EE.UU," entrevista con Roberto Sneider por Ada Aparicio Ortuñez, Madrid. *Casa de América*, 24 de julio de 2009. Used with permission. www.casamerica.es.19. © Axel Springer SE 2013. Alle Rechte vorbehalten.

49-50   Excerpt from COMO AGUA PARA CHOCOLATE by Laura Esquivel, copyright © 1989 by Laura Esquivel. Used by permission of Doubleday, an imprint of the Knopf Doubleday Publishing Group, a division of Random House LLC and by permission of the Colchie Agency in New York. All rights reserved. Any third party use of this material, outside of this publication, is prohibited. Interested parties must apply directly to Random House LLC and the Colchie Agency for permission.

64-65   Extracts from Hector de Mauleon, "Presunto Culpable: Las jaulas de la justcia," *Nexos en linea*, 1 March 2011, www.nexos.com.mx. Used with permission.

81-83   "Otra vez en la frontera : entrevista con Federico Luppi" / *La Nación*. 21 de abril de 1998. Lorena García/LA NACION ©. Used with permission.

97-100   "Lo latino marcha en Hollywood" Film-Historia 6 n2 (1996): 115-126. Originally published in *Aceprensa*, Nov. 1, 1995. Reprinted with permission.

115-18   Interview with Jorge Perugorría, "Sigo viviendo en Cuba por amor, " Lilith Courgeon/EFE. Used with permission.

133-34   The story "El viaje de María" written by Rafael Estafanía for BBC Mundo.com and published on the website www.bbcmundo.com on February 22nd, 2005. © BBC 2005. Courtesy BBC Mundo.

173-74   Excerpts from Ernesto "Che" Guevera, *Notas la Viaje* (Melbourne, Australia: Ocean Press, 2009).

174-75   Excerpts from diary of Alberto Granado from *Con al Che por Sudamerica*, (La Habana, Editorial Letras Cubanos, 1986).

195-98   Andrew Chernin, "Entendiendo a Pablo Larraín", *La Tercera*, 20 de enero de 2013. Used with permission from El Consorcio Periodístico de Chile S.A., ("Copesa").

199   Lyrics, "Chile, la alegría ya viene"; Autor: Sergio Bravo; Compositor: Jaime de Aguirre. Los derechos de esta publicación han sido cedidos a la Agrupación de Familiares de Detenidos Desaparecidos de Chile.

216-17   Javier Aguirresarobe, "Luces y sombras en al cine de Imanol Uribe," (Valladolid : Semena Internacional de Cine de Valladolid, 2004).

232-33   "Diana y Fernando: De la Habana a Soria," extracto de Icíar Bollaín, "Vidas de película", *El País semanal*, 30 de mayo de 1999, pp. 66-72. Copyright EL PAIS - Spain. Reprinted with permission.

248-50   "Las chicas de Pedro" por Angel S. Harguindey / *El País semanal*, Numero 1.174. Domingo 28 de marzo de 1999, pgs. 28-35. Copyright EL PAIS - Spain. Reprinted with permission.

267   Poem from Ramón Sampedro, *Cartas desde el infierno* (Barcelona, Editorial Planeta, S.A., 2004), p. 52. © Editorial Planeta, S.A., 1994-2004, Barcelona. © Herederos de Ramón Sampedro Careán, 1996-2004. © Sociedad General de Cine,

Illustrations